U0092698

憲法論集

林紀東 著

東大圖書公司 印行

©憲　法　論　集

著　者　林紀東
發行人　劉仲文
出版者　東大圖書股份有限公司
總經銷　三民書局股份有限公司
印刷所　東大圖書股份有限公司
地址／臺北市重慶南路一段
六十一號二樓
郵撥／〇一〇七一七五——〇號
初　版　中華民國六十八年十二月
再　版　中華民國 八 十 年 八 月
編　號　E 58046
基本定價　肆元肆角肆分
行政院新聞局登記證局版臺業字第〇一九七號
著作權執照臺內著字第一四七六四號

有著作權・不准侵害

ISBN 957-19-0391-4（平裝）

憲法論集 目次

一、二十世紀之憲法

——五十二年八月廿六日在國民大會憲政研討委員會講演

一、引言

主席，各位委員，各位先生：

今天報告的題目，是二十世紀之憲法。何以本人選擇這個題目呢？因爲法律是社會生活的規則，由於社會生活的需要而發生，跟着社會生活的變遷而變遷，所以各地區有各地區的法律，各時代也有各時代的法律。在各種法律之中，憲法因爲是國家的根本大法，國家的基本組織和作用，都在憲法上規定，關係最大，範圍最廣泛，故對於社會情勢變化的反應，也最爲强烈。也就是說，憲法是最具有時間性和空間性的法律。所以研討憲法的人，不但要注意和憲法有關的國家情況；還要注意到和憲法有關的時代趨勢。現在是二十世紀的六十年代，甚麼是二十世紀憲法的基本精神？那些是二十世紀憲法的主要特徵？都是研討憲法者，所應注意的課題。

何況我們所生活的二十世紀，是一個動盪的世紀，科學的進步，交通的發達，思想的變遷，都使二十世紀社會，發生劇烈的動盪，和十八世紀後期乃至十九世紀，大不相同。在這種驚濤駭浪，動盪萬端的情況之下，爲社會生活規範的法律，有甚麼變化？尤是其爲國家根本大法，居於各種法律領導地位，於時代情勢，反應最爲敏感的憲法，有甚麼變化？更屬可以注意。由於這個理由，所以今天的報告，以二十世紀之憲法爲題，意在闡明二十世紀憲法的基本精神，及其主要特徵之所在，以供各位的參考。

本報告的內容，分爲四個部分：（一）爲二十世紀社會的特徵。（二）爲二十世紀的政法思想。（三）爲二十世紀憲法的特徵。（四）爲二十世紀憲法與中華民國憲法。因爲（一）前面說過：法律是社會生活的規則，由於社會生活的需要而發生，跟着社會生活的變遷而變遷，法律和社會生活的關係，有如影之隨形，法律的制定和修改，和其社會背景，息息相關，要瞭解一種法律的內容，先要知道它的社會背景，所以我們討論二十世紀憲法的特徵之前，也要就二十世紀政治社會的特徵，先加討論。又因爲憲法不是憑空而生的，它一方面受時代背景的影響，在另一方面，和當時的政法思想，也有密切的關係，政法思想，是創造憲法，改變憲法，和批判憲法的動力，某一時代的政法思想，也就是某一時代基本精神之所在，我們要研究二十世紀的憲法，對於爲其思想基礎的二十世紀政法思想，自有加以討論的必要。而且（二）我們研究二十世紀的憲法。不僅由於在學理上有認識的必要，更由於我國憲法的修改，是討論已久的問題，現在縱然因爲各種原因，一時不即修改，將來亦必有修改的一日，是許多人所公認的事實，則二十世紀憲法和我國現行憲法，有些甚麼差異？有那些地方，可供我國將來修改憲法的參考，亦爲應該討論的問題，故最後就這一點加以討論。

二、二十世紀政治社會的特徵

現在就第一部分——二十世紀政治社會的特徵報告，這又可分爲下列五點來說：

（一）爲社會連帶關係的複雜　現代由於醫藥進步，交通發達，文化交流的結果，人口的數量，固然較前大見增加，人和人間的關係，也遠較昔日爲密切，所以社會範圍日見擴大，社會組織，也日見嚴密，在現代社會關係之下，個人的禍福，不但影響於其一身，及其家族而已，而且往往和整個社會有關，（例如一人犯傳染病，生活於同一城市的人們，都有被傳染的危險。一家失火，可以燃燒到附近數百千家，而一人的創造發明，生活於同一社會的人們，亦都蒙其利）。個人和社會的關係，既然如此密切，而教育的發達，文化的進步，又促使兼相愛交相利思想的發達，所以社會連帶關係的密切，是現代社會的主要現象，社會上所有的人們，都有分工合作，痛癢相關的連帶關係，且跟着社會的進步，而日益加甚。

（二）社會情況變遷的頻繁　現代是科學發達的時代，科學上時時有新的發明，使社會情勢動輒改觀。加以現代社會，是以工業生產爲主的工業社會。工業生產，要改良品質，要售價低廉，要搜求原料，要開拓市場，處處需要改變，處處要求進步，故社會情況，變遷頻繁。而且工業社會，人口多集中於都市，都市人口衆多，彼此交感力甚强，互相激勵和集思廣益的結果，也使社會容易發生變化。

（三）公共事務的增加和帶有專門的性質　由於現代社會連帶關係密切的結果，衆人之事，也跟着比例的增加，管理衆人之事的政府，工作也日見繁雜，政府不但要對外抵抗侵略，在內維持秩序而已，人民保健是否有道？求學是否得所？行旅是否便利？生活是否充裕等，都是政府職責上所應注意的問題。而這種公共事務的增加，又促進質的變化。蓋現代所增加的事務，多爲經濟、交通、教育、衞生等，有關人民衣食住行育樂的事務，跟着科學的發達，這些事務，（如鐵路如何築造，傳染病如何預防等），往往帶有專門和技術的性質，非僅憑常識即可處理，故使公共事務，恆帶有專門和技術的性質。

（四）國際形勢的緊張　二十世紀國際形勢的緊張，是大家所共見的事實，在第一次世界大戰之前，英德的爭霸，法德的衝突，已使世界陷於劍拔弩張的緊張狀態。第一次世界大戰之後，戰爭的創痕，尚未平復，而義大利的法西斯黨，德國的納粹黨，以及日本好戰的軍閥，已相繼崛起，狂言要侵略世界，在戰爭結束後，不及二十年的期間內，已經烽火遍地，殺人盈野。迨第二次世界大戰發生，死傷更大，物資的消耗也更多，雖因各民主國家的協力，獨裁國家終告敗績，但俄帝及其附庸國家，復乘機崛起，大肆侵略，自美洲以至歐洲亞洲，處處均在不安狀態中，許多地方，且有戰爭一觸即發的形勢，以致有些人們：對於第二次世界大戰已否結束？第三次世界大戰是否已經發生？頗有疑問。綜此種種，可見二十世紀國際關係緊張的一斑，而這種緊張的國際形勢，對於二十世紀的憲法，有相當的影響，有如後述。

（五）對於經濟上平等與精神文化的渴望　十八世紀後期乃至十九世紀，由於生產方法的革命，自由主義思想的發達，生產大見發達，財富亦大見增加，一般人掙脫了舊日專制政治的桎梏，取得了生產和交易的自由。但因爲當時只注意生產和交易自由的爭取——即經濟上自由的爭取，而沒有注意到分配問題——即經濟上平等的保護，以致形成貧富懸殊的偏畸現象，貧者固然痛苦，富者因爲社會問題的發生，亦感不安，二十世紀以後，這種現象，更見顯著，所以如何實現經濟上的平等，以奠定社會安寧，增進人民福利，爲二十世紀所亟待解決的問題。

對於精神文化的渴望，亦爲二十世紀社會的主要現象之一。因爲十八世紀末期，以至十九世紀，是工業革命成功，物質文明發達的時代，一般所注意者，是如何使物質文明更見發達，以增加私人的財富，至如何促進精神文明的發達，道德學術的進步，以提高人類文化的水準，則不是當時所注意的問題。二十世紀以後，物質文明發達的極致，使識者感到精神空虛的痛苦——終日忙碌，究竟爲誰辛苦而爲誰忙？人生究竟有什麼價值？而人欲橫流，各騖其私，國與國之間，和人與人之間，鈎心鬪角，劍拔弩張的局面，均感有注意教育文化，以促進精神文明的需要，故對於精神文化，頗爲渴望。

三、二十世紀的政法思想

上面所說的，是二十世紀政治社會的特徵，現在再就第二部分——二十世紀的政治思想來報告，以見二十世紀憲法基本精神之所在。人類文化是連續不斷的，新的文化和舊的文化之間，有正反兩方面的關係，它一方面承襲舊文化的傳統，而在另一方面，又復推陳出新，就舊文化加以改變，政法思想，是廣義文化現象之一，也受這個法則的支配，所以二十世紀的政法思想，有承襲十八世紀政法思想的部分，也有改變它的部分，為明瞭二十世紀的政法思想起見，對於十八世紀的政法思想，也有略加敍述的必要。

我們以為十八九世紀的政法思想，具體言之，不外是個人主義、自由主義、民主政治、法治政治，和權力分立各種思想，其中個人主義和自由主義思想，尤為其主要的根源。（一）先就個人主義思想說。在十八世紀以前，個人只是宗教的教徒，君主的臣僕，行會的會員，父母的子女，而沒有自我的存在。重重壓迫的結果，漸漸喚起了個人的自覺，而有所謂個人主義思想。個人主義思想，是極端尊重個人的思想，它們以個人為主體，以個人為惟一的實在，社會只是個人所組織的產物。個人是目的，社會則是促使個人人格完成，物質和精神生活圓滿的手段，所以要極端尊重個人，重視個人的尊嚴，和人格的神聖，不容倒果為因，藉口社會利益，侵害個人的利益。個人人格的完成，既為人類組織社會的眞正目的，於是（二）跟着個人主義思想，而發生自由主義思想，它們認爲人生而自由平等，國家不能妄加限制，人類所以組織國家的眞正原因，即在於保障這種與生而共來的自由，所以國家的任務，只是限制妨害他人自由的行動，和他人自由無關的行動，國家不得妄加干涉，且人類均有利己之心，復各有聰明才智，如果不受干涉限制，聽其自由發展，人們必向最有利最成功的道路走，整個社會，亦必因各個人功成業就之故，而走向安定進步的大道，所謂「最好政府，最少統治」，即爲自由主義思想的代表理論。

那麼，二十世紀的政法思想，是怎樣的呢？我們以爲二十世紀的政法思想，不外是團體主義、干涉主義、民主政治、法治政治，和諸權協力各種思想，而以團體主義和干涉主義，爲其最主要的根源。團體主義思想，就舊日人爲社會動物的說法，更從而發揚光大之，認爲個人和社會，是有機的一體，不容分離，個人生於社會，長於社會，其物質生活，固然處處仰求於社會，其思想行爲，亦在在受社會環境的影響，所以社會安定，則個人安寧，社會發展，則個人安樂，社會的公益，和個人眞正的利益，是不可分的，個人應該有所貢獻於社會，這是由個人對於社會的義務說的。反過來說：個人和社會之間，既然有密切不可分離的關係，則社會對於個人，也應該有責任的感覺。個人的失教失養，疾病犯罪，社會應該探討原因，講求對策。應該承認這一類現象，是社會病態的表現，是社會安全的威脅，然後以己饑己溺之心，痛癢相關之義，挺身而出，亟謀補救，不可聽令個人自生自滅，致社會亦受其影響。

上述團體主義思想，也就是認爲社會所有構成分子，都有分工合作，痛癢相關關係的社會連帶思想，因爲現代人和人之間，既有密切不可分離的關係，自然要人人有不忍人之心，有和別人共遂其生之願，休戚與共，痛癢相關，然後纔能够共同生存，且進而謀社會的發展。這種社會連帶思想，實爲二十世紀政法思想的中心。

社會連帶思想，旣然繼個人主義思想而起，以個人主義思想爲其基礎的自由主義思想，自然也漸趨沒落，由干涉主義取而代之，因爲社會關係旣然這樣複雜，社會各構成分子間的關係，旣然這樣密切，衆人之事，自然日見增加，管理衆人之事的政府，不能够垂拱無爲，只以抵禦外侮，和維護內部秩序爲已足，對於人民的衣食住行，處處都要關心。還要抑制豪强，扶助寡弱，以達到人人各遂其志，各安其生的目的。爲着維護或增進社會公共利益的必要，對於各個人的自由，有時不得不加以限制或干涉，所以現代最好的政府，不是「最少統治」的政府，反而是「最大管理」的政府，舊型自由主義的思想，不能存在於今日的世界。

如果不由個別的政法思想看，而由概括方面，觀察二十世紀思想，和十八九世紀政法思想主要的不同，似可歸納爲下列兩點，而這兩點，也就是二十世紀憲法基本精神之所在：

(一) 以合作代競爭　個人主義思想，迨十九世紀而更臻發達，當時又爲進化論流行時期，一般人認爲人和人之間，爲敵對的關係，所以生存競爭的觀念，盛極一時。迨於現代，由於社會連帶思想的發達，知道人和人之間，有密切的關係，且不但在經濟上有分工合作的連帶關係而已，在整個生活上，都有同患難共休戚的關係，旣然有同患難共休戚的關係，自然應該有兼相愛之心，然後纔能够得到交相利之效。於是人和人之間，不像以前那樣，互爲生存競爭的對象，站在對立的地位，而應該協力合作，携手並進。不但個人和個人之間，是合作的關係，個人和社會及政府之間，乃至民主國家和民主國家之間的關係，也是這樣，所以從前敵視競爭的觀念，已爲時代潮流所淘汰，而代以協和合作的觀念。

（二）以積極代消極　十八九世紀的人，因爲對於舊日專制政治時代，欺壓凌虐的痛苦，猶有餘悸，不免有一種孤臣孽子的心腸，操心危而慮患深。且因防止專制和保護自由，爲當時的第一主題，所以凡百建制，均由消極方面出發，着重於如何防弊。現在由於專制政治，已成陳跡，加以文化進步，交通發達，人們的心情，也比較開朗，不像以前那樣憂慮太多，動輒以小人之心待人。而社會生活的發達，公共事務的增加，亦不容政府垂拱無爲，無所建樹，故凡事改由積極方面着眼，着重如何興利，和十八九世紀的憲法，大不相同。二十世紀的憲法，因而也以積極的觀念，爲其思想的基礎。

四、二十世紀憲法的特徵

現在報告第三部分——二十世紀憲法的特徵。這又可分爲下列六點：（一）爲團體監護主義的實施。（二）爲經濟上平等的注重。（三）爲行政權的加强。（四）爲直接民權的注重。（五）爲憲法的國際法化。（六）爲教育文化的注重，分項說明於下：

(一) 團體監護主義的實施

要檢討二十世紀憲法關於團體監護主義的規定，要先由國家觀念的變遷說起。進步的政治學者，認爲現代國家，並不是無爲而治，除對外抵抗侵略，在內維持秩序外，一切聽由人民自理的「夜警國家」。而是力謀社會安全，增進人民福利，促進文化發展的社會國家、福利國家，或文化國家。所以現代國家，不應該無爲而治，而應該勵精圖治，如果一夫一婦不得其所，都是政府的職責，有所未盡，也是國家的目的，沒有充分達到。又據另一部分學者的看法，所謂社會國家者，其含義還不僅像上述那樣，指其以力謀社會安全，促進社會發展爲職志而已，並以指明在現代國家裏面，社會全體構成分子，係融爲一體，同患難，共休戚的意思，由於這種國家觀念的變遷，故在二十世紀憲法上，有團體監護主義的出現。

所謂團體監護主義，是以團體的力量，保護社會上的弱者，以助其社會地位向上，經濟生活安全的主義，這種思想，和前述的個人主義、自由主義思想，恰成對比。蓋個人主義自由主義思想，既以個人各自爲謀，自求多福爲出發點，認爲人與人之間，爲對立競爭的關係，而非互助合作的關係，故對於老弱孤貧的救護援助，尚爲極端的個人主義者所不顧，更遑論於其他社會弱者，然依照上述的社會連帶思想，認爲人與人間有密切不可分離的關係。必須有兼相愛之心，纔能收交相利之效，已如前述。人和人間，既然具有密切不可分離的關係，自然要以團體的力量，救助社會上的弱者，以符『同患難，共休戚』之意，且以維持社會的安全，並促進其發展。

首先規定團體監護主義者，為有二十世紀憲法領導者之稱的——一九一九年德國憲法（威瑪憲法），其中規定：如（1）『有多數兒童之家庭，有請求相當扶助之權利』，（第一百十九條第二項）。（2）『對於非婚生子女，亦應以法律規定，就其團體的、精神的，與社會的發育，與婚生子女，受同一之待遇』（第一百二十一條）。（3）『聯邦各邦及公共團體，應保護少年，勿使為過分勞動，或使在道德上、精神上、肉體上，遭受遺棄』。均為實現團體監護主義的表徵。自是以後，各國憲法，多有實施團體監護主義的規定，尤以二次戰後各國的憲法為然，如一九四八年的意大利憲法規定：（1）『法律對於非婚生子女，應保障其在法律上及社會上地位』，（第三十條第三項）。（2）『共和國保護母性、幼童及少年，並獎勵為此目的所需要的設施』（第三十一條第二項）。『對貧民保障免費治療』（第三十二條第一項）。我國憲法規定：（1）『國家為改良勞工及農民之生活，增進其生產技能，應制定保護勞工及農民之法律，實施保護勞工及農民之政策。婦女兒童從事勞動者，應按其年齡及身體狀態，予以特別之保護』（第一百五十三條）。及（2）『人民之老弱殘廢，無力生活，及受非常災害者，國家應予以適當之幫助與救濟』（第一百五十五條）等皆是。

上述的團體監護主義，係由民法上的個人監護主義，擴大而來，依照民法規定，無父母的未成年人，由其祖父母、伯父母或叔父為監護人，盡保護教養之責。因心神喪失等原因，致不能處理自己事務的禁治產人，亦由其配偶、父母、祖父母等近親，爲監護人，負養護的責任。考其所以選擇這些人爲監護人的理由，因爲這些人和未成人或禁治產人之間，有密切的關係，當能以極關切的心情，克盡養護的職責。而團體監護主義，卽是把這種個人監護主義擴而大之，以孤兒的祖父母伯叔，愛護孤兒的精神，以愛護社會上的弱者，藉以表示社會各構成分子之間，均爲如手如足的觀念，它所蘊涵的思想，尤其可以注意。

(二) 經濟上平等的注重

研究二十世紀憲法的特徵者，每以憲法之經濟化，或由政治憲法至經濟憲法，爲二十世紀憲法的特徵之一，意謂十八九世紀的憲法，只注意到政治上自由平等的保護，沒有注意到經濟上平等的保護，以致發生許多流弊，二十世紀憲法，則對於經濟上平等之保護，也加注重，故有憲法經濟化之稱。這固然由於補救十九世紀後期，因經濟不均所生的種種缺陷，也由於政治上的自由平等，和經濟上的自由平等，是不可分的，沒有經濟上的自由平等，政治上的自由平等，亦難澈底實現，故二十世紀憲法，轉而同時注意經濟上平等的保護，設有許多關於經濟的規定，而首開憲法經濟化之端者，仍爲威瑪憲法。

威瑪憲法於第二編，特設經濟生活一章，就經濟生活的制度，國民經濟的基本政策等，設有詳細的規定，其中具有基本性而最可注意者，爲下列兩個條文：

（1）第一百五十一條第一項規定：『經濟生活之秩序，以使各人獲得人類應得之生活爲目的，並須適合正義的原則。各人的經濟自由，在此限度內，予以保障』。這一條值得注意之點有三（a）它表明生存權的重要性，經濟生活的秩序，應以保護生存權爲唯一目的。（b）它表明經濟生活的秩序，必須合於正義的原則，『富者田連阡陌，貧者窮無立錐』的現象，是不合於正義的。（c）它表明各人的經濟自由，應受注重生存權，和適合正義兩原則的支配，只在不違反這兩大原則的範圍內，纔有經濟自由之可言，凡此規定，均和十八九世紀憲法，大異其趣，而爲其後各國憲法的模範。

（2）第一百五十三條第四項規定：『所有權包含義務，所有權的行使，應同時顧及公共福利』。這一條規定之所以值得注意，由於它和法國人權所標榜——十九世紀各國憲法所奉爲圭臬，且爲法學上重要原則的所有權神聖不可侵犯的原則，適成對照，它認爲所有權不但是一種權利，而且是一種義務，所有人應該行使其所有權，不宜棄置不用，浪費社會的物資。而於行使之際，應同時顧及公共的福利，不宜只斤斤於個人的利益，因小我而忘大我。

由上述威瑪憲法看來，可見它是很注意生存權之保護的，威瑪憲法注意生存權的保護以後，各國憲法聞風繼起，多設有關於生存權的規定，如一九二〇年的捷克憲法（第一一四條），一九二一年的波蘭憲法（第九十九條，第一百零二條，第一百零三條），及一九三六年的我國五五憲草（第一百十六條以下），均其最著之例。二次世界大戰之後，各國憲法，對生存權更加重視，如一九四六年的法國第四共和憲法（序言），同年的日本國憲法（第二十五條），同年的巴拿馬憲法（第九十三條）等皆是。而我國憲法，不但於第十五條規定：『人民之生存權工作權財產權，應予保障』，第一百四十二條至第一百六十九條的規定，（第十三章基本國策，第三節、第六節），亦均爲有關生存權的條文。

那麼，二十世紀各國憲法，爲什麼這樣尊重生存權呢？因爲十八九世紀的憲法，只知道注重自由權，然而自由權畢竟是消極的權利，在十八世紀後期，它只是個人避免國家干涉的工具，以後雖歷經演進，但只是一方面保護個人的自由，一方面防止以少數人自由，殘害多數人自由，尚無積極的具體的意義，對於一個生活困苦的人，飢仍不能以爲食，寒仍不能以爲衣，如不能生存，雖有自由何用？故在社會連帶觀念發達的二十世紀，在社會問題較前嚴重的二十世紀，覺得爲促進社會的生存和發展，解決各種社會問題，和較前更進一步的保護人權，實施上述的團體監護主義起見，僅僅在憲法上消極的保護自由，是不够的；而要積極的保護各人的生存，使人人能够各遂其生，獲得人類應得的生活，且要充實自由權的內容，也有保障生存權的必要，因爲必須沒有飢寒之虞者，而後纔感到言論集會結社等自由的需要。

除注意生存權的保護外，私有財產權和交易自由的限制，亦爲二十世紀憲法的特徵之一。因爲十八九世紀各國憲法，由於個人主義自由主義的影響，對於私有財產和交易自由極爲重視。法國人權宣言第十七條謂：『所有神聖不可侵犯』，即爲其最顯明的例子。然二十世紀憲法，爲防止貧富懸隔，危及社會的安寧秩序，並爲了積極促進公益起見，對於私有財產和交易自由，咸加以一定的限制。其中最重要者，厥爲土地所有權的限制，和國家或地方自治團體，對於公用事業的獨占經營權。因爲土地爲財富之母，土地所有權爲少數人所操縱，以收取不當得利，往往妨礙大衆的基本生活，且爲造成經濟地位不平等的主要原因，故應限制土地所有權的享有使用與收益。又電燈、電話、自來水、電車、汽車等，和人民日常生活有關的公用事業，假使任諸私人經營，不但可以任意上下其手，違反社會利益，而且易獲巨利，以造成經濟上地位的不平等，故原則上該由國家或地方自治團體經營，以防止弊害於未然。威瑪憲法第一百五十五條規定：『土地的分配及利用，應由聯邦及邦加以監督，以防止其濫用，且使所有德國人，均獲得健康的住宅……』。第一百五十六條規定：『聯邦得依據法律，準用公用徵收的規定，將私人經濟企業之適於社會化者，移歸公有。各邦或公共團體，得以自行參加經濟企業和團體的管理，或以其他方法，加以支配』。以及我國憲法第一百四十二條：『國民經濟，應以民生主義爲基本原則，實施平均地權，節制資本，以謀國計民生之均足』，暨第一百四十三條，第一百四十四條，第一百四十五條各規定，均爲二十世紀憲法，限制私有財產和交易自由的例證。他如一九四八年的意大利憲法，（第四十二條至第四十四條），一九四六年的巴西憲法（第一四八條）等，均有類似的規定。

(三) 行政權的加强

行政權的加强，指在行政權和立法權的關係上，加强行政權的地位而言。十八九世紀的憲法，爲了防止專制，保護自由，乃實行權力分立，使立法權、行政權和司法權，掌握於不同的機關，並使他們互相制衡，以杜專制政治的復活，是大家所知道的事實。其實，當時表面上雖然提倡權力分立，實際上則爲議會政治（以議會爲中心的政治），立法權優於行政權的局面。因爲當時主張嚴格的法治，執行機關，必須依據立法機關制成的法律施政，亦步亦趨，不容踰越。立法機關，立於主動的決策地位，行政和司法機關，立於被動的執行地位，立法機關和行政司法機關的關係，既然是主動和被動的關係，決策和執行的關係，則立法機關的權勢，必然優於行政和司法機關，而成爲立法至上的局面，是極明顯的事實。這猶不僅客觀的結果如此，也是當時論政者主觀的願望。因爲近代立憲政治的發生，如英國德國等，都是代表傳統的專制力量，和代表新要求的民主力量，兩相妥協的結果，立法機關的議員，多半由人民選擧產生，行政和司法機關的官吏，則往往由國家元首委派。人民認爲議員是他們所選擧的代表，關係遠較官吏爲密切，既有親疏之分，難免厚薄之別，所以立法權優於行政權，是當時流行的政法思想。美法等國，雖然立憲的歷史，和英德不同，然而人民於憔悴虐政之餘，對於舊日專制政治，猶有餘悸，因而上述思想，也甚爲流行。故由十八九世紀多數國家的憲法看來，都是立法權優於行政權的。所以法律案、預算案、條約案等國家重要事項，都要經過議會的通過。立法機關所制定的法律，其效力，超過行政機關所制定的命令之上，命令違反法律者無效。在實行內閣制的國家，行政中樞的首長，並應對議會負責，因議會之信任與否，而決定其進退。

然而這種立法權優於行政權的局面，到了二十世紀以後，已大見變化。蓋現代政治之特質，扼要言之：（1）爲因團體生活發達而致之公共事務量的增加。（2）爲因政府管理範圍擴大而致之質的專門化。（3）爲因社會變遷急劇和國際局勢動盪的結果，往往有臨機應變，因時制宜的必要。議會是聚集數百議員，坐而論道的機關，每年會期有限，議員成分複雜，既無法應付亟須大量制定的法案，亦無力審議許多專門性、技術性的案件，至於臨機應變，處理緊急事件，自更非議會之所長，於是立法權和行政權的關係，發生變化，且由於後述直接民權的發達的結果，更使立法權和行政權之間，漸由監督和被監督的關係，變爲平行的關係。

表現上述行政權加强傾向之最明顯者，一爲德國的威瑪憲法，二爲一九五八年的法國第五共和憲法（戴高樂憲法），威瑪憲法，除後述有關直接民權的規定外，其第四十八條有關緊急命令的規定，尤爲行政權地位加强的表徵。該條規定云：

『德國國內安寧秩序，發生重大障礙，或有發生重大障礙之虞時，聯邦總統，爲恢復公共安寧秩序，得爲必要之處置，必要時，並得使用兵力。

爲達此目的，總統得暫時停止憲法第一百十四條、第一百十五條、第一百十七條、第一百十八條、第一百二十三條、第一百二十四條，及第一百五十三條所規定之基本權利之全部或一部。總統爲本條第一項第二項之處置時，應卽時報告議會，議會如有請求，則其措施失其效力』。

依照上述規定，可見德國聯邦總統，在特殊情形下，可以作必要的處置，必要時又可以使用兵力。並且可以暫時停止憲法所保護的人身自由、居住自由、通訊自由等的全部或一部，只須於事後報告議會而已，緊急命令效力的强大，於此表現甚爲透澈。

如果說威瑪憲法，是第一次世界大戰後領導性的憲法，則一九五八年的戴高樂憲法，可以說是第二次世界大戰後最值注意的憲法，因爲第二次世界大戰以後，各國的新憲法雖多，但有的係二次大戰戰敗的國家，在盟國佔領軍督導下制定的憲法，如日本、西德是。有的係從殖民地解放，而獲得獨立的新生國家所制定的憲法，如韓國、印度是。有的是把原有的憲法，加以全部修改者，如巴西、巴拿馬是。由於內外環境的關係，在政治機構方面，沒有什麼顯著的特點，而戴高樂憲法，則制定於二次大戰結束十餘年之後，由於二十世紀五十年代以後，國際局勢更加激盪，法國內外環境，亦甚艱難，所以頗多加强行政權的規定，由現代世界政治社會的趨勢看來，這種規定，應該不僅是法國一國的需要，且可能爲今後若干國家憲法共同的傾向，故很值得我們的注意。

戴高樂憲法，有關加强行政權的規定，約可分爲二點：（1）加强總統的權力。總統既可自由任用內閣總理，無須徵得下議院的同意（第八條第一項）。對於國會所通過的法律，復可咨請復議（第十條），或提交人民復決（第十一條），並可請求憲法委員會，審查其是否違憲（第六十一條）。內閣總理對於總統行爲的副署範圍，亦加以限制。（2）縮小國會的權力。國會會議，由第四共和的每年七個月，減爲五個月（第二十八條）。國會對於內閣，雖仍有不信任投票權，但限制甚多，（如不信任案的提出，須經下議院議員至少十分之一的簽署，過半數之同意，始得通過。不信任案的表決，須於提案後，經過四十八小時，始得爲之）（第二十條）。而關於總統緊急處分權的規定，及法律和命令關係的規定，尤可注意。

該憲法第十六條規定：在『共和制度，國家獨立，領土完整，或國際義務的履行，遭受嚴重且危急的威脅，而憲法上公權之正當行使，受到阻礙時，共和國總統，於正式諮詢內閣總理、國會兩院議長，及憲法委員會後，得採取應付情勢所必要的措施』。這個規定，既然和一九四六年十月公布的法國第四共和憲法，根本不規定緊急命令者不同；又不像一般國家那樣，只許緊急命令，具有法律的效力，且以立即請求議會承認，議會如不予承認，立即失效爲條件，其規定較諸威瑪憲法，尤爲澈底，法國第五共和憲法，是世界上最新的大國憲法，其規定如此，亦可見行政權加强之一斑了。

戴高樂憲法關於法律和命令關係的規定，尤值得注意，它一變舊日的傳統，使命令的範圍，日趨擴大，並使命令和法律有相同的效力。按十八九世紀各國憲法，關於法律和命令的關係，咸受下列兩個原則的支配：（一）法律優越，法律在命令之上，命令如果違反或變更法律，則命令無效。（二）法律保留。某種事項，只能以法律規定，不能以命令規定。現代各國，表面上雖然還遵守着這個原則，實際上因爲緊急命令和委任立法的發達，這個原則大見變化，而戴高樂憲法，關於法律和命令關係的規定，尤爲法律和命令關係大見變化，行政權擴大，立法權逐漸縮小的明證。其規定如下：

（一）第三十四條規定：法律由國會議決之：（a）法律規定下列各種事項（下略）。（b）法律並規定下列事項（下略）。（c）法律規定下列事項之基本原則（下略）。

（二）第三十七條規定：『在法律範疇之外，一切其他事項，均屬於命令性質。凡法規有關於命令性質之事項者，於徵求中央行政法院之意見後，得以命令修改之』。

（三）第三十八條規定：『政府爲執行其施政計劃，得要求國會授權，在一定期間之內，以條例之方式，採取原屬於法律範疇內措施。條例，由國務會議於諮詢中央行政法院後頒布之……』。

（四）第四十一條規定：『在立法程序中，如發現法案或修正案內容，不在法律範疇以內者，或與本憲法第三十八條所授與之授權內容牴觸者，政府得反對其審議。政府與有關議院議長，關於上列事項，發生歧見時，憲法委員會，應任何一方之請求，於八日內裁定之』。

綜上所述，足見戴高樂憲法，（1）把應該由法律規定的事項，和應該由命令規定的事項，分別規定於憲法之中。使命令規定的範圍，得到憲法的保障，不至爲法律所侵越。且（2）對於應該由法律規定，或應該由法律規定其基本原則的事項。採取列舉的方式，分別記明。對於應該由命令規定的事項，則採取概括主義，『在法律範疇以外，一切其他事項，均屬於命令性質』，予命令以較大的範圍。（3）政府可以請求以命令代替法律，規定特定事項，在議會立法程序中，政府如發見議會有以法律侵越命令之虞時，復有反對審議之權，且可請求憲法委員會裁定。在這些規定裏面，把命令的地位提高，把法律的地位貶低，舊日法律優越和法律保留的原則，因而大受影響。卽法律和命令之間，由上下的關係，變成平行的關係，法律未必比命令優越，有關人民權利義務的事項，也未必要由法律規定。制定法律，是立法機關主要的權力，法律的地位，既被貶低，立法權的權力，自亦從而縮小，而行政權亦相對地加强了。

上述戴高樂憲法的規定，固然由於糾正法國第三和第四共和憲法時代，議會跋扈專橫，行政權過於微弱的缺點，亦由於上述在團體生活發達的現代，公共事務，在量的方面，固然劇增，在質的方面，復日趨專門化，且往往有臨機應變的必要，乃不能不一反舊日的傳統，加强行政機關的强力，所以這種規定，是時勢使然，不可視爲法國一國的現象。

（四）直接民權的注重

二十世紀憲法，雖然不把立法權放在最高的地位，雖然使行政權擴大和加强，但並不放棄民主，而流於專制，毋寧使民主政治，更澈底地實現，我曾稱這種現象，爲由局部民主，而全部民主；由間接民主，而直接民主。蓋十八九世紀各國憲法，雖然很注重民主，實際上人民只有選擧被選擧之權，而沒有罷免創制複決等直接民權，故爲間接民主，而非直接民主。又當時並未實行普通選擧制度，不是達到一定年齡者，都有選擧和被選擧的權力，而只限於男性，且具有相當財產與知識者，才有這種權力。女性、貧窮和未受教育的人，仍被拒於民主政治的門外，所以是局部民主，而不是全部民主。這種現象，顯然沒有達到民主政治的理想，所以二十世紀憲法，一方面實行普通選擧制度，使達到一定年齡的國民，不分男女貧富，都享有選擧和被選擧之權，以符全民政治之實。在另一方面，復以在舊日間接民主的制度下，人民只有選擧被選擧之權，沒有罷免創制複決諸權，對於不良的議員和官吏，人民固然無權罷免；議會應制定法律而不制定，或制定而不當，人民也沒有創制複決之權，能發而不能收，尚不足以稱眞正的民主。加以如上所述；現代由於政治社會情勢的需要，行政權日見加强，立法和行政機關的關係，遠非昔比，也需要實現直接民權，俾人民有權，以控制政府；政府有能，以處理國務，且於立法和行政機關，意見衝突，相持不下的時候，亦可從中裁決，所以二十世紀各國憲法，多就昔日只實行於瑞士和美國各州的罷免、創制、複決諸制度，予以實施，如德國威瑪憲法第四十三條規定：「聯邦大總統之任期爲七年，連選得連任。在任期終了前，議會得以出席議員三分之二以上同意，提議罷免總統，提交人民投票表決之……人民贊成議會提議時，總統應卽辭職，人民反對議會提議時，總統再任七年，議會解散』。第七十三條規定：『議會議決之法律，大總統在公佈之前，得於一個月內，先付國民投票。因議會議員三分之一以上之請求，而延期公佈之法律，經有選擧權者二十分之一之聲請時，應付國民投票。有選擧權者十分之一，請願提出法律案時，亦應付國民投票……』。第七十六條規定：『憲法，得以立法手續修正之。但議會爲修正憲法之議決時，須有法律規定之議員定額三分之二之出席，及出席議員三分之二之同意。議會不顧參議院之抗議，議決修正憲法，而參議院要求於二星期內，交付國民投票時，大總統不得將此法律公佈』。由威瑪憲法這些規定看來，人民對於聯邦大總統，有罷免權。對於議會議決的法律，有複決權。對於議會所未制定的法律，有創制權，對於聯邦憲法的修改，亦有創制複決的權力，使人民對於國家的重要事務，均有行使直接民權的機會。又戴高樂憲法第八十九條規定：『憲法修正案，除經國會兩院聯席大會，以投票五分之三的多數通過者外，須交付人民複決』。第五十三條規定：『領土之讓與，交換及歸併，須經當地人民之投票』。日本憲法第九十六條規定：『本憲法之修改，應經各議院全體議員三分之二以上之贊成後，由國會發議，並應向國民提案，經其承認』，亦爲實現直接民權的規定。雖然因爲各國土地廣大，人口衆多，和投票的方法，還有許多技術的困難等原因，直接民權的實現，範圍猶少，且未臻於普遍徹底的境地。但二十世紀各國憲法，認爲代議政治，不足稱爲眞正的民主，實現直接民權，才是眞正的民主，故關於實施直接民權的規定，日有增加，要屬極顯明的事實，而爲二十世紀憲法特色之一。

（五）憲法的國際化

憲法的國際化，指憲法規定的內容，由專重於國內生活，注重政府和人民關係方面；進而兼重於國際生活，注意於國家和國家的關係方面，所企求者，不但是本國的安寧康樂，而且爲國際的和平合作現象而言。這也是二十世紀憲法，和十八九世紀憲法主要不同之處，而爲二十世紀憲法特色之一。蓋在十八九世紀各國憲法中，除美國憲法，由於建國初期，欲結外援，故於第六條規定：『本憲法，與依據本憲法所制定之各種法律，及以合衆國之權力所締結或將締結之條約，均爲全國之最高法律，縱與任何州之憲法或法律有牴觸，各州法院之推事，均應遵守之』，爲特殊之例外外，對於國際關係，均少規定。因爲當時交通不很發達，國際關係，遠不如現代密切，而國家主權思想猶濃，以爲主權是最高獨立不受任何限制者，所以不注意於國際關係的規定。二十世紀以後，由於交通發達，文化交流的結果，人類社會生活的區域，旣已由國內社會，進於國際社會，爲社會生活規範的法律，自然也不局限於國內範圍，而同時注意於國際關係。而且二十世紀，歷經二次世界大戰，各國在瘡痍滿目，創巨痛深之際，尤深感國際協力合作的必要，俾積極方面，可以携手以圖共利，消極方面，尤可消弭戰禍於無形。各國憲法，受這種情勢的影響，故有國際化現象的產生，這又可分爲下列二點來說：

第一是注意於國際法和條約的遵守　國際一般公法，尤其是國和國間的條約，是不是國內法的法源，即是否和一般國內法相同，爲政府和人民所應該共守者，是學說上大有爭執的問題。舊日學說，多半傾向於否定的觀點。認爲國際一般公法和條約，是國家間的契約，如果不把它制爲法令，公佈施行，則只能拘束國家，不能够認爲它和國內法相同，直接對人民發生效力。晚近學說：則多傾向於肯定的觀點，以爲國家的意思，是不可分割的，所以國際法上的意思，和國內法上的意思，亦不可分，條約固然是國家間的契約，但國家是人民的團體，國家的意思，也就是人民的意思，所以一般國際公法和條約，應該和國內法一樣，具有拘束國家和人民的效力。由於上述社會背景，和這種學說的影響，所以二十世紀各國憲法，都注意於國際關係的規定。威瑪憲法，既然首肇其端，於第四條規定：『一般所承認之國際法規，視爲德意志聯邦法律之一部，而發生效力』。西班牙一九三一年憲法，也於第七條規定：『西班牙應遵守國際法之一般原則，將其編入本國法律之中』。第二次世界大戰後制定的各國憲法，更著這種傾向。如日本國憲法第九十八條規定：『日本應遵守條約，及業經確立之國際法規』。義大利一九四七年憲法第十條規定：『義大利之法律，須遵從一般公認之國際法原則』。而法國一九四六年第四共和憲法，於第二十八條規定：『經合法批准公佈之外交條約，有超越國內法之效力』。一九四九年的西德憲法：亦於第二十五條規定：『國際法之一般規則，構成爲聯邦法之一部分。此等一般規則之效力，在聯邦法律之上，並對聯邦境內之住民，直接發生權利義務』。明白承認條約的效力，在國內法律之上，尤爲憲法國際化之明顯的象徵。

第二是國家主權的限制　近代憲法，受布丹（Bodin）學說的影響，以為主權是國家構成的要素，主權不完整者，不足稱為國家，所以主權是最高和獨立的，對內對外，均不受任何限制。由於過分強調主權對外不受限制的結果，所以各國不願屈己從人，致力於國際的協調，且因此易致國和國間的衝突，甚至發生戰爭。現代各國，有鑒於過度伸張主權的弊害，國際合作和維護國際組織的必要，故二次大戰後各國憲法，頗多自願限制其主權的規定。如法國第四共和憲法弁言云：『於互惠條件之下，法國願為世界和平，而限制其主權』。義大利憲法第十一條云：『於互惠條件之下，義大利願為國際和平與正義，而限制其主權』。西德一九四九年憲法第二十四條第一項云：『德國願依立法程序，將主權讓與國際組織』。第二項云：『德國為維持和平，願參加集體安全組織，並限制一己之主權，以便建立並保障永久和平於歐洲，及世界上一切民族之間』。日本新憲法第九條規定：『日本國民誠實希望以正義與秩序為基礎之世界和平，永久放棄所謂發動國權之戰爭，及以武力之威嚇及行使，為解決國際紛爭之手段。為達到此項目的起見，不保持陸海空軍及其他作戰能力，不承認國家之交戰權』，（法國第四共和憲法，及義大利、西德憲法，亦有放棄侵略戰爭的規定），綜合這些規定，亦可見憲法國際化的趨勢了。

（六）敎育文化的注重

敎育文化的注重，是二十世紀憲法的特色之一，它所表現的觀念，尤可注意。因為十八九世紀末期以至十九世紀，是工業革命成功，物質文明發達的時代。一般所注意者，是如何使物質文明更見發達，以增加公私的財富；至如何促進精神文明的發達，道德學術的進步，以提高人類文化的水準，則不是當時所注意的課題。且形成自由競爭的環境，不受專制政治的壓迫，俾易於搜集原料與開拓市場，以配合工業革命當時經濟環境的需要，又爲促使十八九世紀憲法產生的經濟原因，所以十八九世紀各國憲法，對於文化教育很少注意，雖然有保障信仰自由、言論自由、出版和著作自由等規定，然都是爲了反對舊日專制政治的壓迫，而爲消極的保障，並無積極的鼓勵輔助之意，未可視爲關於教育文化的規定。二十世紀以後，物質文明發達的極致，使識者感到精神空虛的痛苦，而人慾横流，各鶩其私，以致國內問題叢生，國際劍拔弩張的現象，尤感注意教育文化，以促進精神文明的重要，已如前述。且人民知識的普及，爲民主政治的基礎；促進文化的發展，又爲文化國家的任務，故二十世紀各國憲法，對於教育文化，均甚重視。如德國威瑪憲法，於第二編「德意志人民之基本權利義務中」，就教育及學校，設有專章（第四章），且置於經濟生活（第五章）之上，即其顯著之一例。

二次世界大戰以後，精神文明的重要，愈爲世人所瞭解。國家應負促進教育文化的義務，已成爲一般的常識，故二次戰後各國憲法，亦多設有此類規定。如（1）法國第四共和憲法弁言云：『國家保障幼年及成年男女，對於教育、職業訓練，及一般文化，有均等享受之機會。設置各級免費超宗教之教育機構，爲國家之義務』（2）巴西憲法，亦於第六編「家庭教育及文化」

中，就教育文化特設專章，其中如規定初級教育，應爲義務教育，應全部免費。初級以後之教育，對於貧困者，應予免費（第一百六十八條）。『聯邦，應將每年稅收至少百分之十，各邦、聯邦區及各市，應將每年稅收至少百分之二十，用於教學之維持及發展』，及『擁護文化，爲國家之義務，法律應協助研究院之成立，尤其與高等教育有關者』（第一百七十四條）等，均爲很切實的規定。（3）菲律賓憲法，亦於第十四條第五項規定：『………政府應設立維持完善之公立教育制度，至少應設立免費之公立學校，及成年之公民學校………國家應爲具有特別才能之國民，設置藝術、科學及文學之獎金』。（4）巴拿馬憲法，於第二編「個人及社會之權利與義務」，特置「國民文化」一章（第四章），規定尤爲詳盡，如第七十七條規定云：『知識、道德、公民及身體各方面之國民教育事務，爲國家之主要義務………』。第七十八條規定云：『初級教育應爲義務，各級及各種之公立補習、初級及中等教育，應爲免費。補習及初級教育之免費，包括由國家供給學生學習所必需之一切用品………』。第八十四條規定：『維持教育事業所需之經費，應比其他任何費用，享有優先權，各州組織法，應規定教育經費應佔收入總額之成分』。而我國憲法，於第十三章「基本國策」內特設「教育文化」一節（第五節），就教育文化，設有詳細的規定，則爲共知的事實。由這些規定看來，可見二十世紀各國憲法，除注重經濟上的平等外，對於教育文化等精神生活方面，亦極爲注重，以提高人類的精神生活，達到文化國家的任務，其所包含的意義，較諸前述幾個特點，尤爲深遠。

綜合上述各點，二十世紀憲法的主要特徵，似在（一）民主和效能的並重，一方面擴大直接民權的適用，更澈底地實現民主；另一方面，加强政府的權力，使能發揮適當的效能，以適應現代公共事務的需要。（二）為國權和民權的兼顧，一方面鞏固國權（如行政權的加强），另一方面，更澈底地保障民權，（如團體監護主義的實施，經濟上自由平等的注重），同時調整國際關係，注重教育文化，以進於大同之治的理想。

五、結論—二十世紀憲法與中國憲法

我們討論二十世紀憲法的特徵之後，再把它和中國現行憲法相比較，極容易發見，就上述a.團體監護主義的發達。b.經濟上平等的注重。f.教育文化的注重各特徵言，在中國憲法第十三章基本國策，和第二章人民之權利義務上，均已有相當的規定，且較諸他國，並不遜色。惟在行政和立法的關係方面，似猶帶着若干內閣制的成分，行政權有待於加强，有關直接民權的規定，亦尚欠切實和澈底，深望將來國民大會修憲時，注意及之，俾合　於國父孫中山先生，主張權能劃分的遺敎，並與二十世紀憲法，兼重民主和效能的趨勢相符合。

二、第二次世界大戰後各國憲法的主要趨勢

——人權保障的加強

一、序言

法律是社會生活的規範，由於社會生活的需要而產生，跟着社會生活的變遷而變遷，和社會生活的關係，如形影之不可分離。憲法是國家的根本大法，爲所有法令的基礎，因而和社會生活的關係，尤較他種法令爲密切；對於社會生活的變化，反應亦最爲敏感。社會生活的變化，迅速反應在憲法的規定或理論之上，並從而影響於各種法律。所以某一時代憲法的新趨勢，往往爲時代動向的表徵。各種法律，亦草偃風從，跟着這個新趨勢走。研究政治或法律的人們，對於某一時代憲法的新趨勢，亦甚爲注意，在研究憲法者，某一時代憲法新趨勢的研究，自尤爲重要的課題。

第二次世界大戰，是人類史上重要戰爭之一，它動員範圍之廣，死傷人數之多，作戰範圍之大，消耗物資之甚，不但人類史上鮮見其匹，亦非一九一四——一九一八第一次世界大戰所可

比。尤可注意者，它是民主國家反法西斯獨裁之戰，具有政治思想上的意義，和第一次世界大戰的情形不同，因而第二次世界大戰後憲法之新趨勢，雖然因時間接近的關係，多係由第一次世界大戰後憲法之新趨勢，引申而來，但仍有發揚光大，百尺竿頭更進一步之勢，觀念上也有和前次大戰不盡相同的地方，其中最主要的趨勢，爲對於人權的更見尊重，其他的新趨勢，均由此而來或和它有關，爰就此述之。

二、基本人權的強調

如上所述：人權的更見尊重，是第二次世界大戰後，各國新憲法明顯的趨勢之一。考人權的尊重，原爲十八九世紀憲法的主要目標，法國一七八九年人權宣言第一條謂：『人之出生及生存，有自由及平等之權利……』；第二條謂：『所有政治結合之目的，在於保持人之天賦不可讓與之權利。此等權利，爲自由、所有權、安全，及對於專制之反抗』，即爲其顯著的代表。第一次世界大戰後的各國憲法，如德國一九一九年的威瑪憲法等，亦均置重於人權的保障，且由專保障自由權，轉而保障生存權。但第二次世界大戰以後的各國憲法，對於人權的尊重，實較以前各時代爲甚，這在它強調基本權一詞上，即可首獲證明。

按第一次世界大戰後各國憲法，亦有以基本權一詞，爲其篇首之用語者，如德國威瑪憲法第二章，以「國民之基本權利及基本義務」爲題是。但這些憲法，於其條文上，並未強調基本權一詞，且其所謂基本權利，多係指舊日在專制政治下，常被侵犯的權利而言，懲前毖後，乃置明文，未必有何獨特的意義。第二次世界大戰以後的各國憲法，則除西德基本法第一章，以「基本權」爲題外，且於法條上明白使用基本權一語，如日本國憲法第十一條：『國民享有之一切基本人權，不得妨害之，本憲法所保障之國民基本人權，爲不可侵犯之永久權利，賦與現在及將來之國民』。第九十七條規定：『本憲法對於日本國民所保障之基本人權，乃人類多年以來，爲爭取自由努力而得之成果。此種權利，過去歷經試煉，茲賦與現在及將來之國民，以爲永久不可侵犯之權利』。西德憲法第一條第三款規定：『下列基本權利，直接有法律效力，而拘束立法行政及司法』。第十八條規定：『凡以攻擊自由民主之基本秩序爲目的，而濫用發表意見之自由，尤其出版自由、講學自由、集會自由、結社自由、信書、郵件、電信、電話之秘密、所有權或庇護權者，可剝奪此等基本權利。此等基本權利之剝奪，以及其範圍，由聯邦憲法法院宣告之』。第十九條規定：『一、依本基本法之規定，凡基本權利得依法律或根據法律加以限制者，該法律應適用於一般人，不得僅適用某個人。此項法律，應註明其所限制之基本權利及其有關條文。二、無論任何場合，基本權之本質內容不得侵害之。三、凡基本權利之性質，可適用於國內法人者，得由此等法人享受之……』

猶不僅各國憲法的規定若此，一九四五年之聯合國憲章，既於前文第二項鄭重宣言：「我聯合國人民，同茲決心……重申基本人權，人格尊嚴與價值，以及男女與大小各國平等權利之信念』。復於各條項中，一再聲明『對於全體人類之人權，及基本自由之尊重』（第一條第三項、第十三條第一項、第五十五條、第五十六條、第六十二條、第六十八條、第七十六條），其後復於一九四八年十二月十日，通過世界人權宣言，並於第八條明白規定：『人人於其憲法或法律所賦與之基本權利被侵害時，有權享受國家管轄法庭之有效救濟』。

觀上所述，足見第二次世界大戰後各國憲法，乃至聯合國憲章，均有於法條上，明白使用基本權的用語者，且力表鄭重保護之意，西德憲法，並規定爲基本權之剝奪，必須由聯邦憲法法院宣告之，尤見重視。

基本權一詞，雖然用者頗多，但它的含義如何？其規定的效果如何？在基本權之外，是否尚有非基本權的權利？基本權和非基本權，是否異其憲法上的保障？各國憲法均未予明文規定，學者對於基本權一詞的含義，意見亦不一致，茲以日本爲例，分述學者的見解於左，以見有關基本人權理論的一斑。

東京大學憲法研究會，解釋該國憲法第十一條的基本人權一語云：『基本的人權（Fundamental Human Rights）一詞，係由菠茨坦宣言而來，究屬何指？不甚明顯。惟由本條的背景言，應解爲人類的存在上、國民的生活上，和其身分及性別等無關，當然不可不認的基本權利的總稱，亦可稱爲自然權。然縱令稱爲自然權，亦不必像十八世紀天賦人權說那樣，限於國家權力亦不能侵犯的個人自由權。因爲基本人權的觀念，固然是和美國獨立宣言所說的「生命、自由，及追求幸福之天賦權利」，即超脫國家權力的自由，具有密切的關係而發展者，本條所稱的基本的人權，必先聯想及此類的自由權，亦無可疑。但是社會的進展，促使新的基本人權產生，如民主主義，既爲人類普遍的政治原理，國民的參政權，縱令性質上限於國民，也當然認爲基本權之一。又由於現代的經濟情勢，必須實行一定之社會主義政策，稱爲生存權之社會基本權，乃成爲二十世紀的基本人權而產生。具體地說：第三章所保障的各種自由及權利中，必須是在各國條項的解釋上，係屬人類或國民所固有者，纔是基本的人權。由此意義說：如要求國家及公共團體賠償的權利（第十七條），及刑事補償權（第四十條），並不是基本人權，所以基本人權的含義，比第十二條所謂「本憲法所保障之國民自由及權利」爲狹』。（註一）

清宮四郎氏，亦持類似的見解，他說：『日本國憲法第十一條及第十七條所稱的基本人權，係國民各個人，在人類生活上，及作爲國家一分子的活動上，當然應認的基本權利之總稱，而具有下列的特性：（a）普遍性：「國民，一切基本人權之享有，不得妨礙」，故此種權利，爲不問人種、性別，與身分，全體人民，均得享有的權利。（b）固有性：憲法條文，雖稱爲基本的人權，爲「賦與」或「被信託」之權利，然而這並不是憲法或國家產生以後，纔作成的權利，而是各個國民的固有權利，憲法只加以確認或保障而已，在憲法或國家產生以前，業已存在，故和美國獨立宣言所稱：「人均由上帝賜與一定之天賦權利相同」者相同，均以天賦人權思想爲其背景。（c）不可侵性：即不得由國家權力，加以侵害的權利。猶不僅行政權和司法權，不得加以侵害而已，立法權亦不得加以侵害。憲法第八十一條，承認法院的法律審查權，即係防止國民權利，爲立法權所侵害。（d）永久性：即不但是現在國民的權利，且爲將來國民的永久權利，永遠不可侵犯，故應解爲不得以修正憲法手續廢止之。』

又說：『日本國憲法第三章所保障的權利，其大部分固可認爲是基本人權，然其中如第十七條及第四十條所保障之權利，則非屬於基本人權之權利。「憲法所保障之權利」一詞，較基本人權之含義爲廣，前者之全部，並不等於後者，故憲法第十一條及第九十七條，稱爲「本憲法所保障之基本的人權」；第十二條，則稱爲「本憲法所保障之國民自由及權利」』（註二）。

宮澤俊義氏，亦有相似的見解，他並就基本權含義的進化，和認定基本權的法律效果，有所敍述，其說如下：

『基本的人權，初係指自由權而言……包括身體自由、言論自由、信敎自由等，各國的權利宣言，最初均宣告其爲基本的人權，而保障之。惟在實際上，欲使國家尊重自由權，不爲不當的干涉，國民自始參加國家權力的發動，實屬絕對的必要，否則自由權的尊重，將徒託空言，故爲使自由權的保障，得獲實效起見，乃主張國民應有參政權……初時尙認爲參政權和自由權，異其性質，稱人權時，只指前者而言，其後人權的觀念，逐漸擴張，參政權亦包含於基本人權之內。』

『自由國家，最初以保障自由權爲已足，然如不爲生活的保障，自由權，實際上亦僅爲空腹的自由，故其後發展至社會國家，將所謂社會權，置於基本人權之列。社會權，指……勤勞之權利（二七條），經營健康而文化的最低生活之權利（二五條）等而言。由於自由權和社會權，互為表裏，始具實效，所以社會權和自由權，同置於基本人權之列。』

『總之，基本的人權一語，最初只指自由權而言，其後欲使其發生實質的效果，乃包括參政權乃至社會權在內。一九四八年十二月，聯合國所採擇的世界人權宣言，也不僅保障自由權，且保障參政權及社會權。日本國憲法所稱之「基本的人權」，其意義亦宜相同』（註三）。

又說：『人權宣言所保障的權利，是否包含基本人權在內？其認定的實益，在於憲法修正權，對於基本人權，具有限界。某種權利，為憲法所保障時，僅有不得以法律侵害之意，並不包含縱令修正憲法，亦不得變更之意。但基本人權，則如上所述，其本質上具有前憲法的性格，縱令用修正憲法的方法，亦不能加以變更。由此看來，憲法所定的某種權利，是否具有基本人權的性格？實有重大的意義。即具有基本人權的性格者，縱令修正憲法，亦不能廢止，否則因修正憲法而廢止之，至少在法的觀點上，是可能的』（註四）。

上列諸說，均屬狹義說，認為並非憲法上所明文保障的權利，均是基本權，而是其中的若干種權利，為基本權。這類權利，具有特殊的效力，甚至不能為憲法修改的對象。惟主張狹義說者，亦不認基本權是絕對的、不變的；承認它跟着時代的進步，而逐漸增加其內容。但大多數學者，仍認為憲法上所保障的權利，均為基本人權，且不認為其中某類權利，具有特殊的效力，如美濃部達吉氏說：『新憲法將其所保障的全部國民權利，稱為基本的人權，此係為各人健全幸福生活基本要件的權利之意』（註五）。我妻榮氏說：『新憲法第三章（第十條至第四十條），題爲國民的權利義務，係保障所謂「基本的人權」之規定。這些規定，係就國民各自所有，最基本、亦屬最重要的權利，加以保障』（註六）。鵜飼信成氏說：『所謂基本權，係由基本法卽憲法所保障的權利』（註七），均是採廣義說者。

綜上所述，足見學者對於基本權一詞的含義，解釋各不相同，且均認其未必有確定的範圍，主張狹義說者的要點，尤在於以它爲先於憲法的權利，故爲憲法所不能修改的權利。我們追溯此語的由來，係由於舊日天賦人權的社會契約說，爲甚爲明顯的事實，這不但爲上述學者所公認，證以西德基本法第一條：『一、人之尊嚴不可侵犯，一切國家機關，均有尊重及保護此尊嚴之義務。二、因此，德國人民承認不可侵犯及不可讓渡之人權，爲世界上一切人類共同社會，及和平與正義之基礎』。及上述日本國憲法第九十七條規定：『本憲法對於日本國民所保障之基本人權，乃人類多年以來，爲爭取努力而得之成果。此種權利，過去歷經試煉，茲賦與現在及將來之國民，以爲永久不可侵犯之權利』，尤可概見。

觀於上述有關基本人權的法例和理論，足見各國憲法和學說，對它的重視，但它係建立於舊日天賦人權的社會契約說之上，前段亦已說過。這種建立於社會契約說之上的理論，不僅因爲社會契約說本身，缺乏實證的基礎，而沒有堅強的根據；且和現代的權利觀念，亦不相合。我們嘗論現代的權利觀念云：

『現代之權利觀念，與十八九世紀之權利觀念，大不相同，此又可分爲二點言之：一爲權利之相對化，二爲由權利到職分之觀念。先就權利之相對化言之，昔日以權利爲天賦之權力，第使屬於某人之權利，無論如何行使或不行使均可，國家不得加以干涉，所謂所有權神聖不可侵犯之原則，卽爲此種思想之表徵。現代法學發達之結果，則以權利並非天賦之權力，而爲社會生活之產物，卽由於社會生活之必要，而承認權利之觀念。權利既爲社會生活之產物，則於享有及行使權利之際，自應顧及社會之公益，不容個人之專恣自爲，於是權利觀念相對化，而有所謂禁止權利濫用之原則，德國威瑪憲法第一百五十三條規定：「所有權包含義務，應爲公共利益而行使」，蓋卽此種思想之表現也。其力斥個人主義，注重社會公益之學者，則更進而提倡由權利到職分之觀念，謂昔日之權利觀念，乃建立於個人主義自由主義思想基礎之上，以爲承認個人之權利，保障其努力所得之成果，乃可鼓勵個人之努力，社會亦從而進步。現代之權利觀念，則建立於團體主義思想基礎之上，謂個人乃社會之一分子，與他人有分工合作之關係，而各有其應盡之職分，爲使其善盡職分，故承認個人應有之權利，若僅由個人利害着眼，則失之淺陋矣（註八）。總之，十八九世紀之權利觀念，以權利爲天賦的、絕對的；現代之權利觀念，則以權利爲社會的、相對的，蓋以權利爲社會生活之產物，因社會生活之必要，乃有權利之觀念，故權利之行使，猶必適合於社會利益，而非可不顧一切之絕對權力也』（註九）。

觀上所述，足見基本權的觀念，和現代的權利不相符合。而且甚麼是基本權？那些權利是基本權？那些權利不是基本權？學者也沒有一定的界說，事實上也很難劃分。蓋各國憲法上所保障的權利，多係舊日歷史上常受侵害的權利，鑒於過去的經驗，故著爲明文，如謂這些權利爲基本權，則比這些更基本的權利，如吃飯的自由，睡覺的自由等，難道竟不是基本的權利？倘謂某種權利是否基本權？不以憲法有無明文規定爲準，而以其性質爲準，但觀於上述學說，未見對於基本權的性質，有明確的說明，且認基本權的範圍，爲變動的，隨時代進步而擴大，是所謂基本權者，實未具有確定的內含。

且基本權並不是不受限制的權利，它也和其他權利一樣，不得濫用，且常因維護公共福祉的必要，而受限制。這在西德和日本憲法，均著明文，西德憲法第十八條的規定，前已述及，日本國憲法亦於第十二條規定云：『本憲法所保障之國民自由及權利，國民應以不斷之努力保持之，國民應負爲公共福祉而利用之責任，不得濫用』。第十三條規定云：『任何國民之人格，均被尊重，關於國民生命、自由，及追求幸福之權利，除違反公共福祉者外，在立法及其他國政上，必須予以最大之尊重』，基本權，既然也因維護公共福祉的必要，而受限制，則基本權和非基本權的劃分，將更見困難，所以由學理的觀點說，基本權一詞能否成立，不是沒有問題的。

基本權一詞能否成立，雖非沒有問題，然而各國憲法和學說，所以强調其詞，係由於加强維護人權的至意，以免舊日法西斯殘民以逞政治的再起，並以防止共產集團反人權措施的蔓延，則是很明顯的。所以基本權一詞雖猶可商討，但强調基本權的觀念，藉以加强人權的保障，確是第二次世界大戰後各國憲法的主要趨勢，殊無可疑。

三、直接保障主義與違憲立法審查制度的普遍化

二次世界大戰後的各國憲法，固然極注重保障人權，但如何保障人權呢？按各國憲法保障人權的方式，有直接保障主義和間接保障主義之分。依照前一主義，人民的自由及其他權利，直接受憲法的保障，不僅行政或司法機關，不得擅加限制，立法機關，除合於憲法所定的標準外，亦不得擅加限制，所以這一主義，亦稱憲法保障主義。依照後一主義，則行政或司法機關，對於人民的自由及其他權利，雖不得擅加限制，而立法機關，則得任意以法律限制之，所以這一主義，亦稱法律保障主義。我國憲法第二十三條規定：『以上各條列舉之自由權利，除爲防止妨礙他人自由，避免緊急危難，維持社會秩序，或增進公共利益所必要者外，不得以法律限制之』，係採直接保障主義者。而訓政時期約法，於規定人民有遷徙、通信通電秘密之自由後，恆有『非依法律不得停止或限制之』的規定，卽立法機關認爲必要時，可制定法律，以限制人民的自由和權利，則是採間接保障主義者。

直接保障主義和間接保障主義相衡量，前者對於人權的保障，較後者尤爲堅强，是很明顯的事實。蓋在後一主義之下，行政和司法機關，雖不得任意限制人權，立法機關則可任意制定法律，以限制人權，對於人權的保障，尙不澈底。在前一主義，則立法機關，除合於憲法所定的標

準外，亦不得制定法律以限制人權，對於人權的保障，自更見澈底。所以二次戰後的各國憲法，如西德、義大利、日本，及大韓民國等，均採直接保障主義，聯合國公布的世界人權宣言，於第二十九條（二）規定：『人人於行使其權利及自由時，僅應受法律所定之限制，且此種限制之唯一目的，應在確認及尊重他人之權利與自由；並謀符合民主社會中道德、公共秩序，及一般福利所需之公允條件』，尤足見直接保障主義，有已臻世界化的趨勢。

但採用直接保障主義，並非不許以法律限制人民的自由或其他權利，因爲「人人自由，以不侵犯他人的自由爲界」，是社會生活的鐵則，早在一七八九年的法國人權宣言，猶不能不承認：『自由，是謂得爲一切不侵害別人的行爲，是以個人之享有諸天賦權利，惟在保障社會其他分子，得享有同樣的權利上，始受限制』。十八世紀末期，尚且如此，現代的人民自由和權利，自非不受限制，不過立法機關，不得任意制定法律而限制，必須合於憲法所定的標準，否則即爲違憲的法律，應屬無效。如前述我國第二十三條規定中，『爲防止妨礙他人自由，避免緊急危難，或維持社會秩序所必要……』，即爲憲法所定的標準，法律必須合於上列標準之一時，始能限制人民的自由或權利。

但上述標準，措詞均甚抽象，如果是否『爲防止妨礙他人自由』，或『維持社會秩序』所必要？而制定限制人民自由或其他權利的法律，聽由立法機關自由認定，則直接保障主義，和間接保障主義，實無所異。二次大戰後各國憲法，爲貫徹直接保障主義的精神，乃採用違憲立法審查制度，使審查立法機關制定的法律，行政機關頒布的命令，是否合於憲法？如有違反或牴觸憲法的情形，則由違憲立法審查機關，宣告其爲無效。就憲法有關保障人權的規定說，倘使立法機關制定限制人權的法律，不合於憲法所定的標準（如並非爲防止妨礙他人自由，或維持社會秩序所必要），經人民訴請違憲立法機關審查後，應宣告該法律爲無效，俾人權的保障，臻於鞏固。

違憲立法審查制度，始於美國，爲習法者所共知的事實，但美國憲法並無明文規定，只是在最高法院的判決上，認爲法院有審查法令有無違憲？對於違憲的法令，拒絕適用的權力，其後浸成慣例。英國藩屬諸國，和拉丁美洲諸國受其影響，憲法上以明文規定，最高法院——乃至下級法院，有違憲立法審查權者甚多。

歐洲諸國，則在立法權優越的思想之下，多不承認法院有違憲立法審查權，甚至有在憲法上，明文否認之者（比利時憲法第二十條），但第一次世界大戰之後，違憲立法審查制度，亦漸見採用，着其先鞭者，爲一九二〇年的奧大利憲法。茲錄其主要規定於左：

『第一百四十條

(一) 憲法法院，爲左列之裁判：

一、聯邦或邦法律違憲之裁判。該法律爲聲請法院判決之前提時，基於最高法院或行政法院之聲請爲之。該法律爲憲法法院自身判決之前提時，由憲法法院以職權爲之。

二、邦法律違憲之裁判，基於聯邦政府之聲請爲之。

三、聯邦法律違憲之裁判，基於邦政府之聲請爲之。

（三）憲法法院判決，認爲某種法律或其一部分違憲，應予廢止時，聯邦總理或關係部長，負立即公告廢止之義務。該項法律，自公布當日起，失其效力。但憲法法院規定自另一時期起失效者，不在此限。此項期間，不得超過一年』。

繼奧大利憲法之後，德國一九一九年之威瑪憲法，亦有國事法院之設，以關於各邦及各邦間，及各邦與聯邦間憲法爭議案的審判，爲其職掌之一，略具違憲審查之意。但奧大利憲法和威瑪憲法，所建立的違憲立法審查制度，其主要着眼點，似在聯邦和各邦間憲法爭議的裁判，而非以人權的保障，爲其重點。迨第二次世界大戰之後，則將這種制度發揚光大，使它爲憲法所有規定的屏藩，並使立法機關和行政機關，不致制定違憲的法令，以侵害人權。茲錄數國憲法有關規定於左，以見一斑：

一、德意志聯邦共和國基本法

第九十三條　聯邦憲法法院，審判左列案件：

一、聯邦最高機關，或其他依本基本法，或聯邦最高機關之處務規則，具有固有權利之關係人，關於其權利義務之範圍，發生爭執，而須解釋本基本法。

二、關於聯邦法律或各邦法律，在形式上及實質上，是否適合本基本法，……發生歧見或疑義，經聯邦政府、邦政府，或聯邦議會議員三分之一請求時……

告之。第十八條　凡以攻擊自由民主之基本秩序爲目的，而濫用發表意見之自由，尤其……集會自由、結社自由……者，可剝奪此等基本權利。此等基本權利之剝奪及其範圍，由聯邦憲法法院宣告之。

二、義大利共和國憲法

第一百三十四條　憲法法院，審判下列事項：

一、國家及州所制定之法律，以及有法律效力之命令，是否合憲之爭議。

三、日本國憲法

第八十一條　最高法院，爲有權決定一切法律、命令、規則或處分，是否適用憲法之終審裁判所。

四、大韓民國憲法

第八十一條　最高法院，依法有審查命令、規則及處分，是否違憲違法之最終權限。

凡裁判以法律是否違憲爲基礎時，法院應依憲法委員會之決定，而裁判之。

憲法委員會，以副總統爲委員長，並以最高法院法官五人，及參議院議員二人之委員組織之。

五、泰王國憲法

第一百十四條　關於訴訟事件適用法律之規定，法院認爲該條項合於第一百十三條規定時（

法律牴觸憲法時），應中止其訴訟程序，依適當順序，申述意見，請憲法審查委員會決定。

除上述各國憲法規定外，左列二國的法律規定，似亦甚值注意：

一、西德聯邦憲法法院法第九十條：

『⑴任何人得主張其基本權利，或在基本法第三十三條、第三十八條、第一百〇一條、第一百〇三條，及第一百〇四條所規定的權利，遭受公權力侵害，而向聯邦憲法法院，提起憲法訴願。

⑵對於上述侵害如有法律途徑時，祇能在利用盡法律途徑後，始得提起憲法訴願。在未利用盡法律途徑前，提起的憲法訴願，如具有普遍重要性；或如先令其遵循法律途徑時，訴願人將遭受重大或無法避免的損害時，聯邦憲法法院，得立即加以裁判』。

二、義大利一九五三年第八十七號法——憲法法院之組織與訴訟程序之規則

第二十三條　在司法機關審理訟案中，當事人或檢察官，得經由適當訴訟手續，提出有關法律合憲性之問題，指出第一，國家法律或制定法，或州制定法違憲，應爲無效。第二，指出認爲其所牴觸之憲法條文，或憲法性法律之條文。

『……訟案所涉及之法律是否違憲，發生疑義，由訴訟當事人提出違憲之議時，司法機關，得……公布該訴訟案件之名稱及原因，提出法律違憲之議，並中止審判程序之進行，將該法律移送憲法法院審查』。

觀上所述，足見第二次戰後各國憲法，明定違憲立法審查制度者甚多，其所以設置此種制度，固欲其發表多方面的功能（如在聯邦國家，邦法律是否違憲而歸於無效，應經違憲立法審查機關的審查決定），但貫徹憲法直接保障人權的本意，使立法機關或行政機關，不至違反憲法，制定侵害人權的法令，要屬其重要功能之一。這觀於上述西德憲法和聯邦法院法的規定，尤可見加強保障人權，實爲各國採取違憲立法審查制度的主要目的。

四、人身自由保障的加強

人身自由的保障，原爲促使憲法產生的主要原因之一。蓋促使憲法產生的原因，雖有多端，但扼要言之，實由於防止專制，保護自由的需要，即由於工商業階級，反對君權和封建諸侯的專制而制定者，以尊重個人自由的自由主義思想，爲其最主要的基礎。憲法的產生，既然由於保障自由的需要，而人身自由是一切自由的基礎，爲各種自由中最重要、最基本的一種，所以近代憲法，以保障人身自由，爲其主要功能之一，設有關於保障人身自由的規定很多，如被視爲近代憲法前驅的一七八九年法國人權宣言，雖然只有十七個條文，但其中關於人身自由的規定，即有左列三條：

第七條：『任何人，除於法律所定之情形，依照法律所定之形式外，不得對之提起公訴，或加以逮捕或拘留』。

『請求、發布，或執行專制之命令者，應加以處罰。惟公民對於依法之傳喚或逮捕，應即時遵從，抵抗者處罰之』。

第八條：『法律僅能規定絕對必要之刑罰。無論何人，除依照犯罪前所制定公布，及適法適用之法律，不得加以處罰』。

第九條：『任何人於有罪宣告以前，均應推測爲無罪。故縱於有逮捕之必要時，加於其拘束之非必要的暴力，仍應由法律嚴加禁止』。

上述第七條規定，表明人權的神聖，人身自由應予保障。除具有法定原因，依照法定程序外，不得對任何人提起公訴，或加以逮捕拘留。第八條規定，禁止嚴刑峻罰，並表明罪刑法定主義，和法律不溯既往的原則。第九條則爲關於採證的規定，要法官審愼採證，『任何人於有罪宣告以前，均應推測爲無罪』，且嚴禁刑訊。由這些規定裏面，可以看出人權宣言，對於保障人身自由的重視，美國憲法的增補條文，及十八九世紀憲法上，關於人身自由的規定，多取法於此。

第二次世界大戰之後，德國和義大利、日本等國，鑒於舊日人民受獨裁政治的壓迫，憔悴於虐政之下，人身自由毫無保障的情形，懲前毖後，乃在其憲法上增設許多條文，爲保障人身自由的規定，就舊日憲法的此類規定，發揚而光大之。如一九四六年的日本憲法，規定有關人身自由的條文，即達十條之多，幾佔全部憲法條文（共一百零三條）的十分之一，轉錄於下：

『第三十一條　非依法律所規定之手續，不得剝奪任何人之生命或自由，或科以其他刑罰。

第三十二條　任何人在法院受裁判之權利，不得剝奪之。

第三十三條　任何人除爲現行犯而受逮捕者外，非經有權限之司法官憲，簽發載明犯罪理由之文書，不得逮捕之。

第三十四條　非有正當理由，不得拘禁任何人，羈押或拘禁時，應立卽告知理由，且予以卽可委託辯護人之權利。如經要求時，應立卽在本人及其辯護人出席之公開法庭，說明其理由。

第三十五條　任何人就其住居、文書及所持物品，均有不受侵入、搜索及扣押之權利，除第三十三條之情形外，非基於正當理由，且載明搜索場所及扣押物品之文書，不得侵犯之。搜索或扣押，依據有權限司法官憲所發之各個文書爲之。

第三十六條　絕對禁止公務員施用拷問或殘虐之刑罰。

第三十七條　任何刑事案件，被告均有受公平法院，公開裁判之權利。

刑事被告，應有儘量詰問證人之權利；並有要求爲其利益，依公費，並依强制手續傳訊證人之權利。

刑事被告，無論在任何情形之下，均有選任有資格辯護人之權利，被告不能自由選任時，由國家指定之。

第三十八條　不得强制任何人，爲不利於己之供述。

因强制、拷問或脅迫而爲之自白，或經長期不當之羈押或拘禁後而爲之自白，不得採爲證據。

不利於被告之唯一證據，爲本人之自白時，不得認爲有罪，或科以刑罰。

第三十九條　凡在行爲時適法之行爲，或已被認爲無罪之行爲，不得究問其刑事上之責任。同一犯罪，不得重複究問其刑事上之責任。

第四十條　任何人於被羈押或拘禁後，受無罪之裁判者，得依法律之規定，向國家請求補償。』

按日本舊憲法，關於人身自由的規定，僅有第二十三條一個條文，規定：『日本臣民，非依法律，不得逮捕監禁審問處罰』，不但規定甚簡，且對於人身自由的保障，亦採取法律保障主義，得由法律任意規定，在何種情形之下，對人民得爲逮捕禁監審問處罰。現行憲法對於人身自由的保障，則採憲法直接保障主義，逮捕監禁審問處罰的條件，均由憲法定其大綱，法律不得擅行規定。且規定條文達十條之多，泛及刑事的程序部分和實體部分，其內容大體上取自美國憲法的增補條款，細密則有過之無不及，觀此一例，亦可見二次世界大戰以後的憲法，加强人身自由保障的情形了。

猶不僅日本憲法如此，一九四九年的西德基本法，對於人身自由，亦甚注意，轉錄其有關條文於下：

『第一百零二條　死刑應廢止之。

第一百零三條　一、任何人在法院，有請求依法審問之權利。

二、行爲之處罰，以行爲前之法律有規定者爲限。

三、任何人不得因同一行爲，而受一般刑法上兩次以上之處罰。

第一百零四條　一、人身自由，非依正式法律，且依該法所規定之程式，不得限制之。被拘禁人，不應受精神上，或身體上之虐待。

二、惟法官方得決定，可否剝奪自由及剝奪自由之期間。凡自由之剝奪，非基於法官之命令者，應即時請求法官決定之。警察依其本身權力，不得拘留任何人逾逮捕次日之末，其細則由法律規定之。

四、法官宣布剝奪自由及剝奪之期間時，應即通知被拘留人之親屬或其友朋』。

按一九一九年的德國憲法，對於人民的基本權利，規定雖甚爲詳盡，但和人身自由有關者，則僅第一百十四條，和第一百十六條兩條，兩相比較，尤可見西德基本法，對於人身自由的重視。

一九四七年的義大利憲法，關於保障人身自由的條文，較西德基本法爲多，轉錄於下：

『第十三條　人身自由不得侵犯。

任何形態之監禁、檢查、身體搜索，或對於人身自由之其他任何方式之限制，非由司法機關之附有理由之令狀，且在法定場合，並依法定程序，不得爲之。

在法律有明確規定之緊急必要之例外情形，警察機關得採取臨時措施，但此項臨時措施，應於四十八小時內通知司法機關。如司法機關在四十八小時內不予承認，該項臨時措施，視爲撤銷，而喪失任何效力。

對於人身自由受到限制之人，而加以身體上及精神上之暴行者，應處罰之。

爲預防而作之拘禁，其最高限度，由法律定之。

第二十四條第二項：辯護權在司法程序之任何狀態與階段，均不得侵犯之。

同條第四項：關於司法錯誤之賠償條件與方法，以法律定之。

第二十五條：任何人受適當之法定法官審判之權利，不得剝奪之。

任何人非依行爲前所施行之法律，不得處罰之。

任何人非在法定場合，不得令其受保安處分。

第二十七條　刑事責任爲個人責任。

被告人在有罪判決確定前，不能視爲有罪。

刑罰，不得含有違反人道之處分，而應以受刑人之再教育爲目的。

死刑，除戰時軍法所定場合外，不得爲之。』

綜上所述，足見日本、西德和義大利憲法，有關人身保障的規定甚多，其內容，且較十八九世紀憲法同類規定爲詳密，故可稱它爲發揚光大的規定。這固然由於第二次大戰結束之前，日本、德國和義大利，都深受獨裁政治之苦，以及當時佔領這幾個國家的盟國，亟望它們建立保障人權的民主政治，所以規定特詳，然而這種規定，也和聯合國憲章上，尊重人身自由的精神，互相呼應，而爲本世紀憲法的重大特色之一，所以不但是這些國家憲法特有的規定，也是第二次世界大戰後，各國憲法共同的趨向。

第二次大戰後的憲法，不但把十八九世紀憲法，有關保障人身自由的規定，加以發揚光大，復有嶄新的部分，這就是依照現代刑法學上教育刑理論而設的規定。如前述西德憲法第一百零二條：『死刑應廢止之』，和義大利憲法第二十七條：『刑罰不得含有違反人道之處分，而應以受刑人之再教育爲目的』；『死刑，除軍法所定場合外，不得爲之』的規定是。而巴西一九四六年憲法第一百四十一條第二十九項規定：『刑罰，應規定刑罰的個人化……』；第三十一項規定：『死刑、流刑、沒收刑，均不得科之，但與外國戰爭時的軍事法規，得科死刑』。巴拿馬一九四六年憲法第二十八條規定：『監獄爲監守和改過自新的場所，凡上述目的所不需要的刑罰，應禁止之』，尤值注意。蓋這些規定，明白宣告廢止死刑，表明刑罰的個別化，和監獄行刑底目的，不但澈底接受教育刑理論，開今後刑事立法的先河，且使人身自由的保障，更臻澈底，使第二次世界大戰後的憲法，於此更顯重視人權的特色。

五、修改憲法限制的加強

憲法有剛性憲法和柔性憲法之分，凡修改憲法的機關，或修改憲法的手續，和普通法律不同者，該憲法爲剛性憲法。反之，修改憲法的機關及手續，均同於普通法律，即以憲法修改權，交與普通立法機關（議會），而其修改手續，又和普通法律相同者，則該憲法爲柔性憲法。這是學習憲法者共有的知識，無庸多贅。第二次世界大戰之前，各國因爲憲法是國家的根本大法，所以規定國家的基本組織和人民權利義務者，關係至爲重大，未容輕易修改，故除英國爲不成文憲法國家，憲法和法律甚少區別，及舊時義大利憲法爲柔性憲法外，各國對於憲法的修改，均採嚴格限制的態度，即多屬剛性憲法。這種嚴格限制的態度，迨第二次世界大戰後而尤甚，而且憲法學者，復盛倡憲法修改有限制說，即縱令修改憲法，亦有其不可修改的部分，憲法修改的限制，因而更見加嚴。考其原因，除由於第二次世界大戰之後，直接民權甚爲發達，認爲國家根本大法的修正，應由國民決定，應予人民以過問的機會外，尤由於如上所述，第二次世界大戰，是反法西斯保衛人權之戰，戰爭結束後，痛定思痛，各國於制定新憲法時，多特別注重人權的保障，這種以保障人權爲主的憲法，殊不願輕易予以修改，或無限制的予以修改，以達保障人權的目的。故第二次世界大戰以後，憲法修改的限制，亦更見加强。

關於這一方面最主要的趨勢，爲憲法修正案，除須經議會兩院的通過外，並須無條件或有條件的經過公民的複決。試舉數國憲法有關條文於後：

一、日本國憲法第九十六條：本憲法之修改，應經各議院全體議員三分之二以上之贊成後，由國會發議，並應向國民提案，經其承認。此項承認，應於國民特別投票時，或舉行國會規定之選擧投票時，得到過半數之承認。

二、義大利憲法第一百三十八條：修改憲法之法律，須經兩議院繼續兩次審議通過，而兩次審議通過期間，至少須相隔三個月，而在第二次投票時，須經各議院議員絕對多數之同意。

此等法律，在其公布後三個月內，如有一議院議員五分之一、五十萬選擧人，或五州議會之請求，應交付人民投票。交付人民投票之法律，如不經有效投票多數之同意，不得公布之。

三、法國第五共和憲法第八十九條：

憲法修正案，由共和國總統，基於內閣總理之建議提出，或由國會議員提出。

憲法修正案，須經國會兩院一致表決通過。修正案經人民投票通過後，有最後確定力。

共和國總統，若將修正案提交國會兩院聯席大會表決，則無須交付人民投票。在此場合，修正案須經投票者五分之三之多數贊成，始得通過。

按第二次世界大戰前的憲法，除美國某些州的憲法外，各國憲法中，採用憲法修正案，應經過人民複決者甚少，第二次世界大戰之後，則採用者甚多，足見對於修改憲法的限制，較前益見加强。

猶不僅對於修改憲法的方法，較前益見加嚴而已，若干國家，對於修改憲法的內容，亦定有限制，如(1)義大利憲法第一百三十九條規定：『共和政體，不得爲憲法修改的對象』。(2)法國第四共和憲法，既於第九十四條，限制修改憲法的時間——『在本部領土一部或全部被外國武力侵佔時，任何修改憲法之程序，不得開始或進行』；復於第九十五條規定：『修改憲法，不得以共和政體爲對象』。(3)法國第五共和憲法，亦於第八十九條規定：『凡損害領土完整之憲法修正案，不得提出或進行審議。共和政體不得修改』。(4)西德基本法之限制更多，它於第七十九條第三項規定：『本基本法之修改，影響聯邦制度，影響各邦參與立法，或影響第一條及第二十條所規定之基本原則者，不得爲之』。(5)大韓民國憲法，亦於第九十八條第六項規定：『第一條、第二條，及第七條之二之規定，不得改廢之』。凡此規定，雖非直接對保障人權而發，然亦可見其加嚴憲法修改的限制，以維護民主法治，保障民權之意。一七八七年的美國憲法，雖有第五條後段規定：『……惟在一千八百零八年前所制定之修正案，無論如何，不得影響本憲法第一條第九項第一、第四兩款之規定。無論何州，如未經其同意，不得剝奪其在參議院中之平等參政權』，然係針對美國當時情形，爲保障各州權利而制定，且屬第二次大戰前，各國憲法之中，鮮見的事例，與第二次大戰後憲法的情形不同。一八四八年的瑞士聯邦憲法，且於第一百十八條規定：『聯邦憲法，得於任何時期，爲全部或一部之修正』，尤可見今昔觀念的不同。

第二次世界大戰前後，學者對於修改憲法的限制問題，討論亦甚熱烈。在明白規定不得修改其中之某條項，或不得於某一時期修改憲法的國家，不得任意修改憲法，學者均無異辭。所可研究者，爲未設此類規定的國家，是否於任何時期，均得修改其中之任何條項？關於時期方面，學說上尙少主張於憲法無明文規定時，亦不得於某一時期，修改其全部或一部者。惟於憲法未設修改內容的限制時，憲法上的任何條款，是否均可修改，則學說尙未一致，分別略述於下：

㈠有限制說　主張這一說者，認爲任何國家的憲法，均有爲其基礎的根本精神，由此根本精神，而產生該憲法，故爲其根本精神的條文，係立於其他條文之上者，如將此根本精神所繫的條文，加以修改，則整個憲法基礎，均告動搖。且憲法制定權，和憲法修改權性質不同：憲法制定權，非受之於法，而係產生於政治力量，國體是共和或是帝制？政體是民主或是獨裁？均決定於政治力量，而國體和政體，卽是憲法根本精神之所繫。反之，憲法修正權，並非產生於政治力量，而係受之於法。卽由政治力量制定憲法，再由憲法授與某機關以修改憲法之權，所以憲法修改權，係由憲法而來，如果憲法所創設的權力，竟然破壞憲法的根本精神，於理殊爲難通。所以憲法的修改，倘使超過其應有的界限，則無異廢止舊憲法而制定新憲法，是革命或政變，而非憲法的修改。惟究竟何種條文不得修改？在主張有限制說的學者，亦不一其說，有謂國體與政體不得修改者，有謂修改憲法的規定，也不能修改者，日本學者宮澤俊義氏等，則主張基本權的規定，不得修改，因爲它是先於國家的權利，不能以國家的權力——憲法修正權改廢之，已如前述。

㈡無限制說　主張無限制說者，認爲憲法上任何條文，都可以修改。因爲憲法各條的效力相等，不應有高低之別。事實上亦難劃分何者爲得修改的條文，何者爲不得修改的條文。而且憲法雖規定某種事項不得修改——如法國第四共和憲法，並未規定第九十五條，不得修改，但有權修改憲法的機關，固可先删去第九十五條，而後再修改共和政體，所以這種實定法上的限制，殊無意義。

作者對於上說兩種說法，曾加以批評云：『上述兩說，皆持之有故，言之成理，舊日德日學者，多採無限制說，一次世界大戰以後，則以採有限制說者爲多。諒以德日在二次世界大戰以前，備受獨裁政治之痛苦，幾淪於亡國，於以和平主義及民主主義，爲其基礎之憲法，頗爲愛好，亟欲維護其安定性，故倡爲修正有限制之論也。由純理論言之，有限制說，固頗爲精審，於憲法原理之研究，亦頗多可以啓發之處。然法律爲社會生活之規則，因社會生活之需要而產生，隨社會生活之變遷而變遷，潮流所趨，莫之能禦。且憲法因其爲國家根本大法之故，固宜具有安定性；復因其於政治社會情勝之變遷，最爲敏感之故，適應性亦所注重，故如認爲憲法之修正，非有限制不可，似與憲法爲社會生活規範，且宜富有適應性之本質，不甚相合。且如謂憲法之修正，宜有限制，究竟何條有限制？何條無限制？在未設明文規定之國家，亦難衷一是。如有權修憲之機關，將不應修改之條文，予以修改，實際上亦無救濟之辦法，蓋憲法之規定，固由於適應社會要求之政治權力而來，憲法之修改，亦屬如是，持有限制說者，對於前者之政治社會背景，雖已顧及，獨惜忽於後者耳。綜此理由，足見有限制說，雖爲多數學者所主張，然是否妥當，仍有可疑也』（註一〇）。

據上所述，有限制說是否妥當，雖甚爲可疑，然觀於第二次大戰後各國憲法，對於修改憲法限制的加嚴，及學者之盛倡有限制說，亦可見第二次大戰後新趨勢的一斑。這種新趨勢的形成，固然有許多原因，如不欲變更現行憲法的民主體制等，均爲使修改憲法限制加嚴的原因，但維護憲法保障人權的規定，不欲使其輕易修改，亦爲其原因之一，殊無可疑。

六、我國憲法與人權保障

第二次世界大戰後的各國憲法，均有加强人權保障的趨勢，具如前述，我國憲法如何呢？我們認爲我國憲法，對於人權的保障，也是很重視的，故在憲法前言上，明白聲明『保障民權』爲制定憲法的目的之一，其對於保障人權的重視，尤可於左列各點見之：

㈠對於人權的保障，採直接保障主義；並採違憲立法審查制度。

憲法第二十三條規定：『以上各條列舉之自由權利，除爲防止妨礙他人自由，避免緊急危難，維持社會秩序，或增進公共利益所必要者外，不得以法律限制之』。按各國憲法保障人民自由及其他權利的方式，有直接保障主義，和間接保障主義之分，已如前述，民國二十五年五月五日，公布的中華民國憲法草案，雖採法律保障主義。現行憲法，則採直接保障主義。人民的自由及其他權利，『除爲妨止妨礙他人自由，避免緊急危難，維持社會秩序，或增進公共利益所必要者外，不得以法律限制之』。上述『爲防止妨礙他人自由，避免緊急危難……』云云，爲列舉規定，非例示規定，如非合於上列標準，卽不得以法律限制之。倘非因防止妨礙他人自由等必要，竟以法律限制人民的自由或權利，其法律卽爲違憲，應屬無效。

由本條的文字上，亦可看出我國憲法，對於人權保障的注重，故不惜出以迂迴曲折的文句，以表鄭重。蓋本條的文句，如將其中『除……外，不』等三字删去，則爲『以上各條列擧之自由權利，爲防止妨礙他人自由，避免緊急危難，維持社會秩序，或增進公共利益所必要者，得以法律限制之』，含義和現有辭句，並無不同，且毋寧較爲明瞭易讀。憲法乃捨此弗由，寧願出以迂迴曲折的方式，當以人權的保障，關係至爲重大，固然不容行政或司法機關，任意加以侵害；立法機關，以法律限制人權，雖爲事實上所難免，但如法律可以任意加以限制，殊非憲法鄭重保障人權的本意，直接保障主義的精神，將因而盡失，故用現有的辭句，以表明在迫不得已的情況下，始能限制人民的自由和其他權利，擧此一點，亦可見我國憲法對於人權的尊重。

前面說過，『直接保障主義所定的標準，措詞均甚抽象，如果是否「爲防止妨礙他人自由」，或「維持社會秩序所必要」？而制定限制人民自由或其他權利的法律，聽由立法機關自行認定，則直接保障主義，和間接保障主義，實無所異。各國憲法爲貫徹直接保障主義的精神，乃採用違憲立法審查制度，使審查立法機關制定的法律，……是否合於憲法』？我國憲法也採用這個制度，於第一百七十一條規定：『法律與憲法牴觸者無效。法律與憲法，有無牴觸發生疑義時，由司法院解釋之』。於第七十八條規定：『司法院解釋憲法，並有統一解釋法律及命令之權』。第七十九條規定：『……司法院設大法官若干人，掌理本憲法第七十八條規定事項，由總統提名，經監察院同意任命之』。雖然現行司法院大法官會議法第四條，對於人民聲請解釋法令違憲，規定條件過嚴，和憲法的本意，不盡符合，然憲法注重人權的保障，觀於上列各條規定，甚爲明顯。

㈡對於人身自由的保障，規定甚爲詳密。

憲法旣然注重人權的保障，對於爲各種自由基礎的人身自由，自然更爲重視，故它對於人身自由的保障，規定甚爲詳密。它規定於第八條，其規定文字之長，爲全部憲法一百七十五條之冠，且分列四項，以期明晰。按憲法爲國家根本大法，係欲以有限的條文，將國家的大經大計，規定於其中，故凡憲法對於某一事項規定愈多者，亦卽表示該事項爲憲法所重視。憲法對於人身自由的保障，旣以很長的文字來規定，所以授權於法律來規定補充者，亦相對縮小，擧此一點，亦足見憲法對於人身自由的重視了。茲再錄第八條規定於下：

『人民之身體自由，應予保障，除現行犯之逮捕，由法律另定外，非經司法或警察機關，依法定程序，不得逮捕拘禁。非由法院依法定程序，不得審問處罰。非依法定程序之逮捕拘禁審問處罰，得拒絕之。

『人民因犯罪嫌疑被逮捕拘禁時，其逮捕拘禁之機關，應將逮捕拘禁原因，以書面告知本人及其本人指定之親友，並至遲於二十四小時內，向逮捕之機關提審。

『法院對於前項聲請，不得拒絕，並不得先令逮捕拘禁之機關查復。逮捕拘禁之機關，對於法院之提審，不得拒絕或遲延。

『人民遭受任何機關非法逮捕時，其本人或他人，得向法院聲請追究，法院不得拒絕，並應於二十四小時內，向逮捕拘禁之機關追究，依法處理』。

上述第一項，爲關於人身自由的基本規定，最値注意，故僅就此略加說明（註一一）。憲法首先鄭重宣言：『人民之身體自由應予保障』。其次表明除現行犯的逮捕，授權法律另設規定外，僅司法或警察機關，有逮捕拘禁的權力，其他任何機關，均無此權力。而司法或警察機關的逮捕拘禁，尤必依法定程序爲之。再次表明有權審問處罰者，以法院爲限，且亦須依法定程序爲之。最後爲使此項規定得以貫徹起見，復明白規定：『非依法定程序之逮捕拘禁審問處罰，得拒絕之』。因爲如上所述，人身自由，是一切自由的基礎，必須人身自由，獲得鞏固的保障，而後始可享受其他自由，故憲法對於人身自由的保障，再三置意。

尤可注意者，爲本項一再用「法定程序」一語，首先規定：『非經司法或警察機關，依法定程序，不得逮捕拘禁』。其次規定：『非由法院依法定程序，不得審問處罰』。前一項所稱法定程序，固係指法律所規定的手續而言，如刑事訴訟法，關於被告拘提覊押的規定是。後一段所稱法定程序，則係兼含實體法之意，法院必須法律定有明文，以其行爲爲可罰之行爲者，始予處罰，其處罰之程度，又限於法律所規定的範圍，即一般所謂罪刑法定主義是。因欲期人身自由有鞏固的保障，必須實行罪刑法定主義。如捨此不顧，則逮捕拘禁審問處罰的手續，雖然至為嚴密，而其行為是否犯罪？應受何種刑罰？悉聽諸法官的專斷，人身自由的保障，殊難謂為周到。所以本項後段所稱法定程序，和美國憲法修正條文第五條，及第十四條所稱「正當手續」，實同其意義。

㈢為對於生存權的重視。

生存權，指國民請求國家保障其生存，使其得受健康與文化生活的權利而言。生存權的保障，為二十世紀憲法主要特色之一，考其主要原因，諒以二十世紀，為注重社會安全的世紀，欲實現社會安全，尤應注意生存權的保護。因為社會安全觀念，源於團體主義的整體思想，認為人與人間，關係極為密切，必須兼相愛而後能交相利，人與人間的關係，既如此密切，故既須注意社會的公益，以多數人的利害為重，亦須注意任何一人的生存。因為在人和人關係極為密切的現代社會，如任何人生存發生困難，甚至不幸而流於饑餓疾病或犯罪，不僅為個人的不幸，亦為社會人力的損失，且往往為社會秩序和社會進步的障礙，何能束手不問？故生存權為現代最重要的權利，自一九一九年的德國威瑪憲法，設有生存權的規定，著其先鞭以來，二十世紀各國憲法，多設有關於生存權的規定，且益臻具體，期使人民在物質生活方面，和精神生活方面，均能達到相當的水準。

我國為三民主義國家，民生主義，為三民主義重要的一環，故我國憲法，對於生存權的保障，甚爲重視。於第十五條規定：『人民之生存權、工作權及財產權，應予保障』。它把生存權與工作權財產權並列，且置生存權於工作權及財產權之上，爲現代憲法之所無，允稱特色。它猶不但在第十五條上，規定保障生存權而已，在第十三章基本國策中，亦多保障生存權的規定。如第一百四十二條規定：『國民經濟，應以民生主義爲基本原則，實施平均地權，節制資本，以謀國計民生之均足』。第一百五十二條規定：『人民具有工作能力者，國家應予以適當之工作機會』。第一百五十三條規定：『國家爲改良勞工及農民之生活，增進其生產技能，應制定保護勞工及農民之法律，實施保護勞工及農民之政策』等，皆其適例。舉此數例，尤可見我國憲法，對於保障生存權的重視。

綜上所述，足見我國憲法，有關人權保障的規定，甚爲周密，和第二次大戰以後各國憲法的同類規定，對比看來，除有關人身自由部分，規定不如德國日本義大利之詳外，甚少遜色。行憲以後，國家雖在非常時期，但有關各方，仍盡力於憲法保障人權的實踐，如修正刑事訴訟法和提審法，制定軍事審判法和寃獄賠償法，以加强人身自由的保障。實施三七五減租，和耕者有其田，以保障人民的生存權，均其適例。最近報載政府即將制定國家賠償法，以實現憲法第二十四條的規定，尤足見我國雖在國步艱難之中，對於人權的保障，仍未懈忽，且正在逐漸加强之中，和第二次世界大戰後，各國憲法的主要趨勢，亦相符合。

註釋

（註一）見註解日本國憲法上卷第三二四頁以下。
（註二）見所著憲法要論第六十九頁以下。
（註三）見所著註解日本國憲法第一九三頁以下。
（註四）見所著憲法Ⅱ第一九八頁以下。
（註五）見所著日本國憲法原論第一四一頁。
（註六）見所著基本的人權一文——載國家學會編：新憲法之研究第六十三頁。
（註七）見所著基本的人權一文，載憲法講座第一卷第八十八頁。
（註八）參看渡邊宗太郎著：續憲法之基本問題。
（註九）見拙著中華民國憲法釋論重訂第三十二版第一二九頁以下。
（註一〇）見前揭拙著第四〇四頁以下。
（註一一）關於本條之解釋，詳見拙著中華民國憲法逐條釋義第一册第一〇二頁以下。

中華民國六十六年十一月九日作

載國民大會憲政研討委員會編：世界各國憲法大全第六册卷首文。

三、由自由權到生存權

一

由自由權到生存權，是一個極值得研究的題目，牠表現了國家任務的變遷，表現了法學理論的革新，也表現了各國憲法的新趨勢，不知道這種變化的人，不足以談現代政治，不足以談現代法律，更不足以談現代憲法！

因爲生存權的維護，是現代政府的中心工作，如果見不及此，猶以『淸靜無爲』爲尙；或爲俗論所惑，斤斤於少數人形式自由的尊重，顯然不懂得現代的政治。生存權的觀念，是現代法學理論的中心，爲論法立法行法最高基準之一，如果見不及此，仍爲所有權神聖不可侵犯，契約自由等，拿破崙民法的思想所囿，執此以論法，立法，行法，何足以語於現代的法學。在人民基本權利義務，國家各重要機關組織職權之外，增加國民經濟，社會安全一類的規定，是二十世紀憲法和十八九世紀憲法重要不同之一，（即從前的憲法，只保護形式的自由，現代的憲法，更進而保護實質的生存），也是各國憲法極明顯的趨勢，如果見不及此，仍以自由權的觀念，爲現代憲法的中心，自亦不足與論現代的憲法。

生存權問題，原可由各種角度研究，例如生存權的觀念，是怎樣來的？各國憲法的規定怎樣？中華民國第十五條：『人民之生存權工作權及財產權應予保障』的規定，含義怎樣？效力怎樣？生存權的觀念，對各種社會安全法制的影響怎樣？在民法刑法上，應該怎樣應用？牠有什麼界限等？都是應該研究的問題。但我覺得其中最根本最切要的一點，是生存權觀念的由來，因爲凡事要窮源究始，纔可得其眞相，社會在川流不息地進化着，以社會現象爲研究對象的社會科學上各種觀念，更應該由歷史的進化的觀點認識，而目前中國法學，所最缺乏的就是這種觀點，時至今日，我們的法律理論，猶多十八世紀人權宣言時代的理論，我們的法院判決，亦仍有十九世紀分析學派的觀點（在法言法惡法亦法的觀點），洛克（John Locke 1632——1677）奧斯丁（John Austin 1790——1859）之流，鬼影幢幢，呼之欲活，爲着目前河山破碎的國家，爲着任重道遠的下一代青年，我們每看到這些時代落伍的理論和判決，迭有觸目驚心之感，所以我覺得今日中國法學上問題的討論，歷史的進化的觀點，實最重要，故我先以『由自由權到生存權』爲題，來討論生存權問題。

二

自由權的觀念，是十八九世紀政治的中心，也是當時法學理論的樞軸。何以說牠是十八九世紀政治的中心？因爲當時值專制國家崩潰之後，自由民權之說，彌漫一時，產業革命後的經濟現象，尤有建立一個自由競爭環境的必要，以聽令個人自由發展，所以當時社會中堅分子所要爭取的是自由，所最厭惡的是干涉，憲法的制定，議會的成立，內閣制的實行（在總統制的國家則爲總統的直接民選），莫不由於保護自由，防止專制之觀念出發，故說牠是那時候政治的中心。何以說牠是當時法學理論的樞軸？十八世紀法律之主要原則，在憲法爲人權的保障，議會政治的實行，在刑法爲厲行罪刑法定主義，在民法爲所有權神聖不可侵犯，契約自由，過失責任主義，法學理論一方面應時勢的需要，建立起這些原則，另一方面，復以分析法學的觀念，註釋法學的方法，高唱惡法亦法之說，不許活動解釋，以維護成文法的尊嚴，貫澈這些原則的運用，統而言之，實由於保障自由之一念，故說牠是當時法學理論的樞軸。憲法是一國的根本大法，爲政治情勢的反應，亦爲法學理論最主要的對象，當時政治和法學的情形，既屬如此，故當時各國的憲法，莫不置重於保護自由權的規定，法國人權宣言第十六條說：『權利保障不鞏固，權力分立不確立的社會，不能說是有任何憲法』，可見自由權的維護，又是當時各國憲法的主要任務，現在即以各國憲法的規定爲主，來研究自由權到生存權的發展。

自由權觀念之見於國家根本大法，原可遠溯於英國的大憲章(Magna Carta 1215)，權利請願(Pertion of Right, 1627)，和權利章典 (Bill of Right, 1689) 但英國制度上自由權的觀念，只是對於舊日法律上既存權利的確認和解釋，和其後各國憲法，以自由權爲天賦的權利，以牠爲國家權力行使的限界者不同，故憲法學者認爲現代自由權觀念的眞正淵源，實始於美國委瑞利亞州的權利宣言（一七七六年三月十二日公布）（參看美濃達吉譯人權宣言論外三篇）。該宣言第一項說：『人生而自由獨立，享有某種先天的權利，這種權利，縱在人們進入社會狀態之後，亦不能侵奪。牠就是享受生命和自由。因爲牠是取得、所有財產；追求、獲得幸福和安全的手段』。同年七月四日公布的美國獨立宣言，從而效之，故有『我們認爲所有的人都是平等的，他們由天主授與某種不可讓與的權利，這些權利，是生命，自由，和幸福的追求，這是極明顯的眞理』之句。因爲獨立宣言這樣說，美國各州憲法，也跟着有類似的說法，一七八七年公布的聯邦憲法，亦有人身自由的規定，並於翌年修正條文裏，加上保障各種自由的條文。這些規定，對於以後各國的憲法，自有莫大影響。

在歐州方面，和自由權概念最有關係的文獻，爲一七八九年七月廿六日公布的法國人權宣言。該宣言第一條說：『人們在出生和生存的時候，具有自由和平等的權利。社會的不平等，除由於公共的必要外，不應允許』；第二條說：『一切政治結合的目的，在於保持人們天賦而不讓的權利。這些權利，爲自由，所有權，安全，及對於壓制的反抗』，此外，牠復表明主權在民（第三條），自由的限制，應依據法律（四條），非對於社會有害的行爲，法律不得禁止（第五條），法律之前人人平等（第六條）非依據法律規定，不得逮捕拘禁和處罰（第七條至第九條），言論、著作、出版及其他表現的自由（第十二條）憲法的任務，在於公民權利的保障，和公的權力之分立（第十六條），所有權神聖不可侵犯（第十七條）等原則。美國獨立，只是殖民地對於祖國的反抗，法國大革命，則爲新興工商業者對於專制統治的反抗，牠所代表的時代意義更大，所以人權宣言對於各國憲法的影響，也較獨立宣言爲深。歐州各國的憲法，如一八五〇年的普魯士憲法，一八六七年的奧大利憲法，一八七一年的德意志憲法等，莫不直接受着人權宣言的影響，且由於這些憲法的傳播，遠及其他各國憲法。縱使說十八世紀乃至二十世紀初年的憲法，關於人民自由的規定，均在人權宣言的影響之下，也不爲過。

三

由上述引用的文獻看來，可見自由權的最初觀念，是建立於人類自然狀態之上，他們認爲人類本應過着自由自在，無拘無束的生活，自由是先於國家的，既非國家所得限制，亦不能專靠國家的法律來保障，故鄭重表明這是人類與生俱來的權利。這種說法，由思想的淵源說，和信仰自由的爭取，顯有莫大的關係，因爲信仰是人對神的關係，顯與國家權力無關；由事實的背景說，則由於當時封建王侯過分專制的反響，各有其時代的因素，原亦未可厚非。不過這種素樸的自然法思想，在一時的政治情勢下，雖然可以利用，究嫌遠於事實。因爲人是社會動物，不能够孤立生存，即必須和他人共營社會生活，共同過日子，既然要和他人共營社會生活，各人即不能隨其所好，恣意行事，爲着團體的安寧秩序，爲着他人的自由，各人的自由，勢不能不受或多或少的限制，立於各人之間，限制人們之過分自由，以維護團體安寧秩序者，爲國家，所以社會生活愈發達，國家的任務，因而愈加多，人們的自由，亦愈受限制，決不是絕對不可侵犯的權利。人權宣言以後的各國憲法，亦逐漸承認這種事實。不過只許由人民代表組成的議會，制定法律予以限制，或採憲法直接保障主義，非經過繁難的修改憲法手續，不得妄加限制，或賦與法院以違憲立法審查權，使矯正違反憲法侵害人民的法令，故議會政治，三權分立，和法院違憲審査的發達，和自由權的保障，實有莫大的關係，不過這些制度，由正面看來，固爲保障自由的工具，然和自由權的最初觀念對照觀察，則自由權的觀念，顯已受了修正，（並非絕對不可侵犯的權利），而向着新的方面發展。

然而自由權的觀念，僅受上面的修正還是不够。事實證明，各國憲法所規定的自由權，還欠切實與普遍，不足以適應大多數民衆的企求。規定自由權最早的憲法，是美國各州憲法，據史家考證：這些憲法所規定的自由權，爲英國國民在憲法及普通法上，所享有各種權利的結合，其內容自多偏重於新興工商業者的需要，法國人權宣言亦是如此，但是各國除了新興工商業者以外，還有許多渴望自由的人（如農民）。這種偏重於一部分人需要的自由權，對另一部分人未必適合，他們自無法獲得保護自由權的成果，故以當時社會而論，自由權的內容，已欠普遍與切實，其後社會進化，情移勢異，許多人對這種十八世紀的自由權，更多批評，如孫中山先生於民權主義之外，更提倡民生主義，以醫治僅有舊型自由的弊害，即其一例。而在各國憲法上，亦逐漸接受這些批評，把關於自由權的規定，加以修正，其中最值得注意者，爲一九一九年的德國憲法。（因在威瑪地方起草，故稱爲威瑪憲法）

威瑪憲法是二十世紀法律的領導者，牠對於二十世紀的法律文化，具有極深刻的影響，爲現代法律學者最應注意的一部憲法，現在專就它關於自由權的規定來說：它規定法律之前人人平等，人民有居住、移轉、遷徙的自由，人身的自由，通信秘密的自由，發表意見的自由，集會結社的自由，選舉的自由，信教的自由，藝術科學的自由，經濟交易的自由，所有和繼承的自由等等，由這些規定看來，它和舊日憲法的規定，似無很大的差別。然從精神方面觀察，則大不相同，蓋如上所述，舊日憲法的規定，係基於天賦人權的思想，即以自由權爲天賦的權利，故著於憲法，以排斥國家權力的干涉，稽其淵源，蓋本於個人主義的思想，把國家和個人隔成二段。威瑪憲法則本於團體主義的見地，把國家和個人融爲一體，個人爲國家而存在，國家也爲個人而存在，沒有國家，個人固無所附屬，沒有個人，國家亦不成其爲國家。所以憲法上對於個人自由的保護，不是專由個人的利害着想，而是兼由國家的生存發展着想，欲藉此發揮個人的智力，增進國家公益，倘爲着維護國家公益的必要，對個人自由儘可加以限制，其彈性還較舊日憲法爲大。如以所有財產的自由而論，人權宣言第十七條規定：所有權爲神聖不可侵犯權利；威瑪憲法第十五條，則僅稱『所有權受憲法之保障，其內容以法律定之』，且『包含義務，須爲公共福祉而行使』，其精神相去之遠，何可以道里計。總之，舊日憲法對於個人自由的保護，係由個人私利出發，威瑪憲法的規定，則由社會公益出發，惟其只由個人私利出發，不從社會全體着眼，其結果只有一部分人享到自由權的好處，不能使社會全體均獲其利，且寧因少數人過分自由的結果，多數人反而失去自由，（如地主濫用其土地所有權，改農地爲馳馬之所，農民遂失去耕作之自由），這種自由，只是局部的，形式的（若干人名義上雖享有這種自由，實際上則得不到好處），故威瑪憲法根據團體主義的觀點，提出『公共福祉』的觀念，自由權的觀念，從此發展到一個新的境地，各國憲法關於自由權的規定，從此亦漸臻普遍與切實。

恰和舊日天賦人權的自由權觀念，有其產生的社會背景一樣，威瑪憲法領導下的自由權觀念，自亦有其客觀的原因，概括地說：一由於經濟生活發達，交通進步，知識進步的結果，使社會生活比前更加密切，人們恍然於個人不能獨來獨往，而是社會的個人，和社會利害息息相關，不能只顧個人私利，而不尊重社會的公益，尊重『公共福祉』的團體主義觀念，乃繼個人主義的觀念而起。二由於工商業發達的結果，財產漸次有集中的傾向，富的人錦衣玉食，窮的人則貧無立錐，因而引起許多社會問題，而肇致社會的不安，爲着社會的安寧秩序，不能够聽其長此下去，舊日絕對聽任個人自由的自由主義，因而引起懷疑，乃有本於上述團體主義的觀念，實行爲着團體的公益，可以干涉遏止個人過分自由的干涉主義，繼之而起，只有明白這些原因，纔能够正確地瞭解現代自由權的觀念。

四

威瑪憲法關於自由權的規定，固然遠較前代爲普遍與切實，然而自由權的本質，畢竟還是消極的，在從前，它只是個人避免國家干涉的工具，以後雖經演進，但亦只是一方面保護個人自由，一方面防止以少數人自由，殘害多數人自由，毫無積極的、具體的意義，對於一個生活困苦的人，饑仍不能以爲食，寒仍不能以爲衣。故在團體觀念發達的二十世紀，在社會問題比前嚴重的二十世紀，覺得爲增進團體的生存與發展，解決各種社會問題，和比從前更進一步的保護人權，僅僅在憲法上消極地保護自由，是不够的，而要積極地保護各人的生存權，使人人能够各遂其生，於是在自由權之外，另有生存權的觀念，和自由權並爲基本的人權。

生存權的觀念，在中國原有極長久的歷史，禮記禮運篇所謂：『使老有所歸，壯有所用，幼有所長，矜寡，孤獨，廢疾者皆有所養』，即是生存權最好的註釋，中山先生提倡民生主義，並以民生爲歷史的中心，尤可見 國父對於生存權的重視，這將於另文討論我國憲法上生存權時說明。現在以敍述之便，先就歐洲方面來說：它們對於生存權的觀念，原亦不甚生疏，因爲生存權一語，是以人類的生存本能爲基礎，故在有人類的時候，即有生存權的思想，只是在國家組織沒有充分發達的時候，各人以自己的力量，或以所屬的家族部落爲單位，而保持其生存權，迨後古代國家封建國家警察國家相繼成立，理論上視人民爲各級統治者的子女，統治者亦以人民的保護人自居，故當時雖無近代的自由權觀念，但使人民能各遂其生存權，當時却略具痕跡。迨後個人主義自由主義盛行，法治國家成立，受進化論的影響，認爲只要人民有自由，自己當然能够生存，國家只要消極地不妨礙個人的自由卽可，如何求得生存，是各人自己的事，所以當時只有自由權，沒有生存權。但其後事實證明，只有自由權，不一定就能够生存，在社會生活複雜的二十世紀，要想人人能够各遂其生，各申其志，以促進團體的生存與發展，尤有進一步由國家保護生存權的必要，使所有國民，有享受健康的，文化的最低生活的權利。故所謂生存權，亦可說是由國家保障各人最低生活的權利。再進一步觀察，這種觀念的轉變，和國家職能擴大，政府職務增加的趨勢，亦有關係，作者在『行政犯與刑事犯』一文，曾說明這種趨勢云：『二十世紀以後，各國因人口之增加，慾望之發達，國內情勢日趨複雜，昔日聽由個人自由競爭之放任政策，漸感途窮，而劍拔弩張之國際局勢，尤感建立有力量有作爲政府之必要，昔日「最好政府最少統治」之口號，今已不復適用，而易以「最好政府最大管理」之口號，故不僅抵禦外侮懲治奸邪爲政府之職責，推而至於人民有無充裕之經濟生活？有無健全之精神生活？保健是否有道？行旅是否便利？亦爲政府職責上應問之事』，（載法學雜誌第一卷第二、三期合刊）。國家的職能既然變遷，政府的任務既然擴大，對於人民最切要的生存問題，自然不能置而不問，生存權的觀念，乃隨着這種趨勢，而日臻發達。

生存權之首先規定於憲法者，仍爲威瑪憲法，該憲法第一百五十一條第一項規定：『經濟生活之秩序，以使各人獲得人類應得之生活爲目的，尤必適合於正義的原則。各人的經濟上自由，在這個界限內，予以保障』。爲着實現這一條的理想，該憲法復規定，應該供給各人以有益健康的住居（第一五五條）勞動者的勞動力，應受國家特別的保護（第一五七條），保障勞動者組織團體的自由（第一五九條），並許他具有與企業家同等的權利，參加企業的經營（第一六五條），同時對於農工商的中產階級，亦予以存在的保障（第一六四條），此外，國家應該保留企業社會化的權限（第一五六條），獎勵拓殖開墾（第一五五條），確立社會保險制度（第一六一條），並與各人以勞動的機會（第一六三條）。

威瑪憲法這種規定，和俾士麥時代的社會政策，固有相當的關係，第一次世界大戰戰敗後，滿目瘡痍、民不聊生的德國情勢，自然亦促使這種規定的產生。但促成這種規定的最大動力，仍由於上述一般的情勢，威瑪法得風氣之先，首先表現這種情勢，所以第一次大戰後新制定的各國憲法，很多聞風繼起，如一九二〇年的捷克憲法（第一一四條、一二六條等），一九二一年波蘭憲法（第九十九條、一〇二條、一〇三條等），一九三六年的我國五五憲草（第一百十六條以下），均其最著之例。第二次世界大戰以後，由於蘇聯挾其馬克思主義的教條，到處煽惑擾亂，爲清本窮源計，新制定的各國憲法，對於生存權問題，更加重視，如我國憲法第十五條規定：『人民之生存權工作權及財產權應予保障』，並於第一百四十二條至第一百六十九條，就保障生存權的方法，爲詳細的規定。法國新憲法（一九四六年十月廿七日公布），於序言中規定：『對於全體人民，尤其對於孩童母親及老年勞動者，國家應保障其健康，物質上之享用、休息及閑暇。凡因年齡、身體，或精神狀態、經濟情況不能勞動者，有向公衆獲得適當生活方法之權利』。日本國憲法（一九四六年十一月三日公布）第二十五條規定：『凡國民均有營合於健康及文化的最低限度生活之權利；國家就一切生活部門，應努力提高及增進社會福祉，社會安全，與公衆衞生』。巴拿馬憲法（一九四六年公布）第九十三條規定：『人民無能力工作者，或不能獲得有酬報之工作者，均享有保障生活上經濟需要之權利。社會保險事業，由自治團體承辦與管理……法律應依社會需要，規定此項事業之設立。國家應設置救助及社會供應之局所，其主要工作，爲協助附近居民在經濟上與精神上之恢復，並對於精神不健全或患有疾病、殘廢，而生活貧困者，予以照料』，而一九四八年十二月十日，聯合國第三次大會所通過的世界人權宣言，尤可表現生存權觀念的國際化，該宣言第二十條規定：『各人以社會一分子的資格，有受社會保障的權利，並且享有憑着國家的努力和國際的協力，依照各國的組織及資源，發達自己尊嚴和自己人格自由，所必要的經濟的、社會的，及文化的權利』。並於第二十三條第三項，重申個人及其家族的生存權，第二十六條規定受教育的權利，第二十七條規定參加享受文化的權利，把威瑪憲法所規定的生存權，變爲世界人權的憲章，生存權觀念在本世紀地位的重要，於此可見。

上面我們以各國憲法的規定爲主，說明由自由權利生存權演變的經過，其所以憲法規定爲主者，因爲如前第二節所述，憲法是一國的根本大法，是政治情勢的反應，亦爲法學理論最主要的對象，由憲法的規定，可以看到政治和法學的新趨勢；反過來說，憲法又因其爲一國根本大法之故，對於政治情勢和法學理論，亦往往發生領導的作用，現在各國乃至世界性的人權宣言，對於生存權既然如此重視，將來各國施政的中心，和法學理論的趨向，可想而知。特別在我們中國，共產黨竊據大陸，殘民以逞，正在大規模地殘害人民的生存，摧毀民族的元氣，熱愛國家民族的人，對於生存權的觀念，對於由自由權到生存權的趨勢，更應該特別重視，細心研究！

載法律評論十八卷第三期、四十一年三月

四、三權新義

一、引言

我近來研究五權憲法，覺得在學理的思考上，得到許多啓發，值得詳細研究的問題也很多，如三權憲法和五權憲法，究竟有甚麼不同？便是值得詳細研究的問題。我於三年前所著中華民國憲法釋論一書曾謂：五權憲法與三權憲法之不同『可分爲量與質二者言之：由量而言，係於歐美之立法行政司法三權之外，加入中國固有之考試監察兩權，俾立法機關不兼掌監察權，行政機關不兼掌考試權，以糾正立法機關與行政機關偏袒之弊。由質而言，五權憲法之精神，在謀各種治權之協力，以造成萬能政府；與三權憲法之精神，在使權力分立，以收制衡之效者，亦大不相同』（第一二〇頁）。這就是說：在質的方面，五權憲法由權能劃分的理論出發，以造成萬能政府爲目的；和三權憲法之政權治權不分，徒以消極的防止政府專制爲能事者，大不相同。在量的方面，五權憲法於三權之外，增加考試監察二權，注重人的因素，以收進賢去不肖之效，和三權憲法不注重人的因素者，也不相同。近來覺得這種區別，猶有未足，五權憲法上，雖然也有立法、行政、司法三權，和三權憲法一樣，但仔細推究，五權憲法上這三種權力，和三權憲法上這三種權力，名同而義異，如果不加研究，輕易混爲一談，殊失五權憲法的眞意。

三權憲法上的立法、行政、司法三權，猶不但和五權憲法的三權不同而已。在同爲三權憲法的國家，十八世紀末葉乃至十九世紀（近代）的三權，和二十世紀（現代）所稱的三權，亦屬名同而義異。倘使不求甚解，把現代憲法上的三權，和近代憲法上的三權，也混爲一談，不問它們本質是否相同？範圍有無差異？功能是否一樣？也是學理上的一種誤會。而對於政治制度和有關法律的認識，是以學理上的正確了解爲基礎的，學理上既有誤會，對於政治制度和有關法律的認識，乃不免發生錯誤，且引起種種弊害。

由實際的觀點說，世界上恐怕沒有澈底實行三權分立的國家。在採用內閣制的國家，如英法等國，因爲內閣總理由議會多數黨的領袖擔任；或內閣總理由議會選舉，對議會負責，立法權和行政權，實際上並未嚴格劃分，固然沒有澈底實行三權分立。在採用總統制的國家，如美國和南美各國，表面上立法、行政和司法，涇渭分明，似乎是澈底實行三權憲法，但自政黨政治發達以後，立法機關和行政機關，表面上雖然各自獨立，互相制衡，實際上政黨在幕後，把它們聯繫在一起，立法權和行政權，亦並未嚴格劃分，也就是沒有澈底實行三權分立。不過三權分立，在實際上，雖然沒有任何國家，澈底實行，但由表面上說，迄至現在，世界上任何國家，仍然以三權分立，爲其中央政治制度上的基本原則，如果今日的三權，和昔日的三權，名同而義異，則各國政治，雖然在表面上，仍然以三權分立爲基本原則，實際上情形已經不同，要了解各國現代政治制度的眞相，對於立法、行政、司法三權的新義，亦有加以檢討的必要。

又我一向認爲由於思想的、社會的，和經濟上的各種原因，二十世紀的政治制度，和十八九世紀政治制度，有許多不同之處。不過由於使用上的習慣和便利，機關或各種權力的名稱，因循未改而已。一般人習然不察，往往把舊時代的權力和制度，與新時代的權力制度，混爲一談，這種觀點，也有再檢討的必要。所以爲了了解五權憲法和三權憲法的差異，近代的三權和現代三權的不同，以及避免對於政治上重要名詞的附會誤解起見，乃爲三權新義的研究。

二、舊日的三權

要研究三權新義，先要研究舊日的三權，而要研究舊日的三權，先要研究三權分立論和三權憲法的由來。十八世紀的人，鑒於舊日專制政治時代，君主和官吏，專憑自爲，人民自由毫無保障，聽憑魚肉之苦，故提倡民主，務期『國家爲人民所共有，政治爲人民所共理，利益爲人民所共享』，並提倡法治——在政治方面，何人由怎樣的手續，成爲官吏？官吏怎樣行使權力？均爲法律明白規定。在人民方面，何種行爲可以自由爲之？何種行爲不可爲？亦有法律明文可循。法院非根據法律，對人民固不能逮捕、監禁、審問、處罰；行政機關非根據法律，亦不得限制人民的權利，或漫課人民以義務，以防止政府的專制，保障人民的自由。但是雖然實行了法治，如果制定法律的權力，和執行法律的權力，不予劃分，則握有權力的人，仍可本於自己的好惡愛憎，一方面制定法律，一方面付諸執行，仍難達到防止專制，保護自由的目的。故爲達到這個目的起見，還要實行權力分立，法律必須經過人民代表所組成的議會通過後，執行機關纔可付諸執行。執行機關不能立法，立法機關也不能直接付諸執行，使彼此互相制衡，以杜專制政治的復活。

權力分立思想，原可分爲洛克（J. Locke 1632—1704）的兩權分立論，（立法權和執行權的分立），及孟德斯鳩（C. L. de. S. Montesquieu. 1689—1755）的三權分立論兩種，各國政治制度，均以三權分立論，爲其基本原則，而制成三權憲法。依照孟德斯鳩的意思，國家的權力，應分爲立法權，行政權，及司法權三種，由三個機關來掌理，立法機關沒有行政權和審判權，行政機關和審判機關，亦只能依據立法機關所制定的法律來執行，不能自行立法。以免集中大權於任何一個機關之手，流於專制，以殘害人民的自由。且爲達到防止專制，保護自由的目的起見，猶不但三權須分屬於不同的機關而已，尤須互相牽制，立法機關有監督行政及司法機關之權，行政機關和司法機關，對於立法機關不當的立法，亦可拒不執行，（如美國總統的覆議權，和美國最高法院的違憲立法審查權）。總之，依照孟德斯鳩的意思，法律必須經過議會通過後，執行機關纔可以付諸執行。執行者沒有立法之權，立法者亦沒有直接付諸執行的權力，且使彼此互相牽制，以杜專制政治的復活。故三權分立的精義，不僅在三種權力的分歸不同機關掌理，且在於三權之互相牽制。大體上來說；十八世紀後期乃至十九世紀各國憲法，形式上都是以孟德斯鳩的三權分立爲基礎的，也就是所謂三權憲法。

檢討了三權分立論和三權憲法的由來後，我們可進一步研究舊日的立法、行政、司法三權，具有怎樣的性質和範圍了？在檢討這個問題之前，我們還要注意三點：㈠三權分立論，固由於民主法治的思想，而自由主義思想，實爲其更主要的基礎。自由主義思想，認爲人生而自由平等，國家不能妄加限制，人類所以組織國家的原因，卽在於保障這種與生而具來的自由。所以國家的任務，只是限制妨害他人自由的行動，和他人自由無關的行動，國家不得妄加干涉。且人類均有利己之心，復各有其聰明才智，如果不受干涉限制，人們必向最有利最成功的道路走，整個社會，亦必因各個人功成業就之故，而走向安定進步的大道，所謂『最好政府，最少統治』，卽爲自由主義思想的代表理論。㈡由於這種自由主義思想，乃發生民主政治和法治政治的思想。因爲他們並不否認政府的存在，只是想把政府的權力，縮減至最小限度，以免政府的專恣自爲而已。但如統治權仍然屬於君主，君主這是國家的主人，則君主仍可暴厲凌虐，人民亦莫如之何，所以提倡自由主義者，又必提倡民主政治，由人民選舉若干人出來，代替人民，管理公共事務。並使統治者不但爲人民的利益，實行政治；而且依照人民的意思，實行政治。惟又恐這些人濫用權力，損害人民的自由，而蹈專制政治的覆轍，故提倡自由主義者，又提倡上述的法治。㈢由此可見，舊日所謂民主，只是由人民選舉若干人出來，代替人民，管理公共事務，而行政機關和司法機關的官吏，很少由人民選舉的，實際上由人民選舉的，只是立法機關的議員，（尤其是實行兩院制國家的衆議院議員），故當時所謂民主政治，實際上只是立法機關的議員，代替人民處理國政的『代議政治』。又當時提倡法治的目的，既在於防止專制，保護自由，只以法律爲束縛政府的工具，非欲藉此達到國利民福的積極理想，故爲消極的法治，而非積極的法治。又因爲它是消極的法治，故又爲機械的法治，而非機動的法治。他們所要求者，爲行政或司法機關，依據法律的規定，亦步亦趨，不容或踰。因爲當時對於專制政治，猶有餘悸，深恐法律規定如果富有彈性，執法者可以自由伸縮於其間，不免上下其手，以殘害人民的自由。

因爲民主政治，只是立法機關的議員，代替人民處理國政的代議政治。而當時所謂法治，又只是消極和機械的法治。故表面上雖然實行三權分立，實際上立法機關居於最優越的地位。因爲既然主張機械的法治，執行機關，必須依據立法機關制定的法律施政，亦步亦趨，不容或踰，立法機關，站在主動的決策地位，行政和司法機關，站在被動的執行地位。立法權和行政權司法權的關係，既然是主動和被動的關係，決策和執行的關係，立法機關的權勢，必然優於行政和司法機關，而成立法至上的局面。這猶不僅客觀的結果如此，也是當時論政者主觀的願望。因爲近代實行立憲政治的國家，如英國德國等，都是代表傳統的專制力量，和代表革新要求的民主力量，兩相妥協的結果。立法機關的議員，多由人民選舉而產生，行政和司法機關的官吏，則由國家元首委派。人民認爲議員是他所選出的代表，關係遠較行政和司法機關爲密切，既有親疏之分，難免厚薄之別，故立法至上，議會政治，實爲當時流行的政治思想。美法等國，雖然立憲的歷史，和英德不同，但人民在憔悴庸政之餘，對於舊日專制政治，猶有餘悸，所以上述思想，亦極流行。立法權遠較行政權司法權爲優越。當時且有主張議會主權說，認爲國家主權應屬於議會者。英國法諺謂：『議會除了使男變女，女變男之外，任何事都可做到』，亦爲這種現象的說明。

綜上所述，足知在提倡機械法治的當時，制定法律的立法權，是代表民意，決定如何管理衆人之事的機關，政府各機關，都依照立法機關所制定的法律，來處理衆人之事。而且立法權，還不僅是制定法律的權力而已，它還含着議決預算，審查決算的財政監督權；同意政府重要官吏任用、對官吏提出彈劾，甚至提出不信任案的行政監督權，其權力不但極大，而且也極爲廣泛。加以當時人民沒有罷免、創制和複決的權力，對立法機關之行使權力，沒有有效的牽制方法，立法權的行使，甚少限制。它可以說是：代表人民指導政府、監督政府的政權，而不是一種治權。

舊時立法權的性質和範圍，略如上述，那麼舊時行政權的性質和範圍，又屬如何?前面說過：自由主義思想，爲三權分立論最主要的基礎，而自由主義思想，係以防止政府專制，保護人民自由，爲其最主要的主張，故提倡『最好政府，最少統治』的主張，即凡百事務，儘量聽人民自理，政府非萬不得已，不得加以干涉，而當時所謂政府，係指行政機關和司法機關而言，尤以行政機關，爲其最主要的對象。故他們希望行政權的範圍，儘量縮小。經濟學大師亞丹•斯密斯氏曾謂：『政府的任務，只限於㈠保護國土，不受鄰國侵略。㈡在國內維持正義，安定秩序，使富人財產，不被侵佔。㈢舉辦私人所不願舉辦的事業三者，即爲自由主義思想之代表理論。在這種『無爲政府』的主張之下，只有軍事行政、警察行政、外交行政，和財務行政；他如教育、經濟、交通衞生等，均聽由人民自理，故不像現代這樣，有教育、經濟、交通、衞生等保育行政，行政的範圍甚爲狹小。

舊日行政權的衰微，猶不僅於行政範圍的狹小見之，在行政和立法的關係上，尤見其然。在實行內閣制的國家，內閣總理和行政各部會首長，以議會的信任爲進退，內閣只是議會的行政委員會，惟議會之馬首是瞻，行政權固然只是立法權的附庸，沒有獨立强大的權力。即在實行總統制的國家，由於上述立法至上觀念的結果，行政機關，只能依照立法機關所定的法律，亦步亦趨，機械地執行，甚少自由裁量的餘地，行政權亦頗爲衰微。蓋舊日對於專制政治，既有餘悸，把行政權看作消極的、不得已而有的權力，所以只是一種機械的執行權，不希望它强大而有力。

行政權如此衰微無力，司法權又屬怎樣呢？我嘗以消極的和形式的二語，形容舊日司法權的性格。蓋舊日的觀念，認爲司法只是消極的定分止爭，除暴安良的權力，而不是積極的有所作爲，故司法只是消極的工作，沒有積極的目標。又舊日認爲法官之平亭訟獄，審判犯罪，只以形式的合於法條爲已足，至於立法的精神何在？已不求甚解，審判的結果，對於當事人間的爭執，和犯罪的人改過遷善，是否有實質上的效果，尤非所計。蓋舊日自由主義思想盛行，政府非萬不得已，不能干涉私人之事，應該盡量聽由它自己處理，故人們認爲司法只是消極的工作，沒有積極的目標。且在機械法治思想的影響之下，認爲法官只能依照法條的表面文字，機械地而爲審判，一般法官所能做者，只是認定事實的眞相，根據法律的條文，而爲判決。至於民事判決之後，對於當事人間的爭執，是否得到最公平最妥當的結果？對於當事人的身份問題，或財產問題，是否確實得到最合理的解決？刑事判決，是否最公平適當，可收預防再犯，防衛社會的效果？均非所計。且如超脫於法律的表面文字之計，從上述實際利害着想，反有被認爲違法之嫌。於是發生『惡法亦惡』的思想，認爲法官對於法律條文的文字，只能盲目的服從，不能機動地適用。法官之於法律，只有服從的義務，沒有批評的權能，故雖明知其爲惡法，猶應機械地適用，而不能有所變通。在這種觀念的影響之下，舊日的司法，乃只注意於形式的合法，而不甚求實質的妥當。故舊日法諺謂：『法官爲法律之傳音機』，把有血、有肉、有感情、有意志的法官，硬看做無血肉、無意志、無感情的機械人。舊日學說，且有以自由裁量的有無，爲行政和司法區別的標準者，認爲行政權尙有自由裁量的餘地；司法權則毫無自由裁量的權力，尤可見其對於司法觀念之一斑。

司法權既然是消極被動的權力，又是機械地執行法律的權力，對於立法權有極濃厚的隸屬性，（故舊日學說謂：法官對於命令是否合憲合法，雖然有實質的審查權；對於法律之是否合憲合法，則沒有實質的審查權。因爲司法權和行政權，是平行關係，故可審查行政機關所頒布命令是否合法。司法權和立法權的關係，則是對立關係，它隸屬於立法權之下，故不能審查立法機關所制定法律，是否合於憲法。詳見拙稿論「法官之法令瑕疵審查權」，載拙著憲法行政法論叢第九十三頁以下)。所以舊日司法權雖爲三權之一種，實際上則甚爲衰弱，不但比不上立法權，較之行政權，猶有遜色。

三、三權意義的變化

舊日三權的相互關係，及各個權力的情形，略如上述，那麼，現代三權相互間的關係，及各個權力的性質與內容，是否和從前一樣?這個答案應該是否定的，本屬很顯明的事實，因爲時代不同，政治社會各方面都有變化，現代三權的性質與內容，及各個權力相互間的關係，自然和從前大不相同，(嚴格言之，在十八世紀後期至十九世紀之間，它已有相當的變化)，不過一般人習然不察，忽視這種演變而已。而由於忽視這種演變的結果，乃發生各種學理上的錯誤，和政治上的弊害，本書將於第四節以下，分述立法權、行政權，和司法權的新義。而在分別敍述之前，先綜合地看促使三權含義及其相互關係變化的原因，俾不僅知其然，且知其所以然，而了解現代三權的面貌。

思想和制度，是時代的產物，它的產生和演變，都有深切的時代背景，三權含義的演變，也離不開這個原則，係由於現代社會和政治的變化使然。那麼，現代社會和政治，有甚麼變化呢?我們認爲現代社會和政治，跟從前社會和政治對比看來，很明顯地具有三個特徵：(一)爲社會連帶關係的複雜。(二)爲社會情況的變遷頻繁。(三)爲公共事務恆帶有專門和技術的性質。(一)先就第一點社會連帶關係的複雜說：現代由於醫藥進步、交通發達、文化交流的結果，人口的數量，固然較前大見增加，人和人間的關係，也遠較昔日爲密切，所以社會範圍日見擴大，社會組織也日見嚴密。在現代社會關係之下，個人的禍福，不但影響於其一身及其家族而已，而且往往和整個社會的利害有關，（例如一人犯傳染病，生活於同一城市的人們，都有被傳染的危險。一家失火，可以燃燒到附近數百千家，而一人的創造發明，生活於同一社會的人們，均蒙其利）。個人和社會的關係，既然如此密切；而教育的發達，文化的進步，又促使秉相愛交相利思想的發達，所以社會生活關係的密切，是現代文化的主要現象。在這種文化背景之下，社會上所有的人們，都有分工合作，痛癢相關的連帶關係，且跟着社會的進步，而日益加甚。㈡再就社會情況的變遷頻繁說。現代是科學時代，科學發達一日千里，時時有新的發明，使社會情勢，動輒改觀。加以現代社會本身，是以工業生產方法爲主的工業社會。工業生產，要改良品質，要售價低廉，要搜求原料，要開拓市場，處處需要競爭，處處促進進步，故社會的情況，時常變遷。而且工業社會，多是都市社會，都市人口衆多，彼此交感力甚强，互相激勵和集思廣益的結果，也使社會容易發生變化。㈢再就第三點——公共事務恆帶有專門和技術的性質說。由於社會連帶關係密切的結果，衆人之事，也跟着比例的增加，管理衆人之事的政府，工作已日見繁雜，而這種量的增加，又促進質的變化。蓋現代所增加的事務，多爲經濟、交通、教育、衞生等，有關於人們衣食住行樂育的事務，跟着科學的發達，這些事務的管理，往往帶有專門和技術的性質，非僅憑常識即可處理，故使公共事務，恆帶有專門和技術的性質。

一種思想和制度的變化，社會背景的變化，固爲其主要的原因，但時代思潮，亦爲促使其變化的動力。我們默察二十世紀時代思潮，不難發見在下列兩點上，和十八、九世紀大不相同：㈠以合作代競爭。流行於十八世紀後期的個人主義思想，迨十九世紀而更臻發達。當時爲進化論流行的時期，一般人認爲人和人之間，爲敵對的關係，所以競爭的觀念，盛極一時，迨於現代，由於社會連帶關係的發達，知道人和人之間，有密切的連帶關係，痛癢處處相關。既然有密切的關係，自然應該有交相愛之心，始收兼相利之效。於是人和人之間，不像從前那樣，互爲生存競爭的對象，站在對立的地位，而應該協力合作，携手並進。不但個人和個人間，是合作的關係，個人和社會及政府之間的關係，也是這樣，所以從前敵視競爭的觀念，已爲時代潮流所淘汰，而代以協和合作的觀念。㈡以積極代消極。十八、九世紀的人，因爲對於舊日專制時代，欺壓凌虐的痛苦，猶有餘悸，不免有一種孤臣孽子的心腸，操心危而慮患深。且因防止專制和保護自由，爲當時的第一主題，所以凡百建制，均由消極方面出發，着重於如何防弊。現代由於專制政治，已成陳跡，加以文化進步，交通發達，人們的心情，也比較開朗，不像以前那樣憂慮太多，動輒以小人之心待人，而社會生活的發達，公共事務的增加，亦不容政府垂拱無爲，無所建樹，故凡事改由積極方面着眼，着重於如何興利，和十八、九世紀的想法，大不相同。而舊日的三種，亦在這種時代思潮動盪之下，具有新的意義。

二十世紀的社會背景和時代思潮，和三權觀念的變化，固然都有關係，但直接促成這個變化者，爲流行於二十世紀的政治思想。其中最重要者，爲團體主義思想和干涉主義思想。先就團體主義思想說：他們强調人是社會生活的動物，個人的物質生活和精神生活，處處仰賴於社會，而社會亦非超然於個人之外，乃係個人所組成者。社會由其構成份子的個人，集合而成，又因各個人的協力合作，社會纔能够活動自如。所以沒有離開社會的個人，也沒有離開個人的社會。社會和個人，是同一物的兩面，一方面是社會，一方面也就是個人。既然是同一物的兩面，所以社會的利益，卽是個人的眞正利益；個人的眞正利益，係建築於社會利益之上。少數個人權利的保障，固然重要，但多數人自由的維護，增加全社會的福祉，使生活在這個社會的人們，能够各遂其志，各安其生，和如何造成一個有作爲有效率的政府，以達到維護團體生存，促進團體發展的目的，更是國家的責任。

由於上述的團體主義思想，乃發生干涉主義思想。因爲社會關係既然這樣複雜，社會各構成份子間的關係，既然這樣密切，團體公益，既然這樣重要，則管理衆人之事的政府，自然不能够垂拱無爲，只以抵禦外侮，和維護內部秩序爲已足，對於人民的衣食住行，處處都要關心，還要抑制豪强，扶助孤弱，以達到人人各遂其志，各安其生的目的。爲着維護或增進社會公共利益的必要，對於各個人的自由，有時不得不加以相當限制或干涉，所以現代最好的政府，不是『最少統治』的政府，反而是『最大管理』的政府，舊日自由主義的思想，不能再存於今日的世界。

但是提倡團體主義思想者，並不放棄民主政治和法治政治的觀念，而且就舊日民主和法治的觀念，發揚而光大之，即在尊重團體公益的大前提下，實行民主和法治。換句話說，亦即在民主和法治的方式下，爲維護團體公益，而干涉個人的自由。何以說二十世紀團體主義發達以後，民主和法治的觀念，較前更爲發揚光大呢？先以民主政治來說：舊日的民主政治，和以議會爲中心的議會政治，是不可分的，以爲實行議會政治，就等於實行民主，但經過以後的考驗，纔知道議會政治，和眞正的民主，尙有相當距離。在議會政治之下，人民只有選出議員的權利，沒有罷免議員乃至過問政治的權利，政治實際上爲一二政黨和少數人所把持，豈能謂爲民主？故現代政治雖仍爲民主政治，但所以實現民主的方法，則爲採取公民投票制，公民除選舉權外，還有罷免、創制、複決之權，比舊日的民主政治爲進步。

再就法治政治來說，前面說過：當時提倡法治的目的，在於防止專制，保護自由，只以法律爲束縛政府的工具，非欲藉此達到國利民福的理想，故爲消極的法治，而非積極的法治。但現代社會錯綜複雜，變化萬端，所需要者，爲有魄力有作爲的政府，俾能爲人民謀福利，而非垂拱無爲的政府，故在二十世紀的現代，雖然仍提倡法治，但它的性質，則已由消極的法治，轉爲積極的法治。即法律不僅是束縛政府的工具，而是指示政府以行動的方針，使他能够竭智盡忠，趨於國利民福之途。因爲現代法治具有積極的理想，而非由猜忌牽制的心理出發，故爲積極的法治，和舊日消極的法治不同。又由於積極的法治思想的結果，執法者亦不必像從前那樣，依照法律的文字，爲機械的執行，而應依照法律的精神，立法的目的，針對社會的情形和需要，爲機動的適用，不拘泥於法律的形式，而力求其實質的公平和妥當，故爲機動的法治，而非機械的法治。

綜上所述，足見二十世紀的社會背景，和時代思潮，跟十八、九世紀不同；流行於二十世紀的政法思想，和十八、九世紀的政法思想，亦大有差異。三權分立的理論，和三權憲法的制度，是建立於十八、九世紀的社會背景、時代思潮，和政法思想之上的，其前提既有變化，三權的含義，和三權相互的關係，乃亦跟着發生變更了。

先就三權相互的關係說：如前所述，三權分立的精義，不僅在三種權力的分歸不同機關掌理，且在於三權之互相牽制。而由於實行機械法治的結果，立法機關，站在主動的決策地位，行政和司法機關，則站在被動的執行地位，立法權實優於行政權和司法權。那麼，這種相互關係，現在發生怎樣的變化呢？我們嘗以『以諸權協力思想，代替權力分立思想』兩語，來表現這種變化。蓋由於法治觀念演變的結果，（由消極的法治，到積極的法治；由機械的法治，到機動的法治），立法機關和行政司法機關的關係，也有變更，不是對立的消極限制，而是積極的協力合作。立法、行政和司法的事務，雖然分設機關掌理，但是積極的分工（爲合作而分工），並非消極的分權（爲牽制而分權）。立法和行政司法機關的關係，既然和以前大不相同，從前的權力分立思想，自亦難於維持，而由諸權協力思想，起而代之。認爲立法行政司法諸權，不應該消極的猜忌牽制，而應該積極的協力合作。稽其原因，蓋由於以前所希望者，是消極和無能的政府，俾人民不至再受專制之苦；現代所需要者，則爲積極和萬能的政府，俾能勝任錯綜複雜的公共事務，故轉盼諸權能够協力合作，攜手而並進。又三權之間，既爲分工合作的關係，而非互相牽制的關係；直接民權的發達，復不以立法機關，爲惟一代表人民至高無上的機關；法治觀念的變化，又使行政和司法機關，有廣大的自由裁量之權，得以因事制宜，不一定要亦步亦趨的——跟着立法機關所制定的條文走，故舊日立法至上的局面，迨今也有變化。至於立法、行政、司法各權，性質和範圍變化的情形，當於次節以下詳之。

四、立法權新義

由於二十世紀的社會背景、時代思潮，和政法思想，跟十八九世紀不同，所以三權相互間的關係，和三權本身的含義，都跟着發生變更。關於三權相互間關係的變更，已如上述；現在再就立法權、行政權，和司法權含義的變更，包括它們性質、功能，和範圍的變更，加以檢討。

立法權的性質、功能和範圍，在現代各國憲法上，跟從前甚異其趣。先就立法權的性質說，由於直接民權的發達，使代議政治漸趨沒落，因而立法權的性質，也跟着與從前不同。蓋十八九世紀之世，雖然高倡民主，然而不但只是局部民主，（男性纔有選舉權和被選舉權，女性則沒有選舉權和被選舉權），而且只是間接的民主，人民只有選舉被選舉的權利，而沒有罷免、創制、複決的權利，對於不能稱職的議員和官吏，人民固然無權罷免，議會應制定法律而不制定，或制定而不當，人民也沒有創制複決之權，能發而不能收，何足以稱爲眞正的民主？二十世紀各國憲法，有鑒於此，乃致力於直接民權的實現，如德國一九一九年威瑪憲法第四十三條規定云：『聯邦大總統之任期爲七年，連選得連任。在任期終了前，第一院得以出席議員三分之二以上之同意，提議罷免總統，提交人民投票表決之……人民贊成第一院提議時，總統立即辭職，人民反對第一院提議時，總統再任七年，第一院解散』。第七十三條規定：『議會議決之法律，大總統公布之前，得於一個月內，先付國民投票。因議會議員三分之一以上之請求，而延期公布之法律，經有選舉權者二十分之一之聲請時，應付國民投票。有選舉權者十分之一，請願提出法律案時，亦應付國民投票……』。第七十六條規定：『憲法，得以立法手續修正之。但議會爲修正憲法之議決時，須有法律規定之議員定額三分之二之出席，及出席議員三分之二之同意……基於國民請願，以國民投票方法，修正憲法時，須得有權者過半數之同意』，即其顯著的例子。威瑪憲法是二十世紀領導性的憲法，它既有實施直接民權的規定，各國憲法，亦從而仿效，如一九四六年公布之日本國憲法第十五條規定：『公務員之選定或罷免，爲國民固有之權利』。第七十九條規定：『最高裁判所裁判官之任命，應於任命後，舉行衆議院議員總選舉時，交付國民審查；經過十年後，並應於舉行衆議院議員總選舉時，再交付審查，以後亦同』。『於前項情形，如投票者多數可決罷免裁判官時，應罷免該裁判官』。第九十六條規定：『本憲法之修改，應經各議院全體議員三分之二以上之贊成後，由國會發議，並應向國民提案，經其承認』，即係受威瑪憲法的影響者。雖然因爲各國土地廣大，人口衆多，和投票的方法，尙未精良等原因，直接民權的實現，範圍猶少，而未臻於普遍澈底的境地，然而現代憲法，認爲代議政治，不足稱爲眞正的民主，實現直接民權，始足副民主政治之實，故有逐漸實現直接民權的趨勢，要極明顯。而這種趨勢，將跟着民主政治理論的發達，交通的便利，和科學的發明（減少投票的技術上困難），而日見光大，也是可以預想而知的。

前面第二節說過，在實行機械法治的十八九世紀，『制定法律的立法權，是代表民意，決定如何管理衆人之事的機關，政府各機關，都依照立法機關所制定的法律，來管理衆人之事……加以當時人民沒有罷免、創制，和複決的權力，對立法機關之行使權力，沒有有效的牽制方法，立法權的行使，甚少限制。它可以說是：代表人民指導政府、監督政府的政權，而不是一種治權』。這種情形，在直接民權發達之後，自不免發生變化，卽直接民權發達[illegible]分，立法機關的權力，亦跟着減削一分——逐漸減弱其政權機關的成分，而表現治權機關的機能。由於直接民權的日益發達，立法權有由政權而逐漸轉爲治權的趨勢。（學者之提倡職業代表制者，固由於希望在立法機關裏面，有代表職業利益的人；亦由於彼等熟諳各職業的利害，可爲適當的立法，而使其表現治權機關的功能）。

立法權性質的變化，猶不僅由於直接民權的發達，亦由於三權相互關係的變化。蓋如上第三節所述，現代三權相互間的關係，不是消極的牽制關係，而是積極合作關係。在牽制關係上，有監督者和被監督者之分，由於舊日實行代議政治和機械法治的關係，故立法權高高在上，爲惟一代表民意的機關。以督導行政機關和司法機關。在合作關係上，各種權力都是平行的，所蘄求者，爲如何通力合作，使國家安寧，社會進步，以副人民的願望。行政機關和司法機關，也跟立法機關一樣，也代表人民，依照人民的意思，爲着人民的利益，而處理各種事務。它們和立法機關之間，並非上下的關係。故現代的立法權，只是政府各種權力之一種，和舊日立法至上的情形不同，所謂『國會主權說』，更是過時的論調，不足以說明現代立法權的性質。這種情形，由最近的大國憲法——一九五八年法國第五共和憲法，尤可佐證。蓋法國原是實行代議政治最澈底的國家，議會權力最强，動輒使內閣不能繼續執政，故法國第三共和憲法，和第四共和憲法上的內閣，均是不能在任長久的內閣。但第五共和憲法，則一改舊觀，處處限制議會的職權，不但取銷了它對內閣總理人選的同意權，限制了它對於內閣的不信任投票權，且對於它的立法權，和預算議決權，亦大加限制，這固然由於法國國情的關係，亦由於時代的趨勢。一葉落而知秋，由法國第五共和憲法的規定上，尤可見立法權性質的變化。（參看劉慶瑞氏著：法國第五共和憲法說明——載各國憲法彙編第一輯）。

總之，由於直接民權制度的發達，和權力分立理論的變異，使立法權性質，漸趨變化，它有漸由政權的性質，轉爲治權之勢；舊日立法權至上，君臨於行政權和司法權之上的局面，亦已不存在，它祇是權力的一種，而不是至高無上的權力。

立法權性質上變化的結果，將影響於立法機關的功能和組織，蓋舊日立法機關的功能，在於代表人民而指導監督政府，故除享有制定法律的立法權外，還有議決預算決算的財政監督權，同意行政首長，提出質詢，乃至爲不信任投票的行政監督權。現在立法權的性質旣有變化，而行政機關，也是代表人民意旨，爲人民利益而工作的機構，則立法機關的功能，是否仍爲消極的代表人民而指導監督政府，抑係積極而專業化的致力於立法工作，而爲人民造福，不再過問預算決算，以及一般行政的事務，是一個可以研究的問題；由現代政治的性格看來，立法機關的權力，是否應一仍舊貫，也不無疑問。因爲如上述第三節所述，現代公共事務恆帶有專門和技術的性質，非僅憑常識所可處理，舊日的議會，祇是常識的集團，而不是專家的組織，對於許多帶有專門性和技術性的立法工作，是否能够勝任愉快，已經大成問題，（後述委任立法的產生，即爲議會制度缺陷的表現）；對於一般行政事務，是否適於爲適當的指導和監督，自然更有疑問。尤其是審查議決預算和決算，以現代國家收支之繁，經濟財政現象之複雜，更需要專門的學識，和精密的技術，議會是否勝任適當？尤可研究。法國第五共和憲法第四十七條規定：『國民議會第一讀會，如在財政法案提出後四十日內尚未議決，政府得將該項財政法案提交參議院，參議院須在十五日內議決之……國會在七十日內仍無決定時，該財政法案所規定的事項，得用政府所公布之條例實施之』，對國會的預算議決權，加以限制，是一個很值得注意的規定。故依我們觀察，今後跟着時勢變易，和立法權性質變化的結果，立法機關的功能，將不如從前之大，且將由消極的防弊工作，進爲積極的興利工作。立法機關的功能，如果循着這種路線變化，則今後立法機關的組織，恐亦不免跟着變更了，另段檢討於下：

現代多數國家立法機關的組織，扼要言之，不外二點，一爲各國國會多採兩院制。二爲各國國會的議員，大部分係由區域代表產生。先就前一點說：各國國會採取兩院制的理由，雖有多端，（如在英國，以上院代表貴族，以下院代表平民。在美國，以上院代表各邦，下院代表全部國民），但以上院牽制下院，藉防立法的草率和專橫，以及由於歷史傳統的關係，要屬其最主要的原因。其由於歷史傳統的關係者，因爲時移勢異的結果，固不能再據爲主張兩院制的理由，（如英國貴族和平民的界限，目前已經消滅，殊無分立二院的必要。美國由於交通發達，文化交流，特別是國際政治緊張之故，邦和邦間的利益，是合一的，而不是分立的，邦與聯邦之間，更有密切不可分離的關係，亦已無將國會分建兩院，以一院代表各邦，另一院代表全部國民的必要），以上院牽制下院，藉防立法的專橫和草率之說，迨今亦不是有力的理由。因爲由於時移勢易，和立法權性質變化的結果，立法機關的功能，既不如從前之大，殊無疊床架屋，在一院之外，另設一院的必要。以現代公共事務之繁，社會變遷之大，立法工作，不但數量上較前大增，時間上亦不容過於遲緩，國會分建兩院，使立法工作迂迴曲折，拖延遲鈍，殊不足以應時勢的需要。二次世界大戰後的各國憲法，雖然還是採用兩院制，但多減縮上院的權力，伸張下院的職權，幾乎是以兩院制之名，行一院制之實，其目的當在加强立法的效能，觀此趨勢，尤可見在時勢變易，立法權性質變化之後，素日爲國會組織基礎的兩院制，在實質和形式上，都大有變化的可能。

再就後一點——各國國會議員，大部分係由區域代表產生來說。這個制度的產生，可以說純由於歷史上的理由，而以農業社會爲背景。因爲在以農業爲主要生產方法的時代，各區域間的往來，不甚密切；各區域間都有特殊的利害關係，而統一國家的意識，不甚發達，故國會議員，多由區域代表選舉而來。迨於現代，由於交通發達，文化交流的結果，區域間的往來，日益密切，各區域特殊的利害關係，日見減少，全國各區域，均有許多共同的利害關係，國會議員，是否仍應分由各區域選舉，已爲可以研究的問題。證以現代憲法學說，多謂國會議會，係代表全國，並非僅代表其選舉區。及法國第五共和憲法第二十七條：『一切命令的委任，爲無效』。『國會議員之投票權，屬於議員本人』，尤可見區域代表制之標準理論，已甚動搖。而立法機關的功能，既已由消極的防弊，進於積極的興利。今後立法機關，應該不只是常識的集團，而帶有技術和專門的性質，則區域代表制，是否應該繼續採用，自然是一個大可研究的問題。

現代立法權的性質和功能，既然和從前不同，它的範圍，自然也和舊日有異。因爲一種權力的範圍，是跟着它的性質和功能，而轉移的。立法權的性質，既漸有由政權機關轉爲治權機關的，且由消極而轉爲積極的趨勢，它的功能，也和從前不同，故其範圍的縮小，實爲其必然的結果。立法機關財政監督權的縮小，前面已經述及；其行政監督權的縮小，將於次節討論行政權時，再加討論，現在專就狹義的立法權方面，即制定法律的權力方面，來看立法權範圍縮小的情形。

最足以表現現代立法權的縮小者，爲委任立法制度，和法律與命令關係的變化。所謂委任立法，是立法機關委任行政機關，在授權範圍內，可以代替立泆機關，制定和法律效力相同規章的制度。我們一向認爲這種制度，對於舊日的立憲政治，顯爲一種極大的變異。因爲立憲政治，是以法治政治爲基礎的，而法治政治，是以法律的規定爲施政根據，不以個人的主觀認識爲施政根據，以防止專制政治再起的政治形態。既以防止專制政治爲目的，立法的權力和行法的權力，自然要分屬於不同的機關，以便互相牽制。所以法治政治，必定採用權力分立制度，由人民所選舉的立法機關，行使立法權，行政機關只能够依法執行。無關於限制人民權利或使人民負擔義務的事項，雖然授權行政機關，在法律範圍內，酌量辦理，但行政機關自由裁量的範圍，極爲狹小；有時法律雖亦授權行政機關，制定執行法律規定的細則，但多半爲程序上技術上的規定，且絕對不能違反法律，並不是把立法權交給行政機關，（這是委任立法和委任命令執行命令等不同的地方，不可混爲一談）。至於第一次大戰後各國憲法規定的緊急命令權，更限於天災事變，或財政經濟上有重大變故等——國家有特殊危難時候，且只有總統有權頒布，並非尋常的立法，和委任立法亦不相同。總之，依照舊日的理論，立法權專屬於立法機關，行政機關只有依法執行的權力。迨委任立法制度產生，情形始爲之一變，而立法權因而縮小。

那麼，委任立法怎樣發生的呢？其主要原因，乃由於國家職能變遷的結果。因爲現代社會國家的職能，和舊日法治國家不同。舊日法治國家，誕生於個人主義思想，和自由主義思想極流行的時候，認爲追求自己的權利，是人類的特長，個人的自由，又是神聖不可侵犯的權利，國家不宜多加干涉，所以法治國家，以『最好政府，最少統治』爲口號，除了對外抵禦外侮，對內維持安寧，爲國家的職務外，其餘的事情，完全放任個人自由處理，已略如上述，國家職能的範圍，既然這樣狹小，故當時政務簡單，立法不多，雖然立法機關的議會，每年只開幾個月會，且議員濟濟一堂，議論紛紛，仍可應付自如，沒有甚麼困難。但法治國家，過分接受個人主義自由主義思想，盲目地鼓勵自由競爭的結果，使本來有錢有勢的人，在自由的掩護之下，可以肆意橫行；本來無錢無勢的人，在自由的名義之下，更受壓迫凌虐，富者愈富，貧者愈貧，經濟分配既屬偏畸，社會生活自亦不能安定發展，（國父孫中山先生，所以於民族民權主義之外，又提倡民生主義，即由於針砭這種病象），社會國家乃代替法治國家而產生。社會國家雖不放棄法治國家的原則，仍以客觀的法律爲施政根據，並不聽任統治者任意擅斷，（這是它和獨裁國家不同的地方），但它並不重視少數個人的自由，轉而重視多數人（團體）的自由，對於少數人濫用個人自由，侵害團體自由的行爲，不惜加以干涉，故社會國家，以『最好政府，最大管理』爲口號；除了抵禦外侮，維持社會秩序以外，舉凡個人的衣食住行，乃至敎育衛生，均在政府管理之列，使全體人民均獲適當的生存，以利整個社會的安定和發展，國家的職能，顯較法治國家爲擴大。國家的職能，既然如此擴大，不但公共事務的數量，比以前急劇增加，公共事務的素質，也因爲國家管理範圍的擴大，每有許多極專門複雜的問題，非有專門研究的人，無法擬具法案。而且二十世紀以後，生產方法進步，經濟組織，更加複雜，市場情況的變動極快，每需要緊急的處理，和因時因地制宜的措置，這些工作，亦非議會所能勝任。因爲議會的議員，雖多由各地方各團體有學識地位的人，選舉而來，但這些人多半是政黨黨員，政治才能每高於行政學識，未必對於各個極專門的事項，都能够制定法案，或決定各法案應增應減之處。加以議會會期不長，議員人數衆多，議事的程序，又甚爲鄭重迂緩。以現代國家職能範圍的廣泛，內容的複雜，如果貫澈舊日法治國家的理想，擧凡有關人民權利義務的事項，件件都須經過議會訂立法案，則築室道謀，勢不能適應緊急的需要，更不能爲因時因地制宜的措置。何況數百議員，日常埋頭於尋常法案之間，對於國家的軍政大計、外交政策、財政計劃等重大事件，反而不能專心致志，亦非國家之福。

由於上述原因，在二十世紀之後，委任立法的制度，遂爲若干國家所採用，而始肇其端者，爲號稱憲政之母的英國。英國除了在通常情形之下，可由議會授權行政機關，在法律範圍內，制定和法律效力相同的規章，議會僅保留制定立法原則，或事後撤銷之權，以適應數量繁多，素質專門，和變遷急劇的公務需要外，有時並許被授權的行政機關，自己制定立法原則，並徵收賦稅，且有權變更某種法律。二次世界大戰後，歐洲各國多接受了這種制度，且於憲法上著爲明文，如義大利憲法第七十六條規定云：『立法權之行使，除決定原則與指導標準者外，不可委任於政府，且僅能於一定時間，與一定目的下行之』。西德憲法第八十條第一項規定云：『聯邦政府、聯邦部長。或各地方政府，得由法律之授權，發布有法律效力之命令。該法律應確定其授權目標與範圍，各命令應指明其法律根據。如法律規定此授權有委託之可能時，此委託應由有法律效力之命令施行之』。法國第五共和憲法第三十八條規定云：『政府爲執行其施政計劃，得要求國會授權，在一定期間之內，以條例之方式，採取原屬於法律範疇內之措施』，均其適例。由這些規定上，可以看出委任立法的發達，和立法權因而相對縮小的情形。

除委任立法外，法律和命令關係的變化，亦爲立法權縮小的象徵。所謂法律和命令關係的變化，指命令的範圍，有日趨擴大的傾向，和命令的效力，未必較法律爲遜的趨勢而言。按十八九世紀各國憲法，由於機械法治和立法至上思想的影響，關於法律和命令的關係，咸受下列兩個原則的支配：㈠法律優越；法律在命令之上，命令如果違反或變更法律，則命令無效。㈡法律保留；某種事項，只能以法律規定，不能以命令規定。現代各國憲法，表面上雖然還遵守著這個原則，實際上因爲緊急命令和委任立法的發達，已使這個原則大見變化，而法國第五共和憲法，關於法律和命令關係的規定，尤爲法律和命令關係大見變化，立法權逐漸縮小的明證。

法國第五共和憲法，就法律和命令的關係，規定如下：

㈠第三十四條規定：法律由國會議決之：（a）法律規定下列各種事項（下略）。（b）法律並規定下列事項（下略）。（c）法律規定下列事項之基本原則（下略）。

㈡第三十七條規定：『在法律範疇之外，一切其他事項，均屬於命令性質。凡法規有關於命令性質之事項者，於徵求中央行政法院之意見後，得以命令修改之』。

㈢第三十八條規定：『政府爲執行其施政計劃，得要求國會授權，在一定期間之內，以條例之方式，採取原屬於法律範疇內措施。條例，由國務會議於諮詢中央行政法院後頒布之……』。

㈣第四十一條規定：『在立法程序中，如發現法案或修正案內容，不在法律範疇以內者，或與本憲法第三十八條所賦與之授權內容牴觸者，政府得反對其審議。政府與有關議院議長，關於上列事項發生歧見時，憲法委員會應任何一方之請求，於八日內裁定之』。

綜上規定，足見法國第五共和憲法，把應該由法律規定的事項，和應該由命令規定的事項，分別規定在憲法之中。使命令規定的範圍，得到憲法的保障，不至爲法律所侵越。且對於應該由法律規定，或應該由法律規定其基本原則的事項，採取列擧的方式，分別記明。對於應該由命令規定的事項，則採取概括主義『在法律範疇以外，一切其他事項，均屬於命令性質』，予命令規定以較大的範圍。如果在議會立法程序中，政府發見議會有以法律侵越命令之虞時，復有反對審議之權，且可請求憲法委員會裁定。在這些規定裏面，把命令的地位提高，把法律的地位抑低，舊日法律優越，法律保留的原則，因而大受影響，即法律和命令之間，由上下的關係，變成平行的關係，法律未必比命令優越，有關人民權利義務的事項，也未必要由法律規定。制定法律的權力，是立法機關主要的權力，法律的地位既被抑低，立法權的範圍，自亦從而縮小。這雖然只見於法國第五共和憲法的明文，實爲機動法治時代必然的結果，不可視爲一個國家的現象。

現代立法權的性質功能和範圍，略如上述。最後尙應提出者，爲五權憲法上的立法權，其所具的性質功能和範圍，和現代立法權的性質功能和範圍，甚爲相合，蓋就與立法權有關的部分說，五權憲法具有下列三個和三權憲法不同的特點。

㈠它的第一特點，爲實行權能劃分，兼顧民主與效能，使人民有權，政府有能。即在人民方面，除了選舉被選舉之權外，還有罷免、創制、複決諸權，不但有伸出去的權力，還有拉回來的權力，以符民主政治之實。在政府方面，亦可在一定的範圍內，充分發揮其能力，不受無謂的牽制，俾建立最能爲人民服務的萬能政府，以適應社會連帶關係發達，公共事務增加的現代需要。

㈡它的第二特點，爲五權之間，是分工合作的關係，而非牽制分權的關係。如上所述：三權分立的目的，在於使立法、行政、司法三權，不集中於一個機關之手，並使三種權力，互相牽制，以免爲政者濫用權力，流於專制，而戕害人民的自由。五權憲法，旣以建立最能爲人民服務的萬能政府爲目的；且在加强人民四權，與勵行考試監察制度之下，亦不甚懼政府的專制，反而恐懼政府的無能。所以五權憲法，雖然把五種權力分開，分設五種機構來管理，但『分立之中，仍相聯屬，不致孤立，無傷於統一』，（見 國父遺著：「中華民國建設之基礎」一文），所更注意者，毋寧在於合作方面，俾五權能携手並進，發揮政府的效能，而不在於分立方面。是爲合作而分工，並非爲牽制而分權，其出發點是積極的，和三權分立，由消極牽制出發者不同。

㈢它的第三特點，是實行積極和機動的法治。因爲它的出發點是積極的，故五權憲法上的法治，是上述積極和機動的法治，而非消極和機械的法治。

總之，五權憲法所嚮往的政治，是實行權能劃分，兼顧民主效能的政治。立法、司法、行政各權之間，是積極的合作關係，而非消極牽制關係。所以五權憲法下的立法權，是治權的一種，它的任務，在於積極地制定各種法案，以達奠定社會安寧，增進人民福利的目的，而不在於消極地牽制行政機關。因而它的範圍，也以立法的權力為限，舊日議會政治時代，議會對於行政機關首長的任用，有同意權；並有不信任權的制度，和五權憲法，是不相合的。二十五年五月五日公布的中華民國憲法草案（五五憲草），大體很能體會這種意思，所以立法院對於行政院院長的產生，沒有同意權，行政院亦不對立法院負責。立法委員係由國民大會選舉，並非由人民直接選舉（第六十七條）。立法院的權力，為『有議決法律案、預算案、戒嚴案、大赦案、宣戰案、媾和案、條約案，及其他關於重要國際事項之權』（第六十四條）。現行憲法，則於第五十五條規定：『行政院院長，由總統提名，經立法院同意任命之』。第五十七條規定：『行政院依左列規定，對立法院負責：一、行政院有向立法院提出施政方針及施政報告之責，立法委員在開會時，有向行政院院長及行政院各部會首長質詢之權。二、立法院對於行政院之重要政策不贊同時，得以決議移請行政院變更之。行政院對於立法院之決議，得經總統之核可，移請立法院覆議。覆議時，如經立法委員三分之二維持原決議，行政院院長應即接受該決議或辭職。三、行政院對於立法院決議之法律案、預算案、條約案，如認為有窒礙難行時，得經總統之核可，於該決議案送達行政院十日內，移請立法院覆議。覆議時，如經出席立法委員三分之二維持原案，行政院院長應即接受決議或辭職』。即行政院院長的任命，須經過立法院的同意，行政院在一定範圍內，要對立法院負責。而依照第六十二條及第六十四條規定：立法委員，復係由人民直接選舉（大部分是區域代表），而非由國民大會選舉，這些規定，和現代立法權的性質和功能，尤其是和五權憲法的理論，是否符合？是很可以研究的。

五、行政權新義

行政權和立法權，在一種意義上說，是對待的權力。立法權愈强大，對於行政權的控制愈嚴密，行政權也愈衰微；反之，立法權如由强大而至衰微，由政權性質轉而治權的性質，則它和行政權的關係，亦由監督者和被監督者的關係，轉爲協調和合作的關係，行政權自亦由衰微而轉爲强大了。而如上述，現代由於社會連帶關係的發達，團體主義，干涉主義思想的崛起等原因，既由間接的民主，轉爲直接的民主；復由機械的法治，轉爲機動的法治。三權相互間的關係，亦有變化：『立法、行政和司法的事務，雖然分設機關掌理，但是積極的分工（爲合作而分工），並非消極的分權，（爲牽制而分權）』。『三權之間，既爲分工合作的關係，而非互相牽制的關係；直接民權的發達，復不以立法機關，爲惟一代表人民至高無上的機關；法治觀念的變化，又使行政和司法機關，有廣大的自由裁量之權，得以因事制宜，不一定要亦步亦趨的——跟着立法機關所制定的條文走，故舊日立法至上的局面，迨今也有變化』。行政權既然不在立法權的控制之下，而可與立法權分庭抗禮，且由於上述委任立法的發達，法律和命令關係的變化，現代行政權之地位和性格，自與昔日大不相同。

行政權地位和性格變化的具體表現，爲行政權範圍的擴大，和行政權力量的加强。先就行政權範圍的擴大說，前面說過：現代『社會關係既然這樣複雜，社會各構成分子間的關係，既然這樣密切，團體公益，既然這樣重要，則管理衆人之事的政府，自然不能够垂拱無爲，只以抵禦外侮，和維持內部秩序爲已足，對於人民的衣食住行，處處都要關心，以達到人人各遂其志，各安其生的目的……所以現代最好的政府，不是「最少統治」的政府，反而是「最大管理的政府」』。這種情勢，由社會學方面觀察，固爲團體生活發達的結果，而由政治學方面說，則爲國家任務的變遷。蓋十八九世紀的國家，爲除捍禦外侮，維持內部秩序外，一切聽任私人自理，垂拱無爲的『夜警國家』；二十世紀的國家，則爲對於人民的衣食住行，處處都要關心的『福利國家』人民求學是否得所？生活是否寬裕？行旅是否便利等？均爲政府職責上應注意之問題，即國家之任務，不僅是捍禦外侮，和維持內部秩序而已，而以爲人民謀福利爲其任務。另有些政治學者，認爲現代國家的任務，尚不只於此，又把它叫做『社會國家』和『文化國家』，前者謂國家的任務，在袪除社會的病態，促進社會生活的安定和發展。後者則認爲國家的任務，不僅在於爲人民謀福利，而具有促進文化發展的遠大目標。國家的任務，既如此擴大，立法機關的立法工作，司法機關的審判工作，固然也隨而增加，然而首當其衝，工作增加最多者，則爲行政權，故跟着國家任務的擴大，政府任務的增加，行政權的範圍日見擴大，舊日的行政，只有軍事行政、警察行政、財務行政、外交行政等數種，現代則保育行政大見發達，其中又包括經濟行政、社會行政、教育文化行政、衞生行政，和交通行政等多種。行政權範圍的擴大，於此可見。

再就行政權力量的加强說：除上述委任立法的發達，法律和命令關係的變化，使行政權侵入了立法權的範圍，或和立法權分庭抗禮外，又可分爲下列三點：㈠緊急命令的發達。㈡行政司法的發達。㈢自由裁量範圍的擴大，分述於下：

㈠緊急命令的發達　緊急命令，是於國家非常時期之際，由國家元首公布，其效力超過法律，甚且可以停止憲法若干條款效力的命令。由這個定義看來，可見緊急命令和一般行政命令不同，而具有下列三個特點：⑴係於國家遇有天然災害、癘疫，或財政經濟上有重大變故之非常時期，始行公布，故和平時公布的命令不同。⑵係由國家元首公布，只惟國家元首，有公布緊急命令的權力，一般行政機關，沒有這種權力。⑶其效力不但超過法律，且可停止憲法若干條款的效力。這一點，尤其是緊急命令和一般命令不同之處，因爲一般命令，不但不能夠違反憲法，而且不能和法律相抵觸，而緊急命令的效力，則遠較它們爲大。綜此各點，可見緊急命令效力的强大了。緊急命令發達之後，國家元首在特殊情勢下，既可以公布效力超過法律，而且可以停止憲法若干條款效力的命令，所以緊急命令的發達，是行政權擴大的重要現象。

緊急命令的發生，雖不始於二十世紀，一八四八年的普魯士憲法，亦有緊急命令的規定，但二十世紀以後，由於國際風雲多變，和國內經濟時常發生強大浪潮，必須劍及履及，爲緊急措施等原因，緊急命令乃大見發達，其表現最爲顯著者，爲一九一九年的德國威瑪憲法，其第四十八條規定云：

『德國國內公共安寧秩序，如發生重大障礙，或有發生重大障礙之虞時，聯邦總統，爲恢復公共安寧秩序，得爲必要之處置，必要時，並得使用兵力』。

『爲達此目的，總統得暫時停止憲法第一百十四條、第一百十五條、第一百十七條、第一百十八條、第一百二十三條、第一百二十四條，及第一百五十三條所規定之基本權利之全部或一部』。

『總統爲本條第二項之處置時，應即時報告議會，議會如有請求，則其措施失其效力』。

威瑪憲法，是第一次世界大戰後，具有領導性的憲法，它既有關於緊急命令的規定，故第一次世界大戰後各國憲法，多從而效之。二次世界大戰之後，雖然因爲對於獨裁政治的暴虐，猶有餘悸，及論者昧於現代政治社會之情勢，且對於緊急命令的性質，認識不清，誤以爲有肇致獨裁政治的危險，故頗有反對緊急命令的規定者，但第二次世界大戰後，各國新制定的憲法，爲緊急命令的規定者，仍屬甚多，如義大利憲法第七十七條，大韓民國憲法第五十七條，西班牙議會組織法第十三條，和我國憲法第四十三條的規定皆是。而甫於一九五八年十月公布的法國第五共和憲法，亦於第十六條規定：『在共和制度，國家獨立，領土完整，或國際義務的履行，遭受嚴重而且危急的威脅，而憲法上公權的正當行使，受到阻礙時，共和國總統，經正式諮詢內閣總理大臣，國會兩院議長，及憲法委員會後，得採取應付情勢所必要的措施……』，尤爲緊急命令發達，行政權擴大的證明。

㈡行政司法的發達　所謂行政司法，指由行政機關，兼掌一部分審判事務，若干有關法規適用的專門性和技術性案件，不由法院審理，而由行政機關爲初步或最後審判的制度。這種制度，在大陸法系各國，實行已久，在英美法系各國，則於二十世紀以後，纔見發達。因爲大陸法系各國，由於歷史關係，或權力分立的觀點，多採二元裁制制度，私人權利受私人侵害的民事事件，和刑事被告有無犯罪應否處罰的刑事案件，由普通法院審判；人民不服行政官署的違法不當處分，則提起訴願與行政訴訟，由上級官署或行政法院審判，行政官署或行政法院（多屬於行政系統），既然有審判訴願或行政訴訟之權，所以大陸法系各國，早已實行行政司法制度。在英美法系各國，則因爲依照英國的歷史傳統，法院向來居於優越的地位，乃於權力分立制度，別作解釋，認爲一切有關審判的事件，都應該由法院審理，不因爲民刑訴訟或行政爭訟而不同，所以一向實行一元裁判制度，行政爭訟，也由普通法院審判。不過二十世紀以後，英美法系的制度，也日有改變，有採用行政司法制度的趨勢。人民不服行政機關的違法或不當處分，而屬於專門性技術性的案件，多由行政機關爲初步或最後的決定，不由法院審判。因爲國家職能擴大的結果，行政處分大有增加，其中若干處分，如關於建築、水利、專利的處分等，多具有專門和技術的性質，是否合法適當？法院很難判定，而主管機關則有許多專家，對這類事件瞭如指掌，故不惜改變舊日傳統，改予行政機關以審判之權。由於實行這種行政司法制度的結果，行政機關兼有一部分的立法權和司法權，行政權乃益見擴大。

㈢自由裁量範圍的擴大　依照舊日的機械法治觀念，一切行政行爲，都要依據法律的規定，亦步亦趨，不容稍有踰越。其後迫於時勢的需要，限制雖然較寬，認爲侵害人民權利，或使人民負擔義務的行爲，雖然仍須具有法律的根據，其餘行爲，則可聽由行政機關自由決定。但自由裁量的範圍，仍甚狹小。二十世紀以後，因爲社會情形複雜，而又變化多端，欲以有限的法條，就錯綜複雜，而又變化無常的社會事實，爲細密而具體的規定，在勢爲不可能，於是有概括條款的出現。概括條款，是對於某種有效或無效行爲，或應命令禁止的行爲，未曾具體指明其法律事實，或其構成要素，而僅以抽象的語氣，爲籠統規定的條文。如我國民法第七十二條：『法律行爲，有背於公共秩序，善良風俗者無效』；和國家總動員法第十一條：『本法實施後，政府於必要時，得對於從業者之退職就職受雇解雇，及其薪俸工資，加以限制或調整』的規定是。所謂『公共秩序』、『善良風俗』，所謂『必要時』，都沒有一定的界說，前者聽由法院自由認定，後者則聽由行政機關自由認定，故概括條款出現以後，行政權自由裁量的範圍，迺日見擴大。

由於行政權擴大和加强的結果，現代行政機關的組織，和從前也不相同。如內閣所屬各部，從前只有內政、外交、財政、國防、司法各部。現代則由於行政權範圍的擴大，行政事務的增加，多設有教育、交通、經濟、衛生、水利、貿易各部，即爲行政組織與前不同的證明，而行政委員會的設置，尤爲現代行政組織的特色。

所謂行政委員會，是設置於行政各部之內，以協助機關首長處理專門性、技術性事項，並供首長諮詢的會議制機構。行政委員會的委員，一部分是行政各部內的單位主管，另一部分，則延攬部外的專家學者。其任務一爲處理專門性和技術性的事項，二爲就特定事項，答復行政首長的諮詢。誠以現代行政權的範圍既極擴大，人民的衣食住行樂育，如何求其均足，均屬行政機關掌理的事項。而這類事項中，如蠶桑的改良、水利的興修、國民住宅的建造、盲啞人的教育等，均具有專門和技術的性質，行政各部，固然不乏專家，但究竟人才有限，不能悉數網羅，爲了使這些專門性的事項，能够得到適當的處理，殊有廣延部外專家，共策進行的必要，又由於前述行政司法發達的結果，許多專門性技術性的事項，不由法院裁判，而歸行政機關審理，俾不至閉門造車，不合實際。但這類事項，雖歸行政機關審理，究屬對於爭訟的裁判，帶有甚濃厚的司法色彩，故英美各國，對於這類事件的處理，多依嚴密的程序爲之，且有以它的決定爲初審決定，當事人可據以上訴於法院者。它既帶有濃厚的司法色彩，自以公平爲第一義。爲免行政機關的人員，囿於成見，以致偏頗起見，這類事項，亦恆由行政委員審理，俾獲公平的決定。

綜上所述，可見行政委員會的產生，具有幾個重要的意義：㈠爲專家政治的精神——廣羅專家，共同處理專門性技術性的事務，以適應現代行政的需要。㈡為民主政治的精神。政治學者認為：現代是民主與效能並重的時代，蓋為了達到『最好政府，最大服務』的目標，完成福利國家的理想，現代所需要的是有能力，有作為的政府，所以要講求效能。但政府之所以要講求效能，係欲達到福國利民的目的，即以講求效能，為實現民主政治的方法，所以現代政治，一方面固然講求效能，一方面還要更澈底的實現民主。而防止官吏的專制，保護人民的權利，為民主政治的要義之一，在政黨發達的現代，行政機關的首長，恆為政黨黨員，如何防止政黨的專制，致行政事務的處理，失其公平，亦為應注意的事項之一。故為了使行政行為，公平適當，若干行政事件，尤其是屬於行政司法事件，不專由行政各部的官吏決定，而由與部外專家所共同組織的行政委員會，共同判斷，以貫澈民主政治的精神。㈢為官民合作的精神。這一點，或是行政委員會最值得注意之處。民主政治，是民治的政治，政治為人民所共理，行政各部的人員，是代表人民來處理公共事務的，本來無所謂官，政府和人民的通力合作，原屬民主政治應有的內容。然而在民主政治初期，由於人民各有職業，事實上無暇過問公共事務，也由於舊日專制政治的傳統，尚未完全消滅，官民之間，仍為治者和被治者的關係，嚴分涇渭，官吏的行為，既未必眞正能適合人民的意見，官民在同一機構之內，共同處理公務，除司法方面的陪審制外，尙不多見。而行政委員會，則是由行政各部的官吏，部外的專家學者，乃至各職業團體的代表，共同組織而成，來處理行政事務，這種官民合作的精神，允為民主政治更見進步的氣象，故尤值得注意。

我們在討論立法權新義之後，曾把它和五權憲法上的立法權相比較，而認爲兩者是很相合的。現在於討論行政權新義之後，也應該把它和五權憲法上的行政權相比較，我們的結論，也和前面一樣——認爲兩者是很相合的。蓋現代行政權的含義，雖然像上面所說的那樣，可以由它的範圍的擴大，力量的加强，和組織的改變各方面看，但合而言之，仍不外民主和效能的發揮，即一方面加强行政機關的效能；一方面則加緊實現民主。而五權憲法所嚮往的政治，是實行權能劃分，兼顧民主與效能的政治，亦已如前述，所以五權憲法上的行政權，和現代的行政權，是很相合的。由五權憲法的觀點，和現代行政權的含義看來，五權憲法上的行政院，應該是一個能够發揮效能的機關，五權憲法上的總統，應該以國家元首兼爲行政首長，是一個强有力的職位，而現行憲法，則如上所述，行政院院長的任命，須經過立法院的同意，行政院院長在一定範圍內，要對立法院負責，使行政院受立法院的牽制。又於第三十七條規定：『總統依法公布法律，發布命令，須經行政院院長之副署。或行政院院長及有關部會首長之副署』，使總統的行動，直接受行政院的牽制，間接受立法院的牽制，這些規定，是否合於現代行政權的性質，和五權憲法的理論，也是很可疑的。

六、司法權新義

立法權和行政權，由於時移勢異之故，其含義均有重大的改變，司法權是否也和它們一樣，具有新的意義呢？一般看法，咸認爲司法權具有保守的性質，含有極濃厚的傳統成分，所以不像立法權和行政權那樣，因時勢的演變，而變更其性質或功能。其實司法權也是制度上的名詞，所有制度，都離不開政治社會環境和時代思想的影響，二十世紀的政治社會環境，以及時代思想，既然和前代不同，則司法權的含義，自然也不和前代一樣，而具有嶄新的意義。

我們在本文第二節裏，曾謂在自由主義思想和機械法治思想的影響之下，舊日的司法具有消極和形式的性格，『蓋舊日的觀念，認爲司法只是消極的定分止爭，除暴安良的權力，而不是積極的有所作爲，故司法只是消極的工作，沒有積極的目標。又舊日認爲法官之平亭訟獄，審判犯罪，只以形式的合於法條爲已足，至於立法的精神何在？已不求甚解，審判的結果，對於當事人間的爭執，和犯罪人的改過遷善，是否有實質上的效果，尤非所計』，故舊日的司法權，旣是消極被動的權力，又是機械地執行法律的權力。舊日司法權的性格如此，現代司法權的性格怎麼呢？

我們認爲現代司法權的性格，和舊日大不相同，它不僅是消極被動的權力，而且是積極主動的權力。它也不是機械執行法律的權力，而是機動活用法律的權力。先就前一點說：時至今日，定分止爭和論罪科刑，固仍爲司法的主要任務，但不能因此之故，遂認司法沒有積極的目標。因爲由現代法律看來，司法不但定分止爭和論罪科刑而已，往往有進一步的目標。卽不僅爲定分止爭，而定分止爭；不僅爲論罪科刑而論罪科刑，而有進一步的目的，這在有關身分的民事訴訟上，已可時常看到這種情形；在刑事訴訟上，尤爲明顯。先就有關身分的民事訴訟說：現代國家，多有家庭法院或家庭法庭之設，其用意，固欲於比較輕鬆的氣氛之下，由性情和藹，通曉人情的法官，來處理離婚，終止收養等家庭案件，以斡旋排解的方法，善言勸導，使不至因一時之憤，致家庭陷於破裂。亦以有關身分的民事訴訟，和家庭的和諧，夫婦兩方面的生活，兒童的養育，均有甚大的關係，法院不但居間判斷曲直而已，如何使瀕於破裂的家庭，再臻和諧？如何使破裂家庭的兒童，能得到適當的教育，亦應有妥善的解決辦法。故關於此類案件的審理，不僅是消極的定分止爭，而且有使家庭和諧，或使兒童得到適當教育的積極目標。再以刑事訴訟說：舊日刑事訴訟的目標，在於認定被告有罪或無罪，對於有罪的被告，科以適當的刑罰，以報復或懲罰其擾亂社會秩序的行爲。現代刑事訴訟的目標，固然也在於認定被告有罪或無罪，對於有罪的被告，科以適當的刑罰，但它的目標不止於此，它還具有預防再犯，防衛社會的目的，務使犯罪的人，受過適當的刑罰以後，能够改過遷善，適於社會生活，不僅不再有妨害社會秩序的行爲，而且能够以社會一分子的資格，有所貢獻於社會。現代刑法學者，常倡教育刑之說，以刑罰爲一種教育，即所以表明這種意思。刑罰既然是一種教育，教育是積極的有所爲而爲的設施，不但要受教育者不作奸犯科，而且要它敦品勵行，奮發有爲，是積極而不是消極的，故出刑事訴訟方面觀察，尤可見現代司法具有積極的目標。

再就後一點——現代司法，是機動活用法律的權力，注意實質的結果，而不徒騖於法條的形式來說。我們嘗以由形式的合法爲目標，至以實質的妥當爲目標，是司法顯明的變化之一。法律之『具體妥當性』的追求，不但是現代法學者的辛勤而赴的工作，也是現代司法官執行職務的目標，這觀於晚近各國法律，恆於第一條上，開宗明義，規定立法的目的，已可概見。這種目的規定的用意，在於表明立法的旨趣，申明整個法律目的之所在，和該法律各個法條所應憑據的基礎，使執法論法者，於適用或討論法條之際，能够針對法律的精神與目的，爲適當的運用和解釋，不至望文生義，以辭而害意。故立法上目的規定的發達，爲現代司法應該注重實質的第一個證明。

現代司法之應該注重實質，而不應徒騖於各個法條的形式，在法律的條文上，亦常有表現。如我國刑法第五十七條規定：『科刑時，應審酌一切情形，尤應注意左列事項，爲科刑輕重之標準：一、犯罪之動機。二、犯罪之目的。三、犯罪時所受之刺激。四、犯罪之手段。五、犯人之生活狀況。六、犯人之品行。七、犯人之智識程度。八、犯人與被害人平日之關係。九、犯罪所生之危險或損害。十、犯罪後之態度』。這一條文，固然是量刑標準的規定，指示司法官以量刑的標準。由它注意於犯罪之動機、目的，和犯罪時所受的刺激犯罪人等主觀情形看來，尤富刑事政策上的意義。然由另一方面看來：這一條文的意思，也在於告訴訟法官，在科刑的時候，不要拘泥於刑法分則各本條的文字，應該注意犯罪人的實際情形——尤其是主觀方面的情形，以爲適當的量刑，即不斤斤於形式的公平，而求實質的妥當。

現代司法權的運用，既然注意實質的結果，而不徒鶩於法條的形式，故它是機動活用法律的權力，而不像從前那樣，要在立法權嚴格控制之下，亦步亦趨地，依照法條的文字來執行。現代司法權裁量範圍之廣，在刑法上表現尤爲明顯。蓋刑法是規定犯罪構成要件，和應處刑罰之法，關係人權最大，故舊日刑法恆採罪刑法定主義，對於各種犯罪的構成要件，規定力求其具體化，犯某種罪者應處何種刑罰，規定亦力求細密，以減少法官自由裁量的餘地。迨於現代，由於社會生活的日趨複雜，犯罪情狀固千別萬殊，犯人惡性的深淺，尤各有不同，殊難以具體的構成要件，機械而缺乏伸縮性的刑罰，來規範所有犯罪現象，並適用於惡性深淺各有不同的犯人。於是犯罪構成要件抽象化，對於各個犯罪應處的刑罰，亦規定有廣大的幅度，俾法官能因事因人而制宜。如以我國刑法而論，重要犯罪如殺人，除就殺直系血親尊親屬，當場激於義憤而殺人等，極特殊的殺人罪，另設特別規定外，爲殺人罪一般規定的刑法第二百七十一條，僅有『殺人者，處死刑，無期徒刑，或十年以上有期徒刑的規定，只以殺人二字爲犯罪的構成要件，其構成要件已極抽象，其所處的刑罰，最高者可處死刑，最低者只處十年有期徒刑，如連同刑法總則減輕其刑的規定計算，尤可見處刑幅度之大，法官自由裁量範圍之廣，規定最求嚴密的刑法，尚且如此，其他法律自更多概括條款的規定，予司法官以廣泛的自由裁量之權，故現代司法權，具有機動性，所受立法權的控制，遠較昔日爲少。

現代司法的性格和功能，略如前述，因爲它和從前司法的性格和功能不同，所以現代司法組織，也較從前爲進步，其中最値得注意者，爲法院的專業化。蓋舊日由於學術未發達，社會未進步之故，一切事件的處理，統由某些機關或某些人爲之，不講求分業的道理，一個機關的設備有限，少數職員又勢難精通諸務，在這種情形之下，各種措施，自然難臻理想。如以舊日各國法院而論，各級法官，多半都民刑不分，假定是全能的。各級法院的民庭刑庭推事和檢察官，只要得到本人同意，都可以互相對調。且任何爭訟事件，都由普通法院，適用或準用民刑訴訟程序審理，在這種沒有專業化的審判制度之下，案件審理結果的正確性如何，自然是很有疑問的。

各國學者鑒於這種制度的不合理，所以提倡法院的專業化。因爲現代社會，是人口衆多，文明發達的社會，社會關係複雜，且又時有變動，所以分工日趨細密，各種事務，都倚賴具有專門知識的專家處理，始能獲得確實和妥當的結果。在這種情勢之下，作爲社會生活規則的法律，自然也和其他社會現象一樣，內容日見繁雜，而且時有變更，必須對於某一類的法律，具有專門研究的專家，始能對於該類法律，爲適當的運用，並非每一個讀法律的人，對於各類法律的解釋和運用，都能够勝任愉快。且如上所述，現代的立法，爲適應複雜無常的社會現象計，多趨向於概括條款的形式，內容日見抽象與籠統，如何闡明法意，針對實情，而斟酌於至當，尤有賴於學驗俱富的專家。且嚴格說來，各級法院因爲審理事件的不同，整個的氣氛，適用的程序，有關的設備，也應該有所區別。民事部門的氣氛，應該較刑事部門溫和。交通事故法庭適用的程序，應該比較刑事庭簡單，海事法庭的設備，又應該比一般交通法庭複雜。綜此種種，足見無論由現代社會生活情形，現代立法形式，以及審理各級案件所應有的氣氛，適用的程序各方面來看，法院的專業化，都是必然和應有的現象。所以學者們主張：除處理普通民刑訴訟的普通法院，和處理行政訴訟的行政法院外，還應該有處理婚姻、親子事故的家庭法院，處理少年非行和犯罪的少年法院，處理財務案件的財務法院，和處理海事糾紛的海事法院等，羅致對於某一類法律，具有專門研究的法官，以不同的氣氛、程序，和設備，分別處理各種不同之問題。譬如醫院的分工易事一樣，內科、外科、小兒科、耳鼻咽喉科各自分立，設置專門醫生，以不同的設備和方法，分別診斷，以達使病人康復，衞生進步的目的。

由於學者們的熱心提倡，法院的專業化，已在各國逐漸實施之中，英美各國，在普通法院之外，恆有家庭法院、少年法院、勞工法院、海事法院，和交通法庭之設，我國亦於民國五十年以後，在臺北、臺中、高雄三地方法院內，設置財務法庭，專門處理欠稅及違章漏稅事件。五十一年一月卅一日公布的少年事件處理法，復規定於地方法院內設少年法庭，處理少年非行和犯罪事件，且於第七條規定：『少年法庭之推事，除具有一般推事之資格外，應遴選具有少年管訓之學識與經驗者充任之』。可見改變舊日單一而籠統的制度，而爲分工和專業的制度，實爲中外司法一致的趨勢，這雖只就法院分業的現象來說，而未就整個司法組織的改變立論，然一葉而知秋，亦可見現代司法組織改變的趨勢了。

——載軍法專刊第九卷第二期至第四期五十二年二月號至四月號

五、憲法與刑法

一

憲法與刑法這個題目，原可由多方面來研討，本文所着重者，爲由憲法的發生和發展，看刑法的發生和今後的發展，以闡明憲法和刑法基本上的關係。然後再依照學理上檢討的結果，探究我國現行刑法，應該怎樣修正?纔合於我國憲法的立法精神，和現代憲法的一般趨勢。

何以着重於這一方面的研討呢?這由於下列幾點原因：（一）憲法爲國家根本大法，是一切法令之母，一切法令依據憲法而產生，且不得違反或抵觸憲法，法律命令之違反抵觸憲法者無效，這是憲法和一切法令的關係，刑法也不能獨外，所以近代以後，刑法是由於憲法之產生而產生，跟著憲法之變遷而變遷的。既然由於憲法之產生而產生，復跟著憲法之變遷而變遷，故憲法的整個精神，和其中有關刑事法的規定，應該是刑法立法的基本原則，不得有絲毫的變更或違反，也是刑事法令解釋的基礎。憲法這一部分的變化，則爲刑事法變化的前驅。（二）吾人嘗謂敏感性爲憲法特性之一。『玆所謂敏感性，指憲法對政治社會之變化，反應最爲敏感而言，法律爲社會生活規則，任何法律之成立，均爲社會生活之反應，原皆具有相當之敏感性，惟憲法因係國家根本大法之故，其敏感性特強，政治社會之變化，迅速反應於憲法之上，各國新憲法之趨勢，往往爲時代動向之表徵』（註一）。這就是說，憲法對於政治社會的變化，具有極敏的觸覺，憲法的產生，固然由於政治社會的需要，憲法的變遷，也由於政治社會的變遷，某一時代憲法的規定，往往即爲該時代政治社會變化的表徵。而憲法因其爲國家根本大法之故，對於各種法律，具有領導的作用，政治社會變化，首先表現在憲法的變化上，然後再由憲法的變化，引起各種法律的變化，所以我們說：刑法是由於憲法之產生而產生，跟著憲法的變遷而變遷的，但它如何跟著憲法而產生和變遷，殊有進一步探討的必要，以期尋源究流，把握到現代刑事法的基本精神。

（三）近代憲法和現代憲法，由於時勢的更易，思想的變遷，無論在基本精神方面，或在內容方面，固然有許多不同，但人民權利的保障，同爲近代憲法和現代憲法之主要內容，是顯明的事實。而在人民各種權利之中，人身自由，是其中最重要的一種，亦爲識者所公認。刑事法是和人身自由關係最密切的法律，它規定適當與否，和人身自由關係很大，故由這一角度看，憲法和刑事法之間，尤有密切的關係，亦可反轉過來，由刑事法的發生和發展，看出憲法一部分變遷的情形。

二

那麼，刑法是怎樣跟著憲法而發生呢？

這裏有一個先決的問題，即憲法究竟在甚麼時候發生？學者有謂：『近代憲法觀念，萌芽於歐洲中世紀時代，最著者，爲英王約翰於一二一五年頒佈之大憲章（Magna Carta）。迨十六世紀宗教革命，至十八世紀末期英法革命期間，近代憲法觀念逐漸成熟，如爲美國康內的各特殖民者建國憲法之康內的各特根本約章（Fwndamental Order of Cornecticut, 1639），即其一例。因其中已含有（一）根本法之權力，高於普通法律。（二）根本法爲建造國家之公約，故其立法權與普通立法權，宜予劃分，根本法之成立，不能僅憑普通立法機關之決定，而須經由人民表決。及（三）因根本法爲限制議會權力，及其他國家機關權力之法律，其內容乃有明白規定之必要，故根本法乃爲一種成文法之觀念也。迨十八世紀末期北美獨立，法國大革命，繼而發生，上述之憲法觀念，乃愈臻於成熟之境』（註二）

上述說法，固然很有理由，但我們則認爲憲法係產生於十八世紀後期，嘗爲如下的論述：

『惟吾人以爲如由嚴格之憲法觀念言之，憲法實爲民權革命之產物，即由於工商階級，反對君權及封建諸侯之專制，爲伸張民權，防止專制，保護自由而制定者，民有民治，實爲近代憲法之主要內容，故英國之大憲章，可否視爲憲法之萌芽，尚可研究，美國康內的各特根本約章，似亦僅能視爲憲法之萌芽，憲法之發生，實始於十八世紀時代，而以美國獨立宣言，與法國人權宣言，爲其先驅也。』

『然則十八世紀末期，何以有憲法之產生，吾人以爲此與十六七世紀警察國家之專制政治，有密切之關係。所謂警察國家，泛指爲人民謀福利之國家而言，非僅指以維持秩序爲任務之國家而言。蓋歐洲當十六七世紀之際，宗教統治，既已動搖。各地封建諸侯林立，各自爲政，然在另一方面，因商業之發達，都市之崛起，語言既漸統一，民族意識亦頗爲濃厚，爲適應此種民族統一的要求，與商業資本之發達，使能貨暢其流，不受阻礙，亟需內能統一，外能獨立之政權，於是有警察國家之產生。警察國家，因內求統一，外求獨立之需要，自不能不伸張國家權力，限制個人自由，於是在「國家目的，在爲人民謀福利」之口實之下，干涉個人自由，無所不至，凡百庶政，無不可以君主與官吏之專恣出之，使舊日之專制政治，於此新的理論基礎之下，益肆暴虐。而舊型教會，亦復假託神權，肆其專制，在此「朕卽國家」，與舊型教會專制之下，有官權神權，而無民權人權，雖有君主教主獨斷制定之法令教規，然無人民與政府共守之憲法與法律，故無憲法之存在。然亦因極端專制之結果，激起民主政治，制定憲法之要求，近代意義之憲法，乃隨民主政治而產生，此觀於美國獨立與法國大革命之經過，可以知之……』（註三）。

由上面的一段話裏，已可略見憲法產生和刑法的關係（復詳），但近代憲法乃至現代憲法的內容——尤其是有關保障人身自由方面者，很受大憲章等英國根本法的影響，則屬事實，故亦不能置而不敍，此可於大憲章的下列規定見之。

大憲章有幾個有關人身自由的條文，其中最值得注意者，爲第三十九條。其規定云：『自由民非依國法，而受其同輩之合法審判者，不得逮捕拘禁其財產，置於法律保護之外，放逐於國外，或加以任何危害』。論者謂：其中『受其同輩合法審判的規定，一方面，爲承認人民參與裁判之陪審制度的基礎；在另一方面，又形成非依「適法手續」（due Proceso of law），不得侵害自由之英國系法治原則的一部分。這個原則，爲一九二七年法律，及權利請願第三條所接受，更爲美國憲法所規定。（增補第五條、第十四條、第一節）。又大憲章只規定不依適法手續，不得爲逮捕監禁，沒有關於人身保護令狀（Writ of Holeas Corpaus）的規定。其後認爲只根據君主的命令，而爲逮捕監禁，係違反大憲章，爲審查其監禁之適法與否，乃有人身保護令的出現』（註四）。

除第三十九條外，大憲章尚多有關犯罪和刑罰的規定，如第二十條謂：『自由民犯輕罪者，僅得按其犯罪之程度，科以罰金。犯重罪者，罰金應比例加重，惟應保留其地位。如情形可憫，商人犯罪者，應保留其行業；農民犯罪者，應保留其耕作。無論何人犯罪，非經鄰近誠實人士之宣誓證明，不得科以上項罰金』。第三十八條謂：『此後倘無確實證據，執行吏不得僅憑空言，卽審問任何人』。第五十二條謂：『任何人未經其貴族之合法裁判，其土地、不動產、自由或權利遭沒收或剝奪者，應卽予以恢復』，均其適例。

英國一六二七年的權利請願書（The Petition of Rights）和一六八九年的權利典章(Bill of Rigrts）均重申上述大憲章的規定，而加以引申，如權利請願書第三條規定：『自由民，非依國法並受同輩之合法審判者，不得逮捕拘禁；剝奪其所有地、自由，或自由習慣，或放逐於國外』。第四條規定：『任何人，依正當手續，而予以答辯之機會，不得放逐於所有地或借住地之外，亦不得予以逮捕監禁，或取消其繼承權，或將其處死』。權利章典第一條第五項第十款規定：『不得徵取過度之保釋金，或科過度之罰金，或加殘酷之刑罰』，均其中之尤著者。

由上述規定裏，可見在十三世紀的英國大憲章裏，已有和刑法有關的規定，迨於十七世紀的權利宣言和權利章典，又重加引申，而這些規定的痕跡，猶可於現代刑法見之，故不但近代憲法乃至現代憲法的內容，很受英國舊時憲法的影響，近代刑法乃至現代刑法的內容，亦很受其影響，這是我們研究憲法和刑法關係時，首應注意的事實。

三

然而促使歐洲各國刑法的產生者，究爲近代憲法。這應該由近代憲法產生的原因說起，我們前面已略有敍述，但語焉不詳，現再略述於下：我們以爲促使憲法產生的原因，雖有多端，但扼要言之，實由於防止專制，保護自由的需要，即由於工商業者，反對君主和封建諸侯的專制，而制定者，以尊重個人自由的自由主義思想，爲其最主要的基礎。憲法的產生，既然由於保障自由的需要，而人身自由，是一切自由的基礎，爲各種自由中，最重要、最基本的一種，所以近代憲法，以保障人身自由，爲其主要任務之一，其中很多有關人身自由的條文，各國刑法及其他刑事立法，即據爲基礎。如被視爲近代憲法前驅的——一七八九年法國人權宣言，雖然只有十七個條文，但其中有關刑事法的規定，卽有下列三條：

㈠第七條：『任何人，除於法律所定情形，依照法律所定之形式外，不得對之提起公訴，或加以逮捕或拘留』。『請求、發布，或執行專恣之命令者，應加以處罰。惟公民對於依法之傳喚或逮捕，應卽時遵從，抵抗者處罰之』。

㈡第八條：『法律僅能規定絕對必要之刑罰。無論何人，除依照犯罪前所制定公布，及適法適用之法律，不得加以處罰』。

㈢第九條：『任何人於有罪宣告以前，均應推測爲無罪。故縱於有逮捕之必要時，加於其拘束之非必要的暴力，仍應由法律嚴加禁止』。

上述第七條規定，表明人權的神聖，人身自由應予保障。除具有法定原因，依照法定程序外，不得對任何人提起公訴，或加以逮捕拘留。第八條規定禁止嚴刑竣法，並表明罪刑法定主義，和法律不溯既往的原則。第九條則爲關於採證的規定，要法官審愼採證：『任何人於有罪宣告以前，均應推測爲無罪』，且嚴禁刑訊，由這些規定裏面，可見人權宣言關於刑事法的規定，是很扼要的。（刑法和刑事訴訟法，有不可分離的關係，故我們把有關刑訴法的條文，併予引述）

和人權宣言同爲近代憲法前驅的——一七八七年美國憲法，雖依照自然法思想，認爲人權是天賦的，保障人權爲當然之事，不能由法律妄加限制，不必由成文法詳加規定，故除第二條第九項第二款：『人身保護令狀的特權，不得停止之，惟在內亂或外患，在公共治安上，必須停止時，不在此限』，和同條項第三款：『公權剝奪令，或溯及既往的法律』，不得通過的規定外，甚少有關刑事法的規定，但其後增補條文，則有下列的規定：

㈠第四條：『人民有保護其身體、住所、文件與財物之權，不受無理拘捕、搜索與扣押，並不得非法侵犯，除有正當理由，經宣誓或代誓宣言，並詳載搜索之地點、拘捕之人或收押之物外，不得頒發搜索票、拘票，或扣押狀』。

㈡第五條：『非經大陪審團提起公訴，人民不受死罪或辱罪之審判，惟發生於戰時或國難時之陸海軍中，或民團之案件，不在此限。受同一犯罪處分者，不得令其受兩次生命或身體上之危險。不得強迫刑事罪犯自證其罪，亦不得未經正當法律手續，使喪失生命自由或財產……』。

㈢第六條：『在一切刑事訴訟中，被告應享受左列之權利：

一、由發生罪案之州，或區域之公正陪審團，予以迅速之公開審判，該區域當以法律先確定之。

二、接受關於告發事件之性質與理由之通知。

三、准與對造證人對質。

四、應以強制手續，取得有利於本人之證人，並受律師辯護之幫助』。

㈣第八條：『在一切案件中，不得需索過多之保證金，亦不得科以過重之罰金，或處以非常殘酷之刑罰』。

上列各條，表明幾個刑事立法的基本原則：⑴繼續採用類似提審的人身保護狀制度。⑵不得通過溯及既往的法律。⑶不得濫發搜索票、拘票，或扣押狀，以濫行搜索、拘捕人民，或扣押其財產。⑷採用陪審制度。⑸受同一犯罪處分者，不得令其受兩次生命或身體上的危險。⑹不得強迫刑事被告自白。⑺不得未經法律正當手續，使人民喪失生命自由及財產。⑻被告有聘用律師之權。⑼不得需索過多的保證金。⑽不得科以過重的罰金，或處以非常殘酷的刑罰。這些刑事立法的基本原則，雖然有些部分，係淵源於英國的大憲章、權利請願書、人身保護法，以及權利章典，但美國憲法，把舊日憲章上有關刑事法的規定，秩序化、系統化，以表明近代憲法尊重人身自由的精神，使刑事立法，有所秉承，確爲極有價値而影響巨大的規定。故不但英美法系的刑事法，受到它深刻的影響；大陸法系的刑事法，也多受其影響。如西德憲法第一百零三條第三項規定：『任何人不得因同一行爲，而受一般刑法上兩次以上之處罰』。日本國憲法第三十七條規定：『任何刑事案件，被告均有受公平法院迅速公開裁判之權利。刑事被告，應有盡量詰問證人之權利，並有要求爲其利益，以公費並依强制手續，傳訊證人之權利。刑事被告，無論在任何情形之下，均有選任有資格辯護人之權利，被告不能自行選任時，由國家指定之』，均其顯明的例證。

然而美國憲法對於近代刑事法——乃至現代刑事法的主要影響，似猶偏於刑事訴訟方面，其於刑法方面，具有重大影響者，仍爲法國的人權宣言，上述第八條關於罪刑法定主義的規定，尤爲近代刑法和現代刑法的基本原則，爰略述其意義和理論基礎於下，以見法國人權宣言，對於近代刑法的影響，及憲法和刑法間的關係。

所謂罪刑法定主義，簡單地說，是犯罪行爲和刑罰制裁，均要由法律明白規定的主義。詳細地說：何種行爲是犯罪行爲？對於何種行爲，應該加以何種刑罰制裁？均要由法律事先明白規定，不容授權行政命令規定，亦不容司法官隨意認定的主義，就是罪刑法定主義。所以傳統的罪刑法定主義，（我們認爲罪刑法定主義的含義，現代和從前不盡相同，故稱爲傳統的罪刑法定主義），含有下列幾個意思：⑴法定主義。這所謂「法」，就最初的意義說，專指法律而言，不包括命令在內。卽犯罪行爲和刑罰制裁，專由立法機關所通過的法律來規定，不能授權行政命令規定，亦不容司法權任意認定判斷。⑵罪之法定。何種行爲是犯罪？犯罪的一般條件怎樣？個別條件怎樣？專由法律詳細地規定。⑶刑之法定。刑罰分爲幾種？對於何種犯罪，應該科以何種刑罰，概由法律規定。⑷不溯既往的原則。罪刑法定主義的精神，既在「事先」以法律明白規定罪刑，故包含這個原則。卽法律只能適用於實施後所發生的犯罪，不能適用於實施以前所發生的犯罪，故舊法時代的合法行爲，不因新法實施變爲犯罪行爲，但舊法時代的犯罪行爲，亦不因新法實施而有免。

依照學者通說，罪刑法定主義包含四個原則：第一、習慣法不能爲刑法的淵源。習慣法雖爲民法的淵源，但如作爲刑法的淵源，則爲罪刑法定主義所不許。第二是刑法的效力不溯既往，其意義已如前述。第三是刑法上不許有絕對不定期制度。所謂不定期刑，是裁判時不預先宣告一定的刑期，依照行刑的實際結果，決定何時釋放的制度。又分爲相對不定期刑，和絕對不定期刑二種，前者宣告處刑的最長期和最短期，而不確定的宣告處刑的期間，例如某人犯某罪，處六月以上三年以下有期徒刑的宣告是。後者則不但沒有確定的宣告處刑期間，連處刑的最長期和最短期，亦未定明，只說某人犯某罪，處以有期徒刑。由傳統罪刑法定主義的觀點說，任何不定期刑制度，原均違反罪刑法定主義的精神，但因現代刑事政策發達的結果，認爲不問行刑的效果如何，事先宣告一定刑期的辦法，近於閉門造車，刻舟求劍，所以擁護罪刑法定主義的人們，亦不反對相對不定期刑。(4)爲刑法應從嚴解釋，不許擴張解釋，比附援引的類推解釋，尤所嚴禁。因爲罪刑法定主義的精神，在於專由法律明白規定罪刑，以成文法的文字，爲絕對神聖，類推解釋，超過了成文法文字的範圍，舊日觀念，認爲和罪刑法定主義，是不能兩立的。

那麼，罪刑法定主義，是憑據何種理論而產生呢？罪刑法定主義的產生，和法治國的成立，有密切的關係，是大家所知道的事實，故如籠統地說：認爲法治國思想，就是罪刑法定主義的理論基礎，亦無錯誤。又我們一向認爲：個人主義和自由主義思想，民主法治觀念，和權力分立理論，是近代政法思想的基礎，故如抽象地說，上述各種理論，是罪刑法定主義的思想基礎，似爲更正確的看法。惟如具體說來：罪刑法定主義，實以下列三種思想，爲其理論基礎。第一爲自然法上天賦人權的思想。人權既由天賦，統治者自然不能橫加剝奪，縱令有剝奪的必要，亦必須有明白的根據，適當的手續，這些根據和手續，載諸法律。法律的內容，無論原爲社會契約所明定

（社會契約說），或議會所議決，要係出於人民的意思。第二爲立法至上的思想。法治既以法律爲治，法律具有至高無上的權威，而制定法律的人，爲立法機關，所以立法至上，司法機關只能刻板地，依照法律的規定，論罪科刑，不容有所伸縮。第三爲罪刑均衡論的思想。當時學者如盧梭、伯加利亞等，均盛倡罪刑均衡論，以爲犯人因犯罪所得的快感，應以因處罰所得的不快遏制之，犯罪和刑罰，應由法律明白規定，而後人人恍然於犯罪和刑罰的密切關係，以遏止犯罪的傾向。蓋如前所述，在法治國家以前的警察國家時代，因爲對外求獨立，對內求統一的必要，急於伸張國權，嚴刑竣罰，無所不用其極，當時文明不很進步，法制未備，論罪科刑又沒有一定的標準，人民憔悴於虐政，備感尊重人權，罪刑法定的必要，乃有上述各項思想，以促使罪刑法定主義的產生。而由上述罪刑法定主義的含義，及所憑據的理論基礎，亦可見近代憲法和刑法之間，呼吸相通，息息相關，憲法的主要目標——保障人權，亦即構成刑法的基本原則——罪刑法定主義，所以十八九世紀各國憲法，多有罪刑法定主義的規定，近代各國刑法，亦均以罪刑法定主義，爲其規定的起點。

四

那麼，現代憲法——二十世紀的憲法，和刑法的關係怎樣呢？

對於這個問題，可以分爲兩部分來說：一爲繼承近代憲法的傳統，並將它發揚光大者。二爲其近代憲法有關刑事法的規定之外，別闢蹊徑，而另爲新的規定者。不過這些規定，在第二次世在界大戰後的各國憲法上，表現較爲顯著，在第一次世界大戰後的各國憲法上，則甚少表現。考原因，蓋由於第二次世界大戰，是中美英等自由國家，對德義日等獨裁國家之戰，德國義大利和日本等，於戰敗投降之後，鑒於舊日人民受獨裁政治的壓迫，憔悴於虐政之苦，痛定思痛，乃在其憲法上增加保護人身自由的規定，設置許多有關刑事的條文。又由於十九世紀末葉，以至第二次世界大戰結束的幾十年間，刑事法學的理論，大見進步，由昔日的報應主義思想，進於目的主義思想；更由於昔日客觀主義思想，進於主觀主義思想，而形成教育刑的理論。認爲國家對於犯罪人的定罪科刑，不是爲了報應懲罰或贖罪，而是一種教育，使他能改過遷善，重作新民，變社會的不健全分子爲健全分子，和報應刑思想，只知以牙還牙，藉求本能的滿足，或妄想殺一姦之罪，而止境內之邪者，大不相同。第二次世界大戰後，若干國家的憲法，受了這種思想的影響，故其有關刑事法的規定，除了就近代憲法所已有者，加以發揚光大外，復有嶄新的部分。

就近代憲法有關刑事法的規定，加以發揚光大者甚多，如一九四六年的日本國憲法，即其顯著的一例。它和刑事法直接有關的規定，占十條之多，幾達全部憲法條文（共一百零三條）的十分之一，轉錄於下：

㈠第二十一條：『非依法律所規定之手續，不得剝奪任何人之生命或自由，或科以其他刑罰』。

㈡第三十二條：『任何人在裁判所受裁判之權利，不得剝奪之』。

㈢第三十三條：『任何人除爲現行犯而受逮捕外，非經有權限之司法官憲，簽發載明犯罪理由之文書，不得逮捕之』。

㈣第三十四條：『非有正當理由，不得拘禁任何人。羈押或拘禁時，應立卽告知理由，且予以卽可委託辯護人之權利。如經要求時，應立卽在本人及其辯護人出席之公開法庭，說明其理由』。

㈤第三十五條：『任何人就其住居、文書及所持物品，均有不受侵入、搜索及扣押之權利；除第三十三條之情形外，非基於正當理由，且載明搜索場所及扣押物品之文書，不得侵犯之』。『搜索或扣押，依據有權限司法官憲所發之各個文書爲之』。

㈥第三十六條：『絕對禁止公務員施用拷問或殘虐之刑罰』。

㈦第三十七條：『任何刑事案件，被告均有受公平法院迅速公開裁判之權利』。『刑事被告，應有盡量詰問證人之權利並有要求爲其利益，以公費並依強制手續保證證人之權利』。『刑事被告，無論在任何情形之下，均有選任有資格辯護人之權利，被告不能自行選任時，由國家指定之』。

㈧第三十八條：『不得強制任何人爲不利於己之供述』。『因強制、拷問或脅迫而爲之自白，或經長期不當之羈押或拘禁後而爲之自白，不得採爲證據』。『不利於被告之唯一證據，爲本人之自白時，不得認爲有罪，或科以刑罰』。

㈨第三十九條：『凡在行爲時適法之行爲，或已被認爲無罪之行爲，不得究問其刑事上之責任。同一犯罪，不得重複究問其刑事上之責任』。

㈩第四十條：『任何人於被羈押或拘禁後，受無罪之裁判者，得依法律之規定，向國家請求補償』。

按日本舊憲法，關於侵害人身自由的規定，僅有第二十三條一個條文謂：『日本臣民，非依法律，不得逮捕監禁審問處罰』，規定旣甚籠統，且採法律保障主義，授權法律，得任意規定對人民逮捕、監禁、審問、處罰的條件和範圍。現行憲法則採直接保障主義，在何種情形之下，可以侵害人身自由？其範圍如何？均由憲法直接規定，而不授權法律規定，其立法基本原則，已大不相同。且有關規定達十條之多，不但爲有關刑法的規定，且泛及刑事的程序部分，其內容大體上取自美國憲法，細密則有過之無不及，頗多可以注意的地方（後詳）。猶不僅日本國憲法如此，一九四九年制定的西德憲法，亦有下列和刑事法有關的條文：

㈠第一百零二條：『死刑應廢止之』。

㈡第一百零三條：『一、任何人有請求在法院依法審問之權利』。『二、行爲之處罰，以行爲前之法律有規定者爲限』。『三、任何人不得因同一行爲，而受一般刑法上兩次以上之處罰』。

㈢第一百零四條：『一、人身自由，非依正式法律，且依該法所規定之程式，不得限制之。被拘禁人，不應受精神上或身體上之虐待』。

『二、惟法官方得決定，可否剝奪自由及剝奪自由之期間。凡自由之剝奪，非基於法官之命令者，應即時請求法官決定之。警察依其本身權力，不得拘留任何人逾逮捕次日之末，其細則由法律規定之』。

『三、凡因犯罪行爲之嫌疑，暫時被逮捕者，至遲應於逮捕次日提交法官，法官應告訴其人以逮捕理由，審問其人，並予以提出異議之機會。法官應即時發出具有理由之逮捕狀，或命令釋放』。

『四、法官宣布剝奪自由及剝奪之期間時，應即通知被拘留人之親屬或其友朋』。

爲西德憲法前身的——一九一九年德國威瑪憲法，是第一次世界大戰後，具有領導性的憲法，內容極多有意義的規定，但對於人身自由的規定，却甚簡單，僅於第一百十四條規定：『人身自由，不得侵害。凡以公權力侵害或剝奪人身自由者，惟於法律有規定時，始得爲之……』。及第一百十六條規定：『不問任何行爲，如非以法律預定罰則，不得科以刑罰』，且均採法律保障主義。西德憲法，則甚爲詳密，且多可以注意的規定，復以憲法直接保障主義爲原則，由德國的情形看，亦可見現代憲法，有關刑事法規定的趨勢。

一九四七年的義大利憲法，亦有下列有關刑事法的規定：

㈠第十三條：『人身自由，不得侵犯。任何形態之監禁、檢查、身體搜索，或對人身自由之其他任何方式之限制，非由司法機關之附有理由之令狀，且在法定場合，並依法定程序，不得爲之』。

『在法律有明確規定之緊急必要之例外情形，警察機關得採取臨時措施，但此項臨時措施，應於四十八小時內，通知司法機關，如司法機關，在其後四十八小時內，不予承認，該項臨時措施視爲撤銷，而喪失任何效力』。

『對於人身自由受限制之人，而加以身體上及精神上之暴行者，應處罰之』

『爲預防而作之拘禁，其最高限度，由法律定之』。

㈡第二十五條：『任何人受適當之法定法官審判之權利，不得剝奪之』。

『任何人非依行爲前所施行之法律，不得處罰之』。

『任何人非在法定場合，不得令其受保安處分』。

㈢第二十七條：『刑事責任爲個人責任』。

『被告人在有罪判決未確定前，不能視爲有罪』。

『刑罰不得含有違反人道之處分，而應以受刑人之再教育爲目的』。

『死刑，除戰時軍法所定場合外，不得爲之』。

猶不僅日本、西德、義大利諸國憲法。有上述有關刑事法的規定，巴西和巴拿馬的憲法，亦屬如此，分述於下：

（一）巴西一九四六年聯邦憲法，除於第一百四十一條第二十項至第二十八項，就刑事訴訟程序，設有詳細規定外，並於同條第二十九項規定：『刑法應規定刑罰的個人化，且僅對被告有利時，有回溯力』。第三十項規定：『任何刑罪，不得及於犯罪人以外』。第三十一項規定：『死刑、流刑、沒收刑，或終身刑，均不得科之，但與外國戰事時之軍事法規，得科死刑。利用或濫用公職或自治團體職務，而不法致富者，其財產之扣押與沒收，以法律定之』。

（二）巴拿馬一九四六年共和國憲法第二十八條規定：『監獄為監守與改過自新之處所，凡上述目的所不需要之刑罰，應禁止之』。第三十條規定：『不得有處死，放逐或沒收財產之刑罰』。第三十一條規定：『任何行為，須經法律於行為前已明文規定處罰，且該法律又可適用於該行為時，始可處罰之』。

尤其值得注意者，為聯合國於一九四八年十二月十日，所通過的世界人權宣言中，有許多關於刑事法的規定。緣『……不分種族、性別、語言或宗教，增進並激勵對於全體人類之人權，及基本自由之尊重』，原為聯合國宗旨之一，而為聯合國憲章第一條第三項所明定。故於憲章第十三條第一項規定：『大會應發動研究，並作成建議……以促進……不分種族性別語言或宗教，助成全體人類之人權，及基本自由之實現』。第五十五條規定：『聯合國應促進……不問人種、性、語言或宗教之差別，普遍的尊重所有人之人權，及基本自由』。第五十六條規定：『各會員國，允諾採取共同及個別行動，與本組織合作，以達成第五十五條所載之宗旨』。復為達成上述目的起見，於第六十二條規定：經濟暨社會理事會，『為增進全體人類之人權，及基本自由之尊重與維護起見，得作成建議案』；第六十八條規定：『經濟暨社會理事會，應設立經濟與社會部門，及以提倡人權爲目的之各種委員會』。綜此規定，足見人權的保障，已不僅爲各國國內法的問題，而爲國際性問題，而見於聯合國憲章，我們曾稱這種現象，爲人權保障之國際化（註五）。

人權保障之國際化，固爲聯合國宗旨之一，惟人權的內容，甚爲複雜，勢難規定於聯合國憲章之內，故依照憲章第六十八條，有人權委員會的設置，世界人權宣言，卽係由該委員會制定者，全文三十條，約可分爲三部分：(一)爲第一條至第二十一條，關於自由權和參政權的規定。(二)爲第二十二條至第二十七條，關於社會的、文化的，及經濟的權利之規定。(三)爲第二十八條至第三十條，關於人權享有一般原則之規定。學者對它的評價頗高，如謂『此宣言，爲全人類之國際的大憲章，大會公布此項憲章，具有與一七八九年之人權宣言，美國獨立宣言，及其他國家同類宣言相同之重要性』；『世界人權宣言，係就十八世紀以至現在，世界各人權宣言，進化發展之成果，集其大成者，在人類歷史上，占有重大之地位』，可見其重要性的一斑（註六）。

該宣言和本文最有關係者，爲其第一部分，其中和刑事法有關的規定如下：

第五條　任何人不容加以酷刑，或施以殘忍不人道，或侮慢之待遇或處罰。

第九條　任何人不容加以無理逮捕，拘禁或放逐。

第十條　人人於其權利與義務受判定時，及被刑事控告時，有權享受獨立無私法庭之絕對不偏，且公開之聽審。

第十一條　㈠凡受刑事控告者，在未經依法公開審判證實有罪前，應視爲無罪。審判時，並需予以答辯上所需之一切保障。

㈡任何人在刑事上之行爲或不行爲，於其發生時，依國家或國際法律，均不構成罪行者，應不爲罪。刑罰不得重於犯罪時法律之規定。

上述規定，語焉不詳，且有關於刑事訴訟手續的規定，多於實體的規定，顯見受英美法系的影響很深，對於各國刑事立法，尚難謂有重大的啓示。但它在三十個條文之中，却有四條規定，其第五條禁止酷刑，『或侮慢之待遇或處罰』之規定，仍然是很值注意的。

五

由現代憲法對於今後刑法的影響說，最值注意者，仍爲上述日本、西德、義大利各國憲法的規定。如上所述，現代憲法，不但把近代憲法有關刑事法的規定，加以發揚光大，復有嶄新的部分，就發揚光大的部分說：上述各國憲法，有若干相同的地方，如（一）刑止一身的原則，義大利和巴西憲法，都有規定。（二）刑法不溯既往、罪刑法定的原則，即『行爲之處罰，以行爲時之法律，有明文規定者爲限』的原則，更爲義大利、西德、巴西、日本各國憲法的共同原則。（三）同一犯罪，不得重復究問其刑事責任的原則，亦爲西德憲法和日本憲法之所同。不過這些原則，都是傳統的原則，各國新憲法，不過重新予以確定而已，還不能說有甚麼特別可以注意的地方，其特別可以注意的地方，宜於各國新憲法的新穎規定求之。

談到各國新憲法關於刑法的新穎規定，首先值得我們注意者，是關於行刑目的的規定，這就是上述義大利憲法第二十七條：『刑罰不得含有違反人道的處分，而應以受刑人的再教育為目的』。及巴拿馬憲法第二十八條：『監獄為監守和改過自新的處所，凡上述目的所不需要的刑罰，應禁止之』的規定。這兩個規定，和我國監獄行刑法第一條：『徒刑拘役之執行，以使受刑人改悔向上，適於社會生活為目的』的規定，同其主旨。我曾釋明該條的含意云：『這就是說，監獄裏的執行徒刑拘役，不是為報應、為贖罪、為懲罰、為威嚇，而是使受刑人改悔向上，適於社會生活。它的目的是積極的；不是消極的。它的居心是仁愛的；不是殘酷的。它的方法是教育的；而不是警戒的，寥寥數語，含義無窮，表現出現代刑事政策，監獄行刑的眞諦』（註七）。這幾句話，也可以藉以表明義大利憲法，和巴拿馬憲法上述規定的重要意義。蓋上述規定，無非宣告刑法應以教育刑主義為基礎，因為如果採報應刑主義，刑罰就不是以教育為目的，監獄亦不是改過自新的處所，而是懲罰和贖罪的處所了。（雖然有一派學者主張：犯罪的認定，採報應主義；刑罰的科處，採教育主義，其說究嫌牽強）。考教育刑主義，已為新派刑法學者所一致主張，亦為人類文化和刑事思想進步後的當然現象。惟因傳統的壓力太深，一般人沒有完全掙脫傳統的勇氣，以致猶有些抱殘守缺的人們，堅守報應刑主義的殘壘。各國刑事立法，雖然日向教育刑主義邁進，但亦不無報應主義的殘痕，各國憲法，毅然宣布教育刑主義者，尤屬絕無僅有。現在義大利憲法和巴拿馬憲法，首創其端，在國家根本大法上，明白宣告採用教育刑主義，在憲法史上，在刑事立法史上，均為應該大書特書的事件，而值得我們的注意。

其次值得我們注意者，是義大利、西德、巴西、巴拿馬各國憲法，均一致明白規定廢止死刑。日本憲法第三十六條所謂『禁止殘虐的刑罰』，其國最高法院，雖不承認為禁止死刑之意，但名刑法學者如木村龜二等，均認為包括廢止死刑的意思在內（註八）。又上述各國憲法廢止死刑的規定之中，在義大利和巴西憲法，雖猶有例外，依照戰時軍法，尚可科處死刑。但在西德和巴拿馬憲法，則著為絕對的原則，無論在任何情形之下，均不得科以死刑。考死刑原為野蠻時代文化的殘餘，在二十世紀六十年代的現代，不但在刑事政策上，毫無價值，且為現代文明的諷刺，故歐州各國廢止死刑者甚多；美州方面，南美多數國家，已廢止死刑，美國各州中，雖明白廢止死刑者不多，但有些州存而不用，且廢止死刑之聲甚高。徒以各國還有些抱殘守缺的人，其思想，尚未能掙脫傳統的鎖鍊，還在不求甚解，迷信死刑的威嚇力，而美其名曰社會防衛，以致還有些國家的刑法，尚未能毅然決然廢止死刑，其在憲法上明白規定廢止死刑者，尤屬絕無僅有（註九）。現在刑法學研究成果最豐的德義兩國，在它的根本大法上，明白宣告廢止死刑，巴西和巴拿馬兩國，復急起直追，從而和之，這些規定，不但是刑法史上的奇葩，亦為人類文化的光芒，對於那些抱殘守缺，徒知迷信傳統，而不能推陳出新的刑法學者們，應該有相當啓發的作用。

最後值得注意的，是巴西憲法不但禁止死刑，而且禁止流刑、沒收刑或終身刑。巴拿馬憲法，雖不禁止終身刑，但放逐（流刑）或沒收財產，亦所禁止。考其原因，諒以流刑使犯罪人流放遐荒，與世懸隔，不但違反人道，且不合於現代刑事政策，使犯罪人能够改過遷善，適於社會生活的至意。沒收財產，則殃及家族，不但違反刑止一身的原則，且有逼使犯罪人家屬鋌而走險之虞，和現代出獄人保護制度，併以受刑人的家屬，爲保護對象，惟恐因受刑人陷身囹圄，致其家屬失敎失養的用心，恰恰相反。至於終身刑（無期徒刑）應否廢止？學說上雖猶有爭執，然它對於受刑人及其家族的打擊甚大，不合於人道的原則，亦屬無可諱言。如謂倘受刑人惡性重大，既不處以死刑，又不處以無期徒刑，受刑人出獄以後，恐將害及社會秩序。這種說法，固有相當理由，然相對不定期刑制度和保安處分，亦足以補救這個缺點，故巴西憲法之獨創一格，明白宣告禁止終身刑，自不失爲值得注意的立法。

各國新憲法，有關刑法的新穎規定，略如上述，綜觀這些規定，其由於上述敎育刑思想的影響，至爲顯明。如從更深一次看，實由於人道觀念的影響，故人道觀念，爲現代憲法立法精神的一面，亦爲現代刑法的基本原則。蓋人之所以爲人，在於知道尊重人道，人之所以能安居樂業，不致隨時被殺被傷，法律的保障，還在其次，一般人的人道觀念，實爲其最主要的基礎。古代人雖好殺傷，政治尤尚暴虐，但當時民風敦厚，一般人仍有素樸的人道觀念。十八世紀以後，個人主義思想發達，人慾橫流，自由競爭，優勝劣敗的商業觀念，成爲一代的思想，人道觀念，反見減退。所幸當時宗教盛行，教育發達，使人們先天具有的人道觀念，尚能保存。二十世紀以後，因爲交通發達，文化交流，人口密集的結果，人和人的關係，更見密切，社會連帶觀念，亦更見發達，人和人之間，眞到了兼相愛、交相利、同患難、共休戚的程度。互愛即以自愛，互重即以自重，於是人道觀念，大見發達，而生存權觀念和社會安全思想的發達，更助長了這種趨勢。因爲所謂生存權觀念也者，簡單的說，不外以團體的力量，保存各人的生存，使人們能够各遂其生，各中其志。而所謂社會安全思想，就是袪除社會紛亂的原因，使人人皆獲得工作，可以生活，遇有疾病失業等情事時，亦以社會力量，加以救濟，使人人無凍餒之憂，而謀整個社會安定的思想。亦即禮運大同篇所謂：『使老有所終，壯有所用，幼有所長，矜寡孤獨廢疾者，皆有所養』之意。綜合看來，生存權觀念和社會安全思想，都不外以仁愛的觀念——也就是人道觀念，爲其最後基礎。尤其於法西斯暴政甫告消滅，各國共產政權，復繼以殘民以逞，爲種種慘無人道措施的現代，人們痛定思痛，人道觀念更如日中天，光照四表。在人道觀念之下，一夫一婦不得其所，已爲仁人所不忍，一個人的重傷篤疾，社會都認爲手足之痛，不惜披髮纓冠往救之，此固由於共患難，同休戚的觀念，亦由於一個人由孩提至於成人，撫養不易，在文化發達，科學萬能的現代，一個人智慧的發揮，可能使全世界富強康樂，故人命至爲尊貴，如竟由衆人所尊奉的國家——代表正義，保障人權，愛惜人命的國家，設置死刑，宣告死刑，把一個活活的人殺死，其爲人道觀念所不容，有背於民胞物與的現代思潮，尚何待於贅言。

死刑把一個人活活的殺死，固爲人道觀念所不許，流刑把犯罪人放諸遐荒，與世懸隔；無期徒刑，把犯罪人終身置於獄中，悠悠歲月，均在鐵窗中渡過，亦違於人道觀念，故巴西憲法，亦併予禁止。又人道觀念愈發達，對犯罪人矜恕之心愈增加，重以刑事學的發達，恍然於犯罪人之犯罪，有其社會的原因，身世的背景，固不忍獨責犯罪人，徒爲報復懲罰而監禁，使其感受痛苦，對於他的改過遷善，亦無裨益，於是有上述教育刑理論的發達，認爲自由刑的執行，是對於受刑人的教育和矯治，以使其改過遷善，適於社會生活爲目的，執行的目的，旣在於改過遷善，舊日肆意凌虐的行爲，自不許再有，故人道觀念，亦爲現代自由刑執行的基礎。上述義大利憲法第二十七條：『刑罰不得有含有違反人道的處分，而應以受刑人的再教育爲目的』，蓋卽這種思想的表現。

各國新憲法，固然有許多關於刑法的新穎規定，但其規定之率由舊章，一仍十八九世紀憲法之舊者尤多，亦爲極顯明的事實，而重申罪刑法定主義的原則，並未加以任何變更，更爲各國新憲法之所同。這固然由於『德國義大利和日本等，於戰敗投降之後，鑒於舊日人民受獨裁政治的壓迫，憔悴於虐政之苦，痛定思痛，乃在其憲法上增加保護人身自由的規定』，有如上述。然罪刑法定主義，迨於今日，雖基本原則仍舊，其內容則已有相當變更，故上述各國憲法有關的規定，不能望文生義，只從其文字表面上看，爲機械的解釋，而應配合現代刑法之精義，追溯現代憲法的精神，注意到罪刑法定主義發展的一面，庶不至斷章取義，歪曲了現代憲法的精神，爰就罪刑法定主義的發展，略述於下，以見憲法和刑法的關係，甚爲微妙，不容看得過於簡單，且可由此看到現代刑法重要的一面。

罪刑法定主義，不但在反專制爭人權上，盡了時代的使命，它使刑法法典日臻嚴密，刑法學理漸臻完成，對於後世的制度和學術，有極大的貢獻，前人苦心戮力的功績，自應爲後人所敬仰崇拜，而不敢或忘者。但是時代是變動的，適應時代的制度，也不免跟着變遷，學術思想，更應該跟着時代變遷，而日益進步，十八九世紀的罪刑法定主義，在二十世紀的現代，遂不免由於時代的變遷而動搖。

促使傳統罪刑法定主義動搖的原因很多，如尊重個人的個人主義，爲罪刑法定主義最主要的淵源，時至今日，由於團體生活發達等原因，不容仍以舊日的個人主義，爲政法制度的根據，傳統的罪刑法定主義，因而失去最主要的基礎。如專由刑法理論方面觀察，如前所述，罪刑法定主義和罪刑均衡論，有密切的關係，而罪刑均衡論，和以犯罪事實爲判斷標準的客觀主義，及認爲刑罰制裁，係以對犯罪人加以痛苦，爲其目的的報應主義，又有形影相隨的關係。故客觀主義和報應主義，與罪刑法定主義，亦通成一氣。但在社會現象複雜的現代，依照客觀主義，顯有情罪失衡的地方，報應主義的結果，雖足洩被害人一時之憤，但事實證明，於預防犯罪，防止再犯，毫無益處。加以近世犯罪學發達的結果，證明人們的犯罪，多由於社會的或先天的原因，並非犯罪人本身的罪惡，所謂罪刑均衡論，缺乏科學的根據，不足爲訓，遂使客觀主義和報應主義，失所憑依，於是主觀主義和目的主義，乃繼之而起，這種刑法理論的變遷，使傳統的罪刑法定主義，愈見動搖。

傳統的罪刑法定主義，既見動搖，則它所產生的幾個基本原則，自然也有問題。尤其是不溯及既往的原則，和嚴格解釋的原則，學者更多置疑。因為這兩個原則，都是置重個人自由的產物，時至今日，各國憲法的立法精神，都認為個人的自由，固然應該置重，但團體的公益，更為重要，各國刑法上採用從新主義的規定，即為不溯既往原則動搖的證明。至於嚴格解釋的原則，所注重者為法律的穩定性，以免舞文弄法，變動法律含義的弊害，但它忘記了法律是社會生活的規則，應該跟着社會的變遷而變遷，法條有限，事實無窮，尤其在社會變動繁劇的現代，必須以解釋來補救立法的不足，任何法律都是如此，刑法不能獨異，所以現代許多刑法學者，並不認為不溯及既往和嚴格解釋，是刑法上鐵定的原則，（如謂有利於行為人時，可為類推解釋）。傳統的罪刑法定主義，因此益顯破綻。

然則傳統的罪刑法定主義，是否就此崩解呢？我們認為它並沒有根本崩解，不過跟着時代的變遷，加入新的思想，適應新的現象，而向新的方面開展。因為它是法治國家的產物，現代福利國家，並不根本變更法治國家「以法為治」的原則，不過由憲法精神說：從前的法，只注重保護個人的自由，只知消極地限制政府行動的權力，處處拘於形式；現代的法，更注重保護整個社會的公益，以積極地推動政府工作效率為目標，特別注重實質。罪刑法定主義也是如此，專由個人着想，用意消極，拘於形式的傳統罪刑法定主義，固已跟着法治國家而沒落，但因法治的原則不變，故罪刑法定主義的原則亦不變，不過時勢所趨，使它並向注重社會安寧，發揮積極的功能，預防再犯，防衞社會等實際方面發展。

罪刑法定主義的新發展，在晚近各國刑法上，處處可以看到，舉其顯着者說，如（一）犯罪規定的概括化，不像從前那樣，煩瑣地規定犯罪的構成要件；或把某種犯罪，機械地細分爲多少種，以適應變化無窮的犯罪現象。（二）刑度範圍的擴大，同一犯罪，可重至死刑，輕至幾年的徒刑。且在各該條規定之外，法官猶可據刑法總則的規定，再予減輕，以期情罪相當。（三）設有緩刑、緩起訴和便宜起訴的規定，使在監獄內受到相當刑期執行，而有悛悔實據的人，在刑期未滿以前，可以恢復自由。實行假釋的結果，使法律上所規定的刑罰，打了一個大大的折扣，故有人認爲它是相對不定期刑的實現，對於傳統罪刑法定主義的修正，比前述三種更大。但卽就前述三種而論，和傳統的罪刑法定主義的距離，已經很遠了。

六

看過晚近各國憲法，有關刑法的規定後，再來看我國憲法有關刑法的規定，研討它主要精神之所在，是否合於時代的潮流？現行刑法，是否和憲法精神相配合？並宜如何發揚光大，使更合於憲法的精神，和時代的潮流。

就憲法和刑法有直接關係的條文說，爲第八條第一項的規定。其規定爲：『人民身體之自由，應予保障，除現行犯之逮捕，由法律另定外，非經司法或警察機關，依法定程序，不得逮捕拘禁。非由法院依法定程序，不得審問處罰。非依法定程序之逮捕拘禁審問處罰，得拒絕之』。我們嘗闡釋其含義云：『……本項後段「非由法院依法定程序，不得審問處罰」之規定中，其「法定程序」一語，則宜解爲兼含實體法之意，必須法律定有明文，以其行爲爲可罰之行爲者，始予處罰，其處罰之程度，又限於法律所規定之範圍，與一般所謂罪刑法定主義，約略相當。因欲期人身自由有鞏固之保障，必須實行罪刑法定主義，如捨此不顧，則逮捕拘禁之手續，雖至爲嚴密，而其行爲是否犯罪？應科以何種刑罰？悉聽諸法官之專斷，人身自由之保護，將見捨本而逐末，殊非立法之原意也。故美國最高法院，於解釋其國憲法修正第五條，及修正第十四條，非經正當手續，不得使任何人喪失生命自由及財產時，謂正當手續一語，不能望文生義，謂爲專指手續規定而言，應兼含罪刑法定主義之意。日本學者，於解釋其國憲法第三十一條：『非依法律所規定之手續，不得剝奪任何人之生命或自由，或科以其他刑罰』之規定，亦謂：『法律所規定之手續一語，應包含罪刑法定主義在內』。『在我國憲法上，亦應爲同一之解釋，以彰憲法保障人身自由之至意。』（註十）

綜上所述，足見罪刑法定主義，亦爲我國憲法所規定，以與憲法前言所稱，以『保障人權』爲憲法目的之一相呼應，但憲法除了這一項外，僅於第八條第二項至第四項，爲有關提審的規定，對於殘酷刑罰的禁止，處刑的目的何在等，均未設規定，與二次世界大戰後，各大國新憲法相比，有關刑法乃至刑事訴訟法的規定，是最爲簡單的。

然不能因此之故，遂謂我國憲法有關刑法的規定，只是表明應該採用罪刑法定主義而已，應該更進一步，追溯到憲法的立法精神，憲法是依據　孫中山先生，建立中華民國的遺教而制定的，載在前言。　中山先生嘗謂：『新世界國家與以前國家不同，通常國家僅爲保民，而不能敎民養民，眞能敎民養民者，莫如三代。其時井田學校皆有定制，敎養之責在國家。後世國家則不然，所謂國家，無論政治如何修明，如漢之文景，唐之貞觀，能保民斯爲善矣。今日所抱新世界之希望，則非徒保民而已，擧凡敎民養民，亦當引爲國家之責任』。可見　中山先生，係以養民敎民爲政治上最重要的理想。這種理想，是繼承中國先哲的仁政觀念而來的，要『一人遂其生，推之而與天下共遂其生』（戴東原語），與爲現代刑事政策基本原則之一的仁愛主義，適相契合。我們嘗謂：『仁愛不但是我國最重要的固有道德，亦是中外各國現代道德的核心。因爲人和人旣組成社會，彼此有密切不可分離的關係，自然要人人有不忍人之心，有和他人共遂其生之願，休戚與共，痛癢相關，而後纔能共同生存，再進而謀整個社會的發展。孔子說，「仁者人也」，以仁愛爲做人的基本條件，實爲千古不滅的眞理。這種仁愛觀念，由於社會學和刑事學的發達，更移爲刑事政策的基本原則。因爲社會學愈發達，社會連帶關係愈顯著，而刑事學的發達，又使人們恍然於犯罪之發生，實有其社會的原因，不應獨責犯人，更不忍獨責犯人，豈但不忍而已，而且對這些環境的犧牲者，尤應特別寄予同情，寄以憐憫，死刑之幾於廢止，自由刑執行之人道化，以及出獄人保護事業的發達等，皆爲仁愛觀念在刑事政策上的表現』（註一一）。如果我們所說無誤，則仁愛觀念，既是我國憲法立法精神之所繫，（因爲它是　中山先生建國的遺教）亦爲現代刑法的基本原則，前述現行刑法，是否和憲法精神相配合？並宜如何發揚光大，使更合於憲法的精神？和時代的潮流等問題，也應以它的整個規定，是否由仁愛觀念出發？是否充分表現了仁愛的觀念，爲其考量的標準。

現行刑法，於民國二十四年一月一日公布，同年七月一日施行，（其後雖有修正，但只修正了四個條文，可以說是極小的修正），遠在憲法的公布施行之前。但我們認爲它很合於憲法精神的，其第一條開宗明義，規定爲：『行爲之處罰，以行爲時之法律有明文規定者爲限』，採用罪刑法定主義的原則。在各個規定中，含有仁愛觀念者，亦屬甚多，試爲擧數例如左：

㈠第二條第一項：『行爲後法律有變更者，適用裁判時之法律，但裁判前之法律，有利於行爲人者，適用最有利於行爲人之法律』。

㈡第十八條：『未滿十四歲人之行爲不罰。

『十四歲以上未滿十八歲人之行爲，得減輕其刑。

『滿八十歲之行爲，得減輕其刑』。

㈢第四十一條：『犯最重本刑爲三年以下有期徒刑以下之犯罪，而受六月以下有期徒刑或拘役之宣告，因身體職業或家庭之關係，執行顯有困難者，得以一元以上三元以下折算一日，易科罰金』。

㈣第四十三條：『受拘役或罰金之宣告，而犯罪動機在公益或道義上顯可宥恕者，得易以訓誡』。

㈤第五十九條：『犯罪之情狀可憫恕者，得酌量減輕其刑』。

㈥第六十三條第一項：『未滿十八歲人或滿八十歲人犯罪者，不得處死刑或無期徒刑。本刑爲死刑或無期徒刑者，減輕其刑』。

㈦第七十四條：『受二年以下有期徒刑、拘役或罰金之宣告，而有左列情形之一，認以暫不執行爲適當者，得宣告二年以上五年以下之緩刑，其期間自裁判確定之日起算：一、未曾受有期徒刑以上刑之宣告者……』

㈧第七十七條：『受徒刑之執行，而有悛悔實據者，無期徒刑逾十年後，有期徒刑逾二分之一後，由監獄長官呈司法行政最高官署，得許假釋出獄』……

由上述規定上，可見現行刑法所具仁愛觀念的一斑。考刑法所以有這些規定，實由於它的基本觀念，係以目的主義與主觀主義爲主，認爲對於受刑人定罪科刑的目的，係教育感化，而非懲罰贖罪，也就是由教育刑思想出發，故頗多富有仁愛觀念的條文。這些規定，和憲法精神及時代潮流，頗相符合。故今後修正刑法，除仍應維持罪刑法定主義的規定，以符憲法保障人權的至意外，如能將上述仁愛觀念，充實廣大，如放寬緩刑假釋的條件，擴大罰金刑的適用範圍，並將分則方面的條文，針對時勢變遷，增訂經濟犯罪、公害犯罪的條文，以達憲法前言所稱：『奠定社會安寧，增進人民福利』的目的，則與憲法的立法精神和時代潮流，當更見符合。

六十三年十二月十一日作——載憲政思潮季刊第二十九期

註釋

（註　一）見拙著中華民國憲法釋論重訂第二十四版十四頁。
（註　二）見王世杰氏著：比較憲法上冊。
（註　三）見同上拙著第三十九頁。
（註　四）見水木惣太郎氏著：基本的人權第一百三十九頁。
（註　五）詳見拙著中華民國憲法逐條釋義第一冊第九十一頁以下。
（註　六）見宮澤俊義氏著：憲法Ⅱ第七十二頁以下。
（註　七）見拙著監獄學三版第一四八頁。
（註　八）詳見木村龜二氏著：新憲法與刑事法。
（註　九）關於死刑存廢問題，詳見拙著刑事政策學四版第十二章。
（註　十）見拙著中華民國憲法逐條釋義第一冊第一二五頁。
（註十一）見拙著刑事政策學四版第十二頁。

六、五權憲法與現行憲法

前言

五權憲法，和現行憲法的關係，是此時此地極値得研究的課題。先由現行憲法方面看。這又可分為三點：(一)現行憲法前言說：『中華民國國民大會，受全體國民之付託，依據 孫中山先生創立中華民國之遺敎，為鞏固國權，保障民權，奠定社會安寧，增進人民福利，制定本憲法，頒行全國，永矢咸遵。』。依照這個規定，可見 孫中山先生創立中華民國的遺敎，為現行憲法制定的最高根據，是它立法精神之所繫，且為解釋和運用憲法的最高基準。而五權憲法，是孫中山先生有關憲法的主要遺敎之一，亦即現行憲法立法精神之所繫，和解釋運用現行憲法的最高基準。我們要了解現行憲法的立法精神，並使它得到適當的解釋和運用，應該由五權憲法的觀點，來研究現行憲法。(二)尤其是現行憲法，制定於國家多故的時候，制憲的國民大會代表們，為了顧全大局，盡量妥協容讓。以致現行憲法的內容，具有許多缺點。現在雖因國家局勢關係，未能即時修改，然現行憲法之有修改的必要，要屬許多人所公認的事實。怎樣修改現行憲法？固然要由多方面來考慮，而使它和五權憲法相符合，俾憲法各條的規定，和前言能够互相呼應，以達到鞏固國權，保障民權底目的，當爲修改憲法的主要目標之一。所以現行憲法和五權憲法的關係，確有研究的必要。（三）由現行憲法的條文看來，它有國民大會的設置，並於第二十五條規定：「國民大會……代表全國國民行使政權」，中央政府，復設立行政、立法、司法、考試、監察五院，表面上和五權憲法，似甚符合。實際上它是否符合？如果不甚符合，它的差度怎樣？應該怎樣修正，也是應該研究的問題。綜此種種，足見專由現行憲法方面說來，現行憲法和五權憲法的關係，已是很值得研究的問題。

如撇開五權憲法和現行憲法的關係於不論，專由五權憲法本身來說，它也是極有研究價值的。因爲它是　孫中山先生，上溯中國的歷史，旁稽他國的法例，參酌現代中國的國情和需要，而構想的政治理論和制度。它不但在學理上是重要的創作，在現代政治制度的建立上，更是一個良好的模型，極值重視。但是國民革命成功以來四十年間，各方對於三民主義的研究，雖頗爲熱烈，獨於五權憲法的研究，則頗爲冷寂，實在是一種很可憾的現象。現行憲法之所以甚多缺點，固然由於制憲當時政治局勢的關係，而各方對於五權憲法沒有透徹的認識，也是一原因。所以由國家的需要說，由學術的闡揚說，五權憲法都有加强研究的必要。討論五權憲法和現行憲法的關係，由側面上反映出五權憲法的特質和其內容，也是研究五權憲法的方法之一。所以區區之意，猶欲拋磚引玉，透過這個報告，引起各方研究五權憲法。

本文的內容，分爲六個部分：（一）五權憲法的基本精神。（二）五權憲法的特點。（三）現行憲法和權能區分。（四）現行憲法和立法院與行政院的關係。（五）現行憲法和考試、監察兩院的職權。（六）現行憲法與均權制度。最後再殿以結論。因爲我們要研究五權憲法和現行憲法的關係，先要檢討五權憲法的基本精神是甚麼？它具有甚麼特點？以後再把五權憲法的特點，和現行憲法的規定相對勘，看它和五權憲法是否符合？俾加强對於五權憲法的認識，並爲解釋、運用乃至修正現行憲法的基礎。

一、五權憲法的基本精神

我們認爲五權憲法的基本精神有四：第一是社會連帶的觀念。十八世紀後期乃至十九世紀，爲了防止舊日專制政治的復活，保障個人的自由及其他權利，個人主義的思想，極爲流行。所謂個人主義思想，是極端尊重個人的思想，他們以個人爲主體，以個人爲惟一的實在，社會只是個人所組織的產物。個人是目的，社會則是促使個人人格完成，物質和精神生活圓滿的手段，所以要極端尊重個人，重視個人的尊嚴，和人格的神聖，不容倒果爲因，藉口社會的公益，侵害個人的利益，以免重蹈舊日專制政治的覆轍。

個人主義思想的產生，固然爲了防止專制，保護自由的需要，由結果而論，它提倡尊重個性，以促使個人的奮鬪向上，對於文明的成就，亦有其不可磨滅的貢獻。然而這個主義只適合於十八九世紀社會的需要。二十世紀以後，由於社會情形，和從前大不相同的結果，個人主義思想，乃不得不功成引退，由社會連帶觀念（亦稱團體主義思想），起而代之。因爲現代醫藥進步，交通發達，人口固然比從前大見增加，人和人間的關係，也遠比從前爲密切，所以社會範圍，日見擴大，社會上人和人間的關係，也日見複雜。在現代社會關係之下，個人的禍福，不但影響於其一身，及其家族而已，且往往和全社會的利害有關，（例如一人犯傳染病，生活於同一城市的人，都有被傳染的危險；一家失火，可能燃及附近數百千家）。個人和社會的關係，既然如此密切，極端尊重個人，忽視社會的個人主義思想，自然不適合於時代的需要，乃有社會連帶觀念的產生。

社會連帶觀念，認爲所有生活在社會上的人們，都有分工合作，痛癢相關的連帶關係，同患難而共休戚。因爲社會是許多個人的集合體，每個個人和社會之間，（也就是個人和個人之間）都構成有機的關係，不能分離。個人生於社會，長於社會，其物質生活，固然處處仰求於社會；其思想行爲，亦在在受社會環境的影響。所以社會安定，則個人安寧，社會發展，則個人康樂，社會的公益，和個人的眞正利益，是不可分的，個人應該有所貢獻於社會，這是由個人對於社會的義務說的。反過來說：個人和社會之間，既然有密切不可分離的關係，則社會對於個人，也應該有責任的感覺。個人的失敎失養，疾病犯罪，社會應該探討原因，講求對策，應該承認這種現象，是社會病態的表現，是社會安全的威脅，然後以己饑己溺之心，痛癢相關之義，挺身而出，亟謀補救，不可聽令個人自生自滅，致社會亦受其影響。

社會既然是個人的集合體。每個個人和社會之間——也就是個人和個人之間，既然有密切不可分離的關係，自然要人人有不忍人之心，有和別人共遂其生之願，休戚與共，痛癢相關，然後纔能够共同生存，且進而謀社會的發展。這種社會連帶觀念，爲二十世紀政法思想的主流。五權憲法之並重民主和效能，要建立萬能政府，也是由於社會連帶觀念而來，所以它是五權憲法第一個基本精神之所在，如果不察及此，仍囿於舊日個人主義的觀點，來制定憲法，來運用憲法，則不合於五權憲法的精神了。

五權憲法的第二個基本精神，是建立萬能政府的主張。十八九世紀之世，由於個人主義的思想，極爲流行，提倡極端尊重個人的結果，乃由個人主義思想，而產生自由主義思想。認爲個人的行爲，應該盡量聽其自由，政府非萬不得已，不得加以干涉。它們認爲人生而自由平等，政府不能妄加限制，人類所以組織政府的眞正原因，卽在於保障這種與生而共來的自由，所以政府的任務，只是限制妨害他人自由的行動，和他人自由無關的行動，政府不得妄加干涉。且人類均有利己之心，復各有聰明才智，如果不加限制，聽其自由發展，人們必向最有利最成功的道路走，整個社會，亦必因各個人功成業就之故，而走向安定進步的大道。

提倡自由主義思想者，根據上述的理論，乃主張「無爲政府」，認爲「最好政府，最少統治」，最少做事的政府，纔是最好的政府。因爲他們認爲政府管理的程度，和人民享有的自由，是反比例的關係，政府管理愈少，人民自由愈多，最少做事的政府，是最尊重人民自由的政府，所以是最好的政府。經濟學大師亞丹斯密士曾謂：「政府的任務，只限於（一）保護國土，不受鄰國侵略。（二）在國內維持正義，安定秩序，使富人財產，不被侵佔。（三）舉辦私人所不願舉辦的事業」，卽爲主張「無爲政府」的代表理論。

社會連帶觀念，既然繼個人主義思想而起，以個人主義爲其思想基礎的自由主義思想，自然也跟着個人主義思想的沒落而沒落，由干涉主義取而代之。因爲社會關係既然這樣複雜，社會各構成分子間的關係，既然這樣密切，衆人之事，自然日見增加，管理衆人之事的政府，不能够再像從前那樣，垂拱無爲，只以抵禦外侮，和維持內部秩序爲已足，對人民的衣食住行，處處都要關心，如果老者無所歸，壯者無所用，幼者無所長，矜寡、孤獨、廢疾者無所養，卽爲政府的職責，有所未盡。而且爲着維護或增進社會公共利益的必要，對於各個人的自由，有時不得不加以限制或干涉，所以現代最好的政府，不是最少統治的政府，反而是最大管理的政府，由舊型自由主義思想演繹而來的「無爲政府」觀念，不能再存在於現在的世界，而由建立萬能政府的觀念取而代之。二十世紀二十年代以後，經濟問題的叢生，國際形勢的緊張，尤使識者感到提倡萬能政府的需要，俾通過有能力，有作爲的政府，來鞏固國權，來解決經濟問題，來增進社會福利，使國家富强，人民康樂。五權憲法的整個設計，卽是由如何造成一個萬能政府出發的。這在　中山先生五權憲法和民權主義的演講裏，可以很明白地看到。所以建立萬能政府的觀念，也是五權憲法的基本精神，如果也不察及此，仍然拘泥於舊日無爲政府的觀點，來制定憲法，來運用憲法，亦不符於五權憲法的基本精神。

五權憲法的第三個基本精神，是民主和效能的並重。 中山先生民權主義第五講上，曾經引用一位美國學者的話說：「現在講民權的國家，最怕的是得到了一個萬能政府，人民沒有方法去節制他；最好的是得一個萬能政府，完全歸人民使用，爲人民謀幸福」。這幾句話，道破了現代政治癥結之所在。因爲如上所述，在社會生活發達，社會關係複雜，公共事務增加，而國際形勢又甚緊張的現代，如果沒有一個有能力有作爲的萬能政府，實不足以適應時勢的需要，來鞏固國權，來爲人民謀幸福。既然要政府有能力有作爲，勢必授與相當的權力，並使它在一定範圍內，能够自由活動，而不能像舊日那樣，提倡權力分立，注重各權力間的互相制衡。但如這個有能力的政府，人民沒有方法節制它，則如一匹野馬，任意奔馳，它所作所爲，既未必合於人民的需要，能爲人民謀幸福，且因爲它大權在握，高下在心，甚至有流於專制的危險。反不如舊日無爲政府之較少弊害了。所以如何使萬能政府，能够受人民的節制，俾它的行動，能够確實合於人民的需要，能够爲人民造福，並不至流於專制，是現代政治制度上的重要問題。

中山先生有鑒於此，乃倡爲民主與效能並重的理論。認爲在現代社會情勢之下，管理衆人之事的政府，應做的事很多，且每有臨機應變的必要，固然需要有能力有作爲的政府，使他能够發揮效能，而爲國家和人民造福，不應像從前那樣，動輒加以牽制，但如人民完全不加節制，則可能發生種種流弊，亦不可不防。所以一方面要加强政府的效能，一方面還要更澈底地實現民主，卽人民除行使選舉權外，還要行使罷免創制複決等權力，使政府的能力雖大，亦不能爲害於人民。因爲在這種情勢之下，政府只有爲善的能力，而沒有爲害的能力，——人民既然有選舉權，則政府人員的去留，其權操於人民，若使政府人員稍露其爲惡的形跡，人民可以行使罷免權以罷免之。而且人民在罷免權之外，還有創制和複決兩種民權，迫使政府不能不制定良善的法律，並使不至制定不良善的法律，以防止政府的專制。這樣做法，較諸十八九世紀之世，人民僅僅有選舉議員之權，以間接民主方式，由議會來監督行政機關，要澈底得多。且可免政府行動，處處受人民牽制，政府過於脆弱無能，致不能盡其應盡職責的流弊。

五權憲法的第四個基本精神，是富有獨創和進步的性格。我在另一次演講上曾說過：「法律是社會生活的規則，由於社會生活的需要而發生，跟着社會生活的變遷而變遷，所以各地區有各地區的法律，各時代也有各時代的法律，在各種法律之中，憲法因爲是國家的根本大法，國家的基本組織和作用，都在憲法上規定，關係最大，範圍最廣泛，故對於社會情勢的反應，也最爲强烈。也就是說，憲法是最具有時間性和空間性的法律」。由於這個理由，所以最合於國家環境跟時代趨勢的憲法，纔是最好的憲法。尤其是我們中國，清末以來，在將近百年的期間內，一直在內憂外患之中，我們的憲法，更要適合國家的環境，和世界的潮流，纔是一部合於理想的憲法，卽要有獨創性和進步性，纔能達到「鞏固國權，保障民權，奠定社會安寧，增進人民福利」的目標。

然而因爲憲法是民權革命的產物，是防止專制保護自由的結果，實係對於十六世紀乃至十八世紀——警察國家極端專制政治的反動，即以極端的專制政治，爲其背景。我國歷史上固然有很長的專制時代，但一般說來，暴虐專恣，殘民以逞的極端專制政治，尙不甚多，所以在淸末以前，我們沒有像西洋那樣的民權革命，也就沒有憲法。我們憲法的產生，實由於一八九四年中日戰爭以來，有識者鑒於國家的衰弱，倘不急起直追，不足以保護國家的生存；而清廷腐敗無能，只知壓迫人民，不能與國禦侮，乃有 孫中山先生所領導的革命，和康有爲梁啓超諸先生所領導的變法維新運動的崛起，在各種原因交錯之下，遂有憲法的產生。所以在中國說，憲法是外來文化，是模仿西洋文化的產物，在中國歷史上，是很少基礎的。因此之故，我國數十年來，一部分論憲之士，在討論憲法的時候，言必稱歐美，對於歐美各國的憲法，和歐美憲法學者的理論，雖亦步亦趨，甚爲注意，而於國家的環境和需要，反而忽略，換句話說，是模仿性很强，而缺乏獨創性的。又因爲①憲法是政治性的法律，憲法的規定，往往牽涉到某些人的政治利益，所以由於憲法規定，而得到政治利益的人們，往往盡力加以維護，不欲輕言變更。②在不以政治利益爲重的人們，因爲某一憲法的規定，可以貫澈他的政治主張，或和他的主張相合，亦維護惟恐不力。③加以因爲憲法是規定國家基本組織和基本作用的根本大法，憲法的變動，將引起國家許多方面的變動，故在一般沒有成見的人們，亦贊成率由舊章，不容輕言修改。

在這種種觀念之下，又使本來應該富於進步性，與時共轉的憲法，反而瀰漫着保守的氣氛。

五權憲法最可注意之處，即在於它具有獨創和進步的精神。　中山先生鑒於中國的政治社會環境，和歐美各國不同。中國國家處境的艱危，尤需有一個强有力的政府，來抵禦外侮，來勵精圖治。中國專制政治的歷史過久，復需要迎頭趕上，實行直接民權，使民主政治，不至流於形式。所以針對中國國家的環境，適應世界的潮流，毅然排脫歐美議會政治的陳套，主張權能劃分，實行人民有權，政府有能，而政府的治權，復不以立法、行政，和司法三權爲限，且增加考試和監察兩權。各種治權相互間的關係，也不像歐美各國那樣，置重於互相牽制，而置重於他們的協力合作，使他能够發揮爲民服務的效能。凡此等等，都和歐美各國舊日的憲法不同，而具有獨創和進步的性格。而這種不隨人俯仰，不故步自封的獨創和進步的性格，實爲五權憲法最主要的基本精神，我們必需體會到這種基本精神，對於五權憲法，纔能够有較透澈的認識。對於現行憲法之是否合於五權憲法，纔能够有正確的評價。當此國家艱難之際，五權憲法這種不隨人俯仰的獨創精神，和不故步自封的進步精神，對我們當尤多啓發。

二、五權憲法的特點

關於五權憲法的特點，說者不一：（一）有的說五權憲法和三權憲法的不同，在於三權憲法，只有立法行政司法三權，而五權憲法，加上考試和監察兩權，這種「三加二等於五」的說法，固然說到五權憲法形式上的特點，而沒有說到它精神上的特點，即只看到它的軀幹，而沒有看到它的靈魂，自然不足採取。（二）有的說五權憲法的特點，在於考試監察兩權的獨立，即不像歐美實行三權憲法的國家那樣，把考試權附屬於行政權之內，把監察權附屬於立法權之內，而使考試監察二權，成為獨立的權力。這種說法，固然說出五權憲法一部分的特點，但仍然偏重於它的形式方面，而沒有注意它的精神方面，還不是一種完全的說法。現在根據上述五權憲法的基本精神，略述五權憲法的特點如下：

（一）五權憲法的第一特點，為實行權能劃分，兼顧民主與效能，使人民有權，政府有能。即在人民方面，除了選舉被選舉之權外還有罷免、創制、複決諸權，不但有伸出去的權力，還有拉回來的權力，以符民主政治之實。在政府方面，因為權能劃分的結果，沒有遇事干涉政府的議會，亦可在一定範圍內，充分發揮其能力，不受無謂的牽制，建立最能為人民服務的萬能政府，以適應社會連帶關係發達，公共事務增加的現代需要。

（二）五權憲法的第二特點，為五種治權之間，是分工合作的關係，而非牽制分權的關係。舊日三權分立的目的，在於使立法、行政、司法三種權力，不集中於一個機關之手，並使三種權力，互相牽制，以免為政者濫用權力，流於專制，而殘害人民的自由。五權憲法，既以建立最能為人民服務的萬能政府為目的。且在加强人民四權，和勵行考試監察制度之下，亦不甚恐懼政府的專制，反而恐懼政府的無能，所以五權憲法，雖然把五種權力分開，分設五種機構來辦理，但

「分立之中，仍相聯屬，不致孤立，無傷於統一」，（見 國父遺著：「中華民國建設之基礎」一文）所更注意者，毋寧在於合作方面，俾五權能携手並進，發揮政府的效能，而不在於分立方面——是爲合作而分工，並非爲牽制而分權，其出發點是積極的，和三權分立，由消極牽制出發者不同。

（三）五權憲法的第三特點，爲注重人的因素。這又可以分爲兩方面來說。（1）五權憲法，除了就外國的立法、行政、司法三權，加以變通外，復增加中國固有的考試、監察兩權，並予以充實而成爲五權，考試權的主要功能，在於進賢，監察權的主要功能，則在於去不肖。而（2）提倡公職候選人考試制度，尤爲五權憲法的一大特色。它要賢者在位，能者在職，不但事務官要經過考試及格纔能任用，公職候選人，也要經過考試及格，纔有競選的資格。在實行政黨政治的現代，政務官多由議員等公職人員充任，所以實行公職候選人考試制度的結果，等於許多政務官，也是由考試選拔而來，以杜濫芋倖進之路，尤可見五權憲法對於人之因素的特別重視，和三權憲法大不相同。

何以五權憲法，對於人的因素這樣重視呢？因爲三權憲法和五權憲法，雖然都以實行法治爲前提，有法治而後有憲法。但三權憲法，是由於消極的法治觀念而來的，實行法治的目的，在於以法律束縛政府，俾防止專制，保護自由。由於依照消極法治觀念的結果，所以三權憲法上的法治，是機械的法治，而非機動的法治，它們所希求者，爲行政或司法機關，依據法律的規定，亦步亦趨，機械地執行，極少自由裁量的餘地，深恐法律規定，如果富有彈性，執法者可以自由伸縮其間，上下其手，以殘害人民的自由。五權憲法，則以建立爲人民服務的政府爲目的，故和積極法治思想配合。法律不僅是束縛政府的工具，而是指示政府以行動的方針，使他能够竭智盡忠，趨於國利民福之途。因爲配合積極法治的結果，故五權憲法上的法治，又爲機動的法治，執法者不依照法律的文字，亦步亦趨，爲機械的執行，而應依照法律的精神，立法的目的，針對社會的情形和需要。爲機動的適用，不拘泥於法條的形式，而力求實質的公平和妥當。五權憲法，以權能劃分爲出發點，富有現代專家政治的精神，人的要素，已經十分重要；更因它所尊重者，爲機動的法治，行政官和司法官，自由裁量的範圍很大，爲政是否得人，尤關重要，故除就外國的三權，加以變通外，復就我國固有的二權，予以充實，合成五權，以收爲政得人之效。

（四）五權憲法的第四個特點，爲均權制度。中央和地方的關係，如何求其適當？是中外政治制度上的難題。我國歷代治亂，由一種角度看，多由於中央和地方關係釐定的欠當。外國因中央集權太過，或地方分權太過，以致發生問題者，亦屬有之。中山先生有鑒於此，故在他所提倡的五權憲法上，除了在中央分置五種政權，爲橫的分工外，復就中央和地方的關係，實行均權制度，爲縱的分工——「凡事有全國一致之性質者，劃歸中央；有因地制宜之性質者，劃歸地方，不偏於中央集權，或地方分權」（建國大綱第十六條）。以避免舊日因中央集權或地方分權太過，所發生的流弊。還有應注意者，五權憲法上的均權制度，和舊日所謂地方分權，精神上尤不相同。因爲均權制度，置重於行政上的分工，而非政治上的分權。分工的目的，在求中央和地方的合作，以利國家事務的進行。分權的目的，則爲免除地方受中央的壓迫，使能與中央分庭抗禮。前者的精神，爲積極的，後者的精神，則爲消極的。十八九世紀之世，有鑒於舊日警察國家，集權專制之苦，故個人向政府爭自由，地方向中央爭分權。均由分立和對抗的觀念出發。中山先生，則以在交通發達，文化交流，國際關係複雜的現代，中央和地方的利害，是一致的，不是對立的，應該爲合作而分工，不宜爲牽制而分權，俾能携手合作，齊頭並進，爲國利民福而努力。故提倡均權制度，和中央政府的五權制度，相將爲用，而適應時勢的需要。

三、現行憲法與權能劃分

五權憲法的基本精神和他的特質，略如上述，現在再由上述五權憲法的四種特點出發，來看現行憲法的規定，以察他和五權憲法是否相合？先由現行憲法有關權能劃分的部份討論。

現行憲法第一百二十一條規定：「縣實行縣自治」。第一百二十三條規定：「縣民關於縣自治事項，依法律行使創制複決之權，對於縣長及其他縣自治人員，依法律行使選舉罷免之權」。第一百二十四條規定：「縣設縣議會，縣議會議員由縣民選舉之」。「屬於縣之立法權，由縣議會行之」。第一百二十七條規定：「縣設縣政府，置縣長一人，縣長由縣民選舉之」。由這些規定看來，現行憲法關於縣的部分，係採用權能劃分的原則，和五權憲法，大致是很相合的。

關於中央的部分如何呢？由表面上說來：憲法有國民大會的和五院設置，且於第二十五條明定：國民大會為代表全國國民行使政權的機關，似乎是依照五權憲法，實行權能劃分，實際上則大有問題，這可於憲法關於國民大會的規定見之。因為依照權能劃分的理論，人民對於中央和地方的主要公務人員原均有選擧罷免的權力；對於中央和地方的立法，原均有創制複決的權力，不過我國地區廣大，人口衆多，在投票技術沒有改進以前，如果對於全國的政事，也實施直接民權，確有許多困難的地方，所以建國大綱，雖於第十四條上，明定一完全自治之縣，縣民得行使四權；但又於第二十四條規定：「憲法頒布之後，中央統治權，則歸於國民大會行使之，即國民大會，對於中央政府官員有選擧權，有罷免權。對於中央法律，有創制權，有複決權。」建國大綱，是 國父主要遺教之一，由他的規定看來，可見國民大會，是代表全國國民行使政權的機關，所以現行憲法的規定，是否和五權憲法權能劃分的理論相符合，可以由它於國民大會的規定上，得到考驗。

那麼，現行憲法關於國民大會的規定，是怎樣呢？現行憲法，雖然就國民大會特設專章，置於總統及五權各章之前，並明定國民大會是代表全國國民行使政權的機關，國民大會代表的人選，也包括區域代表、華僑代表、職業代表等等，凡此規定，都表示現行憲法，承認有政權機關和治權機關之分，並使國民大會代表，具有普遍的代表性，表面上似甚尊重國民大會。但由憲法第二十七條，關於國民大會職權的規定看來，則不免使人有前後不相呼應之感。蓋依照該條規定，國民大會的職權，為「一、選擧總統副總統。二、罷免總統副總統。三、修改憲法。四、複決立法院所提的憲法修正案。」且「關於創制複決兩權，除前項第三第四兩款規定外，俟全國有半數之縣市，曾經行使創制複決兩項政權時，由國民大會制定辦法，並行使之」。由上述規定看來，第一項第一款和第二款，規定國民大會有選舉罷免總統、副總統之權，第四款及第二項，規定國民大會的複決權和創制權。此外，依照本條第一項第三款規定，國民大會有修改憲法之權；依照憲法第四條規定：領土的變更，又須經過國民大會的議決。由表面看來，國民大會的職權，可以說是應有盡有。不過總統的任期六年（第四十七條），除憲法第四十九條規定的極特殊情形外，國民大會的選擧權，每六年纔擧行一次。罷免總統、副總統、修改憲法，和領土的變更，又爲極不常見之事。而依照本條第二項規定，對於普通法律的行使創制複決二權，又附有極嚴格的條件，必須全國有半數的縣市，曾經行使創制複決二權時，纔由國民大會制定辦法，並行使之。綜此說明，可見國民大會的職權，表面上雖應有盡有，實際上經常行使的職權，只有選擧總統副總統一種，雖具政權機關之名，殊少其實。證以憲法所定國民大會集會的稀少，尤可見憲法主稿人對於國民大會職權的忽視。蓋國民大會爲合議制機關，任何合議制機關，其構成分子，均不能單獨行使職權，必須集會時，始能行使職權，所以合議制機關權力的大小，與其集會次數，每成正比例的關係。凡集會次數愈多，期間愈長者，其權力亦愈大。反之，假如數年纔集會一次，會期又不甚長者，則不問其名稱如何堂皇，實際上將無强大的權力。依照憲法規定：國民大會的集會，分爲常會和臨時會二種，除在第三十條規定的特殊情形下，得召集臨時會外，常會的集會，依第二十九條規定，係於每屆總統任滿前九十日集會。而依照憲法第四十七條規定：總統的任期爲六年，所以國民大會的常會，六年始召集一次，其距離期間之長久，殆創世界各國議事機關的特例，總之，國民大會雖然號稱代表全國國民行使政權，實際上行使的權力，只是六年一次的選舉總統、副總統而已，由權能劃分的理論說來，國民大會，是一個極重要而握有實權的機關，而現行憲法的規定若此，它和權能劃分理論之顯不相同。是無可諱言的。

四、現行憲法與行政立法兩院的關係

現行憲法關於國民大會的規定，固然和五權憲法關於權能劃分的理論不合，那麼，它關於政府各機關關係的規定，是不是爲著重於合作而分工，而非爲牽制而分權，以達到五權憲法實行權能劃分，建立萬能政府的目的呢？由現行憲法的規定看來，這一點也是很有問題的。這可於政府兩個很重要的機構——行政院和立法院的關係見之。

依照憲法規定：「行政院院長，由總統提名，經立法院同意任命之」（第五十五條）。「行政院副院長、各部會首長，及不管部會的政務委員，由行政院院長，提請總統任命之」（第五十六條）。行政院復於一定範圍內，對立法院負責，如「一、行政院有向立法院提出施政方針及施政報告之責，立法委員，在開會時，有向行政院院長，及行政院各部會首長質詢之權。二、立法院對於行政院重要政策不贊同時，得以決議移請行政院變更之。行政院對於立法院之決議，得經總統之核可，移請立法院覆議，覆議時，如經出席立法委員三分之二維持原決議，行政院院長，應卽接受該決議或辭職」（第五十七條）。故在現行憲法下，行政院院長的任用，要得立法院的同意，總統不能自由任用。行政院副院長及各部會首長的任命，要經過行政院院長的提請，總統不能直接任命。且明言行政院在一定範圍之內，要對立法院負責。有人因此認爲依照憲法規定：我國是內閣制國家，固然不是確論，（因爲內閣制有許多特徵，而國家元首，無任何實權，亦不負責任，亦爲內閣制特徵之一，我國憲法上的總統，則有相當實際的權力，且負有責任，故可由監察院彈劾，國民大會罷免之。舉此一例，亦可見我國憲法所規定的中央政制，並不是內閣制了），然我國中央政制，頗有模仿內閣制的地方，亦屬無可諱言，（如總統發布命令，須經行政院院長的副署；總統任用行政院院長，須得到立法院的同意）。雖然行政院對於立法院變更行政院重要政策的決議，或立法院決議的法案，認爲窒礙難行時，經總統核可之後，有請立法院覆議之權，但如得不到出席立法委員三分之一以上的支持，「行政院院長，應卽接受該決議或辭職」。而不能解散立法院。至於行政院對它負責的立法院，則「爲國家最高立法機關，由人民選舉之立法委員組織之。代表人民行使立法權」（第六十二條）。僅得由原選舉區依法罷免之（第一百三十三條）。

由上述行政院和立法院的關係，及立法委員產生的方式看來，行政院和立法院的關係，有若干地方，很像內閣制國家，立法院的組織及職權，和各國議會也少區別。由行政院院長，要經過立法院同意任命，在一定範圍內，要對立法院負責，且在行政院和立法院意見不一致，而立法院堅持原議的時候，行政院必須接受原決議或辭職等規定上，固然看不到五權憲法，五種治權處於平等地位上，分工合作的精神，而反着重於此權監視彼權，彼權牽制此權，而類似於三權憲法。（上述同意制度和副署制度，是內閣制國家的制度，覆議制度，則是總統制國家的制度）。立法院似乎也不是治權機關，而是政權機關，（因為治權機關的構成分子，着重於它專門的智能，而不着重於它的代表性。治權機關的權力，着重於積極的貢獻專門知識方面，而不着重於消極的監督牽制方面。而我國立法院的立法委員，則係由各地區和各職業團體等選出者，着重於它的代表性；它所具有的各種權力，亦似偏於消極的監督方面）。憲法前言雖然說：它是依據　孫中山先生創立中華民國的遺敎而制定者，然在中央立法機關和行政機關的規定上，顯然違反了五權憲法提倡權能劃分的精神，和建立萬能政府的觀念，怎能說是合於五權憲法？

現行憲法上述規定，和五權憲法之不甚符合，如果和五五憲草對比看來，尤其明顯。五五憲草的規定，和現行憲法不同的地方很多，先就關於行政院的規定說。「行政院設院長副院長各一人，政務委員若干人，由總統任命之」（第五十六條）。「行政院各部部長、各委員會委員長，由總統於政務委員中任命之」（第五十九條）。這就是說：行政院院長，由總統任命，對總統負責，其人選不必經過立法院的同意，亦無須對立法院負責。行政院副院長和各部會首長，亦由總統直接任命，法律上無須經過行政院院長的提請，所以各對總統負其責任，和內閣制國家，大不相同。

再就它關於立法院的規定說：五五憲草上的立法委員，是由國民大會選舉，而非由人民選舉，卽由各省、蒙古、西藏，及僑居國外國民所選出的國民代表，擧行預選，依照規定名額，各提出候選人名單，由國民大會選擧之（第六十七條）。這種方法，雖然還不十分澈底，然比較能够選出具有專門智能的立法委員，而不着重於其代表性。

最後就立法院和行政機關的關係說：依照五五憲草規定：立法院和行政機關的關係是平等的，立法院並沒有優越的地位，立法院雖有「議決法律案、預算案、戒嚴案、大赦案、宣戰案、媾和案、條約案，及其他關於重要國際事項之權」（第六十四條），關於立法事項，「立法院得向各院、各部、各委員會提出質詢」（第六十五條），但「總統對於立法院之議決案，得於公布或執行前，提交覆議。立法院對於前項提交覆議之案，經出席委員三分之二以上之決議，維持原案，總統應卽公布或執行之。但對於法律案、條約案，得提請國民大會複決之」（第七十條）。卽行政院既不須向立法院提出施政方針或施政報告，總統對於立法院的決議院，認爲窒礙難行時，亦可提請覆議，必要時，並得提請國民大會複決。

綜上所述，可見依照五五憲草的規定：行政中樞，具有獨立的權力，和內閣制國家，內閣處處聽命議會，政策人事，都受議會控制的情形，大不相同。在這種制度之下，行政機關，在一定範圍內，可以放手做事，以促進國家的進步，增加人民的福利，而立法院也符其治權機關之實，是很合於中山先生主張權能劃分，造成萬能政府的遺教的，現行憲法，沒有沿襲五五憲草的規定，而把他更絃改張，殊爲可惜。

五、現行憲法與考試監察兩院的職權

注重人的因素，把考試權獨立於行政權之外，監察權獨立於立法權之外，是五權憲法的特點之一，已如前述，由一種觀點說，它是五權憲法和三權憲法顯明不同的地方，那麼，現行憲法關於這一方面的規定，是否合於五權憲法呢？

先就考試權部分說。現行憲法，有考試院的設置，以它爲人事行政的總機關，掌理考試、任用、銓敘等事項（第八十三條），並明定爲「考試委員，須超出黨派以外，依據法律，獨立行使職權」（第八十八條），凡此規定，和五權憲法，都是很相合的。但憲法未曾明白規定，採用公職候選人制度，以致解釋上發生爭論，則是它一個缺點。如上所述，提倡公職候選人考試制度，爲五權憲法的一大特色，（建國大綱第十五條規定：「凡候選及任命官員，無論中央與地方，皆須中央考試銓定資格者乃可」），因爲　中山先生有鑒於現代的衆人之事，既因社會生活的發達，而日見繁雜；復因社會生活的複雜，而日趨專門，故不但充任政府官吏者，須有相當的學識能力，充任其他公職者，也要有相當的能力，纔能够勝任愉快，而合於現代政治之性質。而在選舉制度之下，由於候選人的甘言蜜語，和選擧時羣衆心理的關係，不免有倖進濫竽的人，不能勝任職務，致使公務受其影響，故提倡公職候選人考試制度，不但政府官吏要經過考試及格後，纔能任用，民意代表等充任公職的人，也要經過考試及格後，纔有候選的資格。這個主張，是選舉制度的一大改進，是 中山先生留心世務數十年的經驗之談，極爲寶貴。可惜現行憲法，對於這個寶貴的主張，不像五五憲草（第八十五條）那樣，明白予以採用，致整個考試制度，失去了一個重要的環節，故我們認爲它是現行憲法一個重要的缺點。

再就監察權部分說：現行憲法不像一般國家那樣，把監察權歸屬於立法機關，而另有監察院的設置，由它行使彈劾、糾擧、糾正、審計等權力，甚合於五權憲法的精神。（第九十條）。其中第九十六條：「監察院得按行政院及其各部門之工作，分設若干委員會，調查設施，注意其是否違法或失職」；及第九十七條第一項：「監察院經各該委員會之審查及決議，得提出糾正案，移送行政院及其有關部會，促其注意改善」的規定，尤合於我國舊日御史分科制度的遺意，和現代政治重視專門學識的精神，均可讚美。不過憲法關於監察院的規定，也不是沒有可以商討的地方，其中（一）監察委員，係由各省市議會，蒙古西藏地方議會，及華僑團體選擧而成，（二）監察委員，復不像法官和考試委員那樣，明定其須超出於黨派之外，凡此各點，是否合於五權憲法的精神，都是很有疑問的。

因爲（一）監察委員職司風憲，應該站在超然的，全國的立場，而不在於代表某一地區，或某一方面的利益。監察委員的人選，注重在它的學識和品格，而不在於他的代表性。而憲法所規定監察委員選舉的方式，似乎注重在於他的代表性，而不在於別的方面，因而使他具有一部分議會的性格，和舊日美國聯邦參議員的選舉方法，對照看來，尤爲相近，與五權憲法設置監察制度的原意，似不甚相合。

（二）憲法第八十條規定：「法官須超出黨派之外，依據法律獨立審判，不受任何干涉」。第八十八條規定：「考試委員須超出黨派以外，依據法律，獨立行使職權」。而對於監察委員是否應超出於黨派以外，依據法律，獨立行使職權，則未設明文，由反面解釋，監察委員，似乎不受這個限制。而監察委員，既然大部分係由各省市議會產生，實際上亦難免受到政黨的影響，這一點，我們認爲也不合五權憲法的精神。因爲五權憲法，不像外國那樣，把監察權歸於立法機關，而另設機關來行使，稽其用意，在消極方面：爲避免立法機關，像外國議會那樣，反對黨往往運用監察權，來和政府爲難，來挾制政府，軟弱的政府，因爲不敢與他抗衡，固然有因循敷衍之弊；強硬的政府，起與爭鋒，亦有使政局動盪的危險，流弊至多。而政府與黨，不免遇事袒護，亦使公是公非失其標準。在積極方面，則在於立法機關，是各黨競爭的場所，監察權另設機關行使，乃可不黨不偏，以公是公非爲標準，既不阿附政府的官吏，亦不藉故和政府官吏爲難。如果監察委員，不受超出黨派之外的限制，則難保不發生這種流弊。所以我們認爲將來修改憲法的時候，也應該有監察委員，應超出黨派之外，依據法律，獨立行使職權的規定，以期符合五權憲法的精神。

六、現行憲法與均權制度

前面說過：主張均權制度，亦爲五權憲法的特色之一。它置重於中央和地方行政上的分工，而非政治上的分權。分工的目的，在求中央和地方的合作，以利國家事務的進行，其精神是積極的、進取的；和分權的目的，係由於避免地方受中央的壓迫，保留所謂固有權，由消極和保守的觀念出發者不同。那麼，憲法關於中央和地方關係的規定，是否合於五權憲法的均權制度呢？

憲法特設一章（第十章），規定中央和地方的權限。它把何種事項，由中央立法執行；何種事項，由省立法執行；何種事項，由縣立法執行，分別列舉規定，非常詳細，遇有未列舉的事項，則依照均權主義，「其事務有全國一致之性質者，屬於中央；有全省一致之性質者，屬於省，有全縣一致之性質者，屬於縣」。（第一百零七條至一百十一條）。這就是說：地方自治團體的權限，受着憲法的保障，非經過修改憲法的手續，不能够變更地方自治團體的權限，也就不能由中央政府制定法律，來變更或侵奪地方自治團體的權限，（如中央政府制定法律，把憲法上列爲省縣權限的事項，改歸中央掌管，則爲違憲的法律，應屬無效）。這種把中央和地方的權限，用列擧方法，並列於憲法上的形式，和美國德國等聯邦國家相似，而爲各單一國家憲法所鮮見，而憲法主稿人，有把省縣和中央置於同一地位，使能與中央分庭抗禮，以强調省縣獨立性的意向，甚爲明顯。我們認爲這種聯邦型的規定，不合於我國一向爲大一統的國家的歷史。也不合於由地方分權至中央集權的時代潮流，和近年國家的需要，亦復背道而馳。因爲以近年國家環境的艱難，正應該加强向心力，集中國家力量之不暇，安可分散國力，自毁長城？所以由國家的處境說，這一部分規定，尤屬憲法的重大缺點，亟有修正的必要。

若由五權憲法的觀點說，則上述規定，和五權憲法是很不相合的。雖然有人以爲上述規定，很合於 中山先生主張均權的遺敎，故加讚美。我們對於這種看法，不敢苟同，因爲 中山先生一生是熱望國家統一，反對聯省自治的，（在中國國民黨第一次全國代表大會宣言上，尤可看出），故均權主義的眞諦，是行政上的分工，而非統治的分權，即中央和地方，分別按照事件之有全國一致的性質，或因地制宜的性質，而分別掌理，爲合作而分工，以共赴於國利民福的目標；並非使中央和地方分庭抗禮，强分涇渭。換句話說，在五權憲法的均權制度上，中央和地方，是垂直一元的關係，而依照現行憲法的規定，則中央和地方，將爲平面的多元的關係，兩者距離是很大的。

上面的話，猶係專就均權制度立論，倘由整個五權憲法看，則現行憲法規定之不合於五權憲法，尤屬顯然。因爲建立萬能政府，發揮最大的效能，以爲國家和人民造福，是五權憲法的特點之一，我們已一再述及。而五權憲法所要建造的萬能政府，並不是中央和地方，各自爲政，互不相侔的政府；而是中央和地方政府，連成一氣，若指臂之相連，若身使臂，若臂使指，而能够發揮效能的政府，俾能適合艱難重重，百廢待擧的中國情勢；和劍拔弩張，危機四伏的國際環境。

若使像現行憲法所規定的那樣，中央和省及縣的權限，嚴格劃分，涇渭分明，彼此不相侵越，省和縣復各有高度的自治權，則中央和地方之間，怎能收指臂之效，而建立萬能政府呢？又分縣自治，亦爲五權憲法主要內容之一，是大家所知道的事實，或許有人以爲　中山先生既主張分縣自治，對於縣的自治，十分重視，則現行憲法劃分地方和中央權限的規定，似不反於五權憲法的本意，我們對於這一種看法，亦不贊成。因爲我們以五權憲法的認識，應該着重於他整個的精神，不宜斷章取義，而違背了他的眞意。　中山先生所以再三主張分縣自治者，實以全國三千餘縣，爲中華民國之基礎，必須基礎堅固，然後國家纔能富强，故實行分縣自治，加强縣政建設，以鞏固國家的基礎。換句話說，實行分縣自治的目的，並非爲了各個縣的利益，而是爲了整個國家的利益，即在整個國家的目的上，而實行分縣自治，使他能和中央通力合作，而不是要它們分庭抗禮，各自爲政。卽不是爲了加强各縣的獨立性，實非分縣自治，毋寧是爲了加强它和中央政府之間，分工合作的效能，而實行分縣自治。故由　中山先生主張分縣的自治部分說，現行憲法上述的規定，和五權憲法的精神，亦不相合。

憲法第十章，關於中央和地方權限的規定，和第十一章關於地方制度的規定，是互相關連的，不過第十章置重於中央和地方權限的劃分，第十一章置重於地方自治團體的制度，其置重點略有不同而已。所以我們在研究第十章之後，還有就第十一章略加研究的必要，以見現行憲法關於地方制度的規定，和五權憲法確實不甚符合，而有修改的必要。

按憲法第十二章，分爲兩節，第一節爲省，第二節爲縣。現在專由關於省的規定來說。憲法第一百十二條規定：「省得召集省民代表大會，依據省縣自治通則，制定省自治法，但不得與憲法相牴觸」。把這一規定，和上述第十章的規定，滲合看來，可見省不但是自治團體，而非國家行政區域，而且是自治權力，受憲法的明確保障，並得制定省自治法，享有高度自治權的自治團體，雖然省自治法的制定，須依據中央制定的省縣自治通則，並不得違反憲法，並非全無限制；然大體上說來，憲法上省的地位，似等於聯邦國家之邦，故其權限受憲法的保障，且有制定類似於邦憲法的省自治法的之權。這種規定，和五權憲法，置重於中央和地方行政上的分工，並非政治上的分權，以免分崩離析，而建立統一和强有力政府的精神，也是不相合的。

結語

綜括上面的敍述，足見五權憲法，係由社會連帶，民主和效能並重等觀念出發，而具有（一）實行權能劃分。（二）提倡各種治權的協力合作。（三）注重人的因素。和（四）實行均權制度等特點。把這些特點，和現行憲法的規定，對照看來，除關於考試監察兩院職權的規定，和五權憲法注重人的因素的特點，比較近似外，其餘各點，可以說都有很大的距離。前面說過：五權憲法，是 國父孫中山先生，上溯中國的歷史，旁稽他國的法例，參酌現代中國的國情和需要，而構想的政治理論和制度，它不但在學理上是重要的創作，在現代政治制度的建立上，更是一個良好的模型。而它和並重民主和效能的時代潮流，不謀而合，並合於艱難重重的中國環境，尤屬識者所共認的事實。現行憲法，因爲起草之初政治環境的關係，致於上述各點，表面上雖和五權憲法相合，實際上則有很大的距離。關於考試監察兩院職權的規定，雖然比較近似，但詳細看來，亦有若干不符的地方。五權憲法，既然合於中國環境，和世界潮流，乃現行憲法，竟然有許多和它不符的地方，爲國家的前途着想，實在是一很大的憾事。深望將來國民大會修改憲法時，就上述關於國民大會，行政和立法兩院的關係、中央和地方的關係各部分，加以修改，以符合五權憲法的精神。如因一時內外局勢關係，憲法不能立即修改，亦望於修改動員戡亂時期臨時條款時，加以注意，俾建立民主與效能並重的政府，並使五權憲法，這個珍貴的政治制度設計，有完全實施的機會。

——載國父法律思想論集

七、五五憲草與現行憲法

一、引言

中華民國二十五年五月五日，國民政府公布的中華民國憲法草案（俗稱五五憲草），由憲法學的觀點看來，是中華民國成立以來，許多種根本法案中，最值得注意的一種。它值得注意的原因有三：第一、任何政治制度，必須適合國情，和本國的固有傳統，時勢要求相適應，不能夠一味模仿外國，然後纔能夠發生好的作用，避免不良的影響。五五憲章，尊重中國革命的歷史基礎，以 國父孫中山先生創立中華民國的遺教爲經，和本國固有的傳統，頗相契合；在中央政府方面，在地方制度方面，它又注意到中國內憂外患的艱難環境，建立運用靈敏集中國力的制度，以適應時勢的眞正要求。第二、一個良好的政治制度，不但要能夠適合國情，還要能夠合於整個時代的趨勢。蓋立國於現代世界之上，各國的文化互相交流，禍福利害互爲影響，既不能遺世而獨立，對於整個時代的趨勢，何能漠視？二十世紀的時代趨勢，其表現於政治制度方面者，很顯然的，爲行政權之擴大與加强，爲中央權力的集中，凡此各點，五五憲章都能夠擺脫陳舊憲法理論的影響，建立嶄新的風格，而趕上時代的趨勢。第三、國民政府立法院起草五五憲草的工作，始於民國二十二年一月，迨二十五年五月，始正式公布，其間經過三年多的光陰，經過無數次的會議，並且博採周諮，廣徵各方意見，八度易稿後，纔成定案；千錘百鍊，審詳周詳的情形，爲我國任何根本法案所不及，固不容輕輕放過。而且五五憲草，從起草而至公布這一段期間，正値一二八淞滬戰役以後，七七事變以前，因日本軍閥的肆意侵略，使全國上下，都有敵愾同仇之心，益堅勵精圖治之志，所以這一段期間的許多措施，都有一種篤實求是的精神，不鶩表面的形式，也不計一時的毀譽，而惟國家民族之眞正利益是趨，五五憲草是這一期間的重要措施之一，故也含有這種精神，而値得我們的思念和取法。

上面的話，還是由一般的立場立論，如果由它和現行憲法的關係看，則五五憲草尤其値得注意。蓋五五憲草公布以後，原擬於同年十一月十二日，召集國民大會，以五五憲草爲討論基礎，制定憲法，但因各省國民大會代表的選擧，未能及時辦妥，翌年抗戰發生，國民大會未能召集，五五憲草，遂未能成爲正式的憲法。抗戰勝利之後，重議制憲，雖然因政治形勢的關係，當局忍讓爲國，在五五憲草之外，依據政治協商會議的決議，另擬草案，而成現行憲法，以致在精神上和內容上，和五五憲草有許多不同的地方。但由時間上說，五五憲草和現行憲法，距離最近，仍是制憲當時最重要的參考資料，現行憲法各條的內容和文字，甚多蹈襲五五憲草的地方，二者關係相當密切。在現行憲法的解釋上，要尋本溯源；得其眞義；在現行憲法的運用上，要想權衡得當，俾能外合時勢，內符國情，五五憲草，都是極重要的參考資料，怎能不加注意？何況現行憲法，因為制定當時政治情勢的關係，內容頗多不合國父遺教，不合國情，乃至不合時代潮流的地方，似均無可諱言，所以早在民國三十七年五月，第一屆國民大會制定動員戡亂時期臨時條款的時候，即有『第一屆國民大會，應由總統至遲於三十九年十一月二十五日以前召集臨時會，討論有關修改憲法各案』的決議，其後雖因（一）戡亂戰事關係，國民大會臨時會，未能如期召集；（二）各方對於憲法的條文，又頗能針對時勢，謹慎運用，一時雖不修改，尚無重大關係；以及（三）憲法上規定修改程序甚嚴等原因，沒有加以修改，但將來光復大陸，國土重光之後，為國家長治久安起見，現行憲法，應否修改？如何修改？恐不免成為一個熱烈討論的問題。而五五憲草，由一般學理的立場說，由它和現行憲法的關係看，既然有許多可注意的地方，則五五憲草的研究，自然尤有必要。

根據上列各點，我認為五五憲草，仍然極值得我們注意；並將由上列各點出發，來研究五五憲草。

二、五五憲草和現行憲法的對比

我們研究五五憲草的主要目的，既在於溫故知新，以為解釋運用，乃至修正現行憲法的參考，即為了現行憲法而研究五五憲草，那麼，把它倆排列對比，做一番比較研究的，自然是最主要的工作。本來要逐章對比，逐條對勘，辨其異同，論其得失，在分析比較之後，再爲綜合的論斷，俾有較正確的結論，惜非本文篇幅所能容，故只爲大體的比較如下：

第一、在編制方面 五五憲草只分八章：（一）總綱，（二）人民之權利義務，（三），國民大會，（四）中央政府，其中又分爲（1）總統、（2）行政院、（3）立法院、（4）司法院、（5）考試院、（6）監察院六節，（五）地方制度，（六）國民經濟，（七）教育，（八）憲法之施行及修改，全文共一百四十八條。現行憲法則分爲十四章：（一）總綱，（二）人民之權利義務，（三）國民大會，（四）總統，（五）行政，（六）立法，（七）司法，（八）考試，（九）監察，（十）中央與地方之權限，（十一）地方制度，（十二）選舉、罷免、創制、複決，（十三）基本國策，其中又分爲（1）國防、（2）外交、（3）國民經濟、（4）社會安全、（5）教育文化、（6）邊疆地區六節，（十四）憲法之施行及修改，全文共一百七十五條。兩相比較，最大的不同，在於現行憲法，另添「中央與地方之權限」及「選舉、罷免、創制、複決」兩章，把中央和地方權限的劃分，和行使四權的基本法則，訂在憲法；又把經濟和教育政策，彙列於基本國策一章中，另加國防、外交、社會，和邊疆地區等節，所以憲法條文的數目也比較多。

第二、在精神方面 憲法和五五憲草，因爲制定當時的環境不同，所以在立法精神上，有許多差異的地方，舉其顯著的說：如（一）憲法關於保護人民權利的規定，比五五憲草爲詳密。

（二）憲法關於國民大會權限的規定，遠比五五憲草爲小。（三）五五憲草恪遵 國父權能劃分的比較，政權和治權的劃分比較清楚，現行憲法，則政權和治權的劃分，不甚清晰，頗著議會政治的色彩。（四）現行憲法規定，『行政院院長，由總統提名，經立法院同意任命之』（第五十五條），行政院在一定範圍之內，『對立法院負責』（第五十七條），立法院對行政院，有相當的控制力量。五五憲草只規定立法院關於立法事項，得向各院各部各委員會提出質詢（第六十五條）。（五）現行憲法特設大法官，掌理憲法的解釋，五五憲草，則未設置此項職位。（六）憲法規定監察委員，由各省市議會選舉，對於司法院院長等重要官吏的任命，並有同意權；五五憲草規定，監察委員由國民大會選舉，並且沒有同意權。但公務員懲戒權，屬於監察院（第八十七條）。（七）憲法對於中央和地方的權限，劃分非常清楚，何種事項，由中央立法執行？何種事項，由省或縣立法執行？均有詳細的規定，並以省爲地方自治團體（第一百十二條）。五五憲草只於有關縣的部分規定說：『凡事務有因地制宜之性質者，劃爲地方自治事項』（第一百〇四條），並於有關省的部分規定說：『省設省政府，執行中央法令，及監督地方自治』（第九十八條）；『省政府設省長一人，任期三年，由中央政府任免之』（第九十九條）。卽以省爲國家行政區域，而不以它爲地方自治團體。關於中央和地方的關係，關於省的地位，二者規定均大不相同。

第三、由現行憲法和五五憲草規定的得失看　憲法有許多優點，爲五五憲草所不及，如（一）

關於保護人民權利的規定，比較詳密，憲法是『政府的構成法，人民權利的保障書』，故有關人民權利的規定，是憲法最主要的部分，現行憲法這一方面的優點很多，如採憲法直接保障主義，而不採法律間接保障主義，以防立法機關之殘害人民權利；關於人身自由的規定，特別詳密（第八條）；不但保障人民的財產權，而且保障他的生存權，工作權等（第十五條）皆是。（二）特設大法官，以掌理憲法的解釋。憲法是國家的根本大法，憲法的解釋，是一件極重大的事務，五五憲草只說：『憲法之解釋，由司法院爲之』，未特設專職，似乎有欠鄭重，以大法官掌理憲法的解釋，是否理想的制度，固然還待商討，但比起五五憲草，現行憲法究竟較勝一籌。（三）關於四權行使的基本法則，特設專章規定（第十二章），雖然規定不很詳密，大部分猶偏重於行使選舉權的規定，但選舉權是人民四大政權之一，應該在憲法上詳設規定，所以這種規定，也是很可取的。（四）特設基本國策一章，標明國家的基本國策，以爲行政立法的準繩，並於五五憲草原有的國民經濟和教育文化之外，就國防、外交、社會安全，和邊疆地區的基本國策，分別設有規定，和現代各國憲法，憲法國際化，注重社會安全的趨勢相符合，而且注意到我國邊疆地區的特殊情形，這一規定，尤爲五五憲草所不及。

但是現行憲法，因爲遷就當時政治情勢，和主稿人政治思想的關係，其規定，也有許多不及五五憲草的地方，概括的說，似在政權和治權的劃分，不甚清楚，及中央和地方的關係，不甚合於國情兩點，這兩點，也正是五五憲草最值得注意，並且可供解釋或修正現行憲法參考的地方，爰就五五憲草關於國民大會，中央政府、地方制度的規定，分節論述於下：

三、五五憲草之國民大會

權和能的劃分，是　國父主要遺敎之一，因爲他鑒於舊日議會政治之下，人民有權而無能，政府有能而無權，充其所至，人民因爲未必有過問政治的能力和時間，選擧之後，實際上已毫無權力，所謂人民有權者，固不免流於具文；政府的能，亦因爲受議會的牽制，而不能充分發揮。在這種權能混淆的情形之下，人民無權，政府又無能，固無以符民主政治之實，亦不能使政府充分發揮能力，以肆應公共事務紛繁，而又變化萬端的現代情勢。爲了解決這種困難，所以發明權能劃分的理論，權是屬於人民的，能是屬於政府的，政府的能，要受人民的權底管理，惟政府在不違反人民利益的範圍內，仍能自由辦事，人民不能過分的牽制政府，以致影響政府的能力。在這個制度之下，人民可以不懼怕政府的專制，政府亦可以放手作事，民主政治的效能，因而可盡量發揮。

然而中國是一個廣土衆民的國家，土地遼濶，人口衆多，在一個縣市裏，公民固可直接行使四權，但對於全國的政事，要想由全國公民直接行使四權，事實上做不到，縱令勉强做到，亦必無良好的效果，所以建國大綱第二十四條規定：『憲法頒布之後，中央統治權，則歸於國民大會行使之，即國民大會，對於中央政府有選擧權，有罷免權，對於中央法律，有創制權，有複決權。』這就是說，國民大會，是代表全國國民行使四權的機構，是人民和政府的樞紐，也是權能劃分理論的精華所在，必須國民大會有完整的組織，充分把握政權，纔能發揮權能劃分的眞諦。

但因爲國民大會，是　國父獨創的理論，中外都無成例可循，所以它的組織如何？職權怎樣？是中國憲法學的主要課題之一，亦爲論政者聚訟的焦點，五五憲草起草之時，對此幾經推敲後，規定國民大會制度如下：

（一）國民代表的產生『國民大會以下列各種代表組織之：（1）每縣市及其同等區域，各選出代表一人，但其人口逾三十萬者，每增加五十萬人，增選代表一人。（2）蒙古西藏選出代表，其名額以法律定之。（3）僑居國外之國民選出代表，其名額以法律定之』（第二十七條）。『國民代表之選舉，以普通平等、直接、無記名投票之方法行之』（第二十八條），『中華民國國民年滿二十歲者，有依法律選舉代表權，年滿二十五歲者，有依法律被選舉代表權』（第二十九條）。

（二）國民代表的任期和集會『國民代表任期六年，國民代表違法或失職時，原選舉區依法律罷免之』（第三十條）。『國民大會每三年由總統召集一次，會期一月，必要時得延長一月。國民大會，經五分之二以上代表之同意，得自行召集臨時國民大會。總統得召集臨時國民大會』（第三十一條）

（三）國民大會的職權『（1）選舉總統、副總統、立法院院長、副院長、監察院院長、副院長、立法委員、監察委員。（2）罷免總統、副總統、立法司法考試監察各院院長、副院長、立法委員、監察委員。（3）創制法律。（4）複決法律。（5）修改憲法。（6）憲法賦予之其他職權』（第三十二條）。所謂憲法賦予之其他職權，如第四條第二項『中華民國領土，非經國民大會議決，不得變更』的權力是。

上述關於國民代表產生及任期的規定，和現行憲法尚無大異，不過它沒有職業代表，婦女代表，前者不合於現代政治的趨勢，後者又不合於中國的國情，是否符合 國父遺教，亦有問題，規定似都不如現行憲法。又它規定國民大會每三年開會一次，似乎也嫌太少，故在起草當時，有些人主張設立國民大會常任機關，俾在國民大會閉會期間，處理一部份國民大會的事務，其後雖然認爲這類組織，有造成太上政府，過分干犯治權之嫌，而被打銷，而當時國民大會，每三年開會一次，一般猶認爲距離太長，比較看來，尤可見現行憲法每六年開會一次的規定，顯無以符政權機關之實。

五五憲草關於國民大會規定可注意的地方，在職權方面，它使這個機關，切切實實的享有四權，不但可以選擧罷免總統副總統，而且可以選擧罷免立監兩院院長副院長和立監委員，司法考試兩院院長，雖由總統任用，但也要對國民大會負責，國民大會也有權罷免他們。同時規定國民大會有修改憲法、創制法律、複決法律之權，並未附以時期的限制，這些規定的用意，在使國民大會能收政權之實，政權機關，可以合理的控制治權機關，政權機關和治權機關的界限，也比較分明，（只有國民大會，是代表人民行使政權的機關，其餘立監兩院，都是聚集專家貢獻其專門知識的治權機關）。其中雖然也有可以討論的地方（如立監委的候選人，不以國民代表爲限，（第六十七條、第九十條），換言之，國民代表也可以當選立監委，理論上顯不一貫）但大體說來，它的規定都較合於　國父的遺敎，而爲現行憲法所不及。

四、五五憲草之中央政府

五五憲草有關中央政府的條文很多，規定上也有許多特點，但其中最值得注意者，是行政院的組織，及它和立法院關係的規定，和現行憲法對照看來，尤可見五五憲草的特點，爰先述憲法的規定如下：

依照憲法規定：『行政院院長，由總統提名，經立法院同意任命之。』（第五十五條）。『行政院副院長，各部會首長，及不管部會之政務委員，由行政院院長提請總統任命之。』（第五十六條）。『行政院依左列規定，對立法院負責：（1）行政院有向立法院提出施政方針及施政報告之責，立法委員在開會時，有向行政院院長及行政院各部會首長質詢之權。（2）立法院對於行政院重要政策不贊同時，得以決議移請行政院變更之。行政院對於立法院之決議，得經總統之核可，移請立法院覆議。覆議時，如經出席立法委員三分之二維持原決議，行政院院長應即接受該決議或辭職。（3）行政院對於立法院決議之法律案、預算案、條約案，如認爲有窒礙難行時，得經總統之核可，於該決議案送達行政院十日內，移請立法院覆議。覆議時，如經立法委員三分之二維持原案，行政院院長，應即接受該決議或辭職。』（第五十七條）故在現行憲法之下，行政院院長之任命，要經過立法院的同意；行政院各部會長的任命，要經過行政院院長的提請（這表示行政院爲一整體）；行政院在一定範圍內，要對立法院負責，頗有仿效內閣制國家制度的地方。雖然行政院經總統核可之後，有覆議權，但如得不到立法委員三分之一以上的支持，『行政院院長，應立即接受該決議或辭職』，而不能解散立法院。至於行政院對它負責的立法院，則『爲國家最高立法機關，由人民選舉之立法委員組織之，代表人民行使立法權』，直接對人民負責，『得由原選舉區依法罷免之』（第一三三條）。

五五憲草的規定，和現行憲法大不相同。它規定：『行政院設院長副院長各一人，政務委員若干人，由總統任命之』（第五十六條），『行政院各部部長各委員會委員長，由總統於政務委員中任命之』（第五十八條），『行政院院長、副院長、政務委員、各部部長、各委員會委員長，各對總統負其責任』（第五十九條）。這就是說，行政院院長由總統任命，對總統負責，其人選不必經過立法院同意，亦無須對立法院負責。行政院副院長和各部會首長，亦由總統直接任命，法律上無須經過行政院院長的提請，所以『各對總統負其責任』，而非連帶負責。

五五憲草上的立法委員，是由國民大會選舉，而非由人民選舉，即由各省、蒙古、西藏，及僑居國外國民所選出之國民代表，舉行預選，依照規定名額，各提出候選人名單，由國民大會選舉之（第六十七條），所以立法委員對國民大會負責，而非直接對人民負責。

依照五五憲草規定，立法院和行政院兩方面的關係是平等的，立法院並沒有優越的地位，立法院雖有『議決法律案、預算案、戒嚴案、大赦案、宣戰案、媾和案、條約案，及其他關於重要國際事項之權』（第六十四條），所以『關於立法事項，立法院得向各院、各部、各委員會提出質詢』（第六十五條），但『總統對於立法院之議決案，得於公布或執行前，提交複議。立法院對於前項提交複議之案，經出席委員三分之二以上之決議，維持原案，總統應卽公布或執行之。但對於法律案、條約案，得提請國民大會複決之』（第七十條）。

綜上所述，可見五五憲草上的行政中樞，具有獨立的權力，和內閣制國家，內閣處處聽命議會，政策人事，都受議會控制的情形，大不相同，這種制度，是很值得讚美的。因爲第一它合於國父權能劃分造成萬能政府的遺敎，使政府在一定範圍內，能够放手做事，不至有左支右絀，動輒受人牽制之苦，而立法院也符其治權機關之實。第二合於現行政治的趨勢，使行政中樞，在政務錯綜紛繁，客觀環境變化，又甚爲劇烈的現代社會裏，能够適應機宜爲迅速確切的措施，不至有築室道謀，三年不成之患。第三合於中國內憂外患的環境，因爲我們近數十年來所處的，是救亡圖存的非常時期，而不是從容論道的時候，我們所需要的，是有魄力有作爲有效能的政府，而不是像十八九世紀個人主義時代那樣——制憲的主要目標，在於防範政府的專制，而以『最好政府，最少統治』，爲其理想。

五、五五憲草之地方制度

五五憲草關於地方制度的規定，和現行憲法區別很大，這一個區別，孰是孰非，也是中國政治制度上的大問題。我們前面已略加分析，但爲明瞭五五憲草的特點起見，還有就憲法規定略加引述的必要：憲法有關這一部分的規定，見於第十章「中央與地方之權限」，及第十一章「地方制度」，在第十章裏面，它把何種事項，由中央立法執行；何種事項，由省立法執行；何種事項，由縣立法執行，列舉規定，非常詳細，遇有未列舉的事項，則依照均權主義，其事務有全國一致之性質者，屬於中央，有全省一致之性質者，屬於省，有全縣一致之性質者，屬於縣，（第一百零七條至第一百十一條）。這就是說，地方自治團體的權限，受着憲法的保障，非經過修改憲法的手續，不能够變更地方自治團體的權限，也就是不能以中央政府的法律，來變更地方自治團體的權限。這種把中央或地方團體的權限，用概括或列舉的方法，並列於憲法之上的方式，和美國、德國等聯邦國家相似，而爲各單一國家憲法所鮮見。

憲法對地方自治團體既如此重視，所以在第十章規定：縣實行縣自治，縣制定縣自治法，縣有它的意思機關（縣議會），和執行機關（縣政府），『縣民關於縣自治事項，依法律行使創制複決之權，對於縣長及其他縣自治人員，依法律行使選舉罷免之權』。（第一百二十一條至第一百二十七條）。關於省的部分，雖然憲法的規定，不像縣那樣確切明白，但是省也有自治法，並有意思機關（省議會）和執行機關（省政府），再證以第一百零九條關於省權的規定，是憲法承認省爲地方自治團體，實無可疑（第一百十二條至第一百十七條）。

總之，依照憲法規定：省和縣都是地方自治團體，不但它們的自治制度，爲憲法所規定，受憲法的保障，並且把應歸省縣立法執行的事項，詳細的載在憲法，不容侵犯，使省縣享有高度的自治權。

那麼，五五憲草的規定怎樣呢？第一、五五憲草未設「中央與地方權限」的專章，沒有把中央和地方權限的劃分，規定在憲法上。第二、五五憲草根本不承認省是地方自治團體，而只認它是國家的行政區域，所以規定：『省設省政府，執行中央法令及監督地方自治』（第九十八條），『省政府設省長一人，任期三年，由中央政府任免之』（第九十九條），省政府只是執行中央法令，監督地方自治的機關，而不是辦理省自治事務的機關，省長又係由中央任免，而非由省民或省代議機關選舉，再參看後述關於縣的規定，可見五五憲草把省規定爲國家的行政區域，極爲顯然。但一省區域廣大，政務甚繁，中央監督難周，省政府的施政，也難免有欠周詳的地方，如爲純粹官治式的組織，也有未妥，所以規定：『省設省議會，參議員名額每縣市一人，由各縣市議會選舉之，任期三年，連選得連任』（第一百條），以溝通民間的意見，並以監督省政府的施政。第三、關於縣的部分，五五憲草也規定縣實行縣自治，縣設意思機關和執行機關，縣民可以依法行使四權，和現行憲法大致相同，但（1）五五憲草上沒有制定縣自治法的規定，且（2）

於第一百零四條規定：『凡事務有因地制宜之性質者，劃爲地方自治事項。地方自治事項，以法律定之』，即把均權主義的原則，規定在縣制上面，但何種事項，爲地方自治事項，由中央以法律規定，而不由憲法規定，兩者仍略有差異。第四、現行憲法對於省制縣制，雖然多所規定，但對於市的規定，極爲簡單，只有『直轄市之自治，以法律定之』（第一百十八條），及『市準用縣之規定』（第一百二十八條）兩個條文；五五憲草則在地方制度一章裏，對市另設專節，雖規定和縣制大致相同，又明言『市之自治除本節規定外，準用關於縣之規定』，不能說是有何特色，但僅此一點，亦可見五五憲草對於市的重要和特性，已有相當的認識，而予以重視（第一百十一條至第一百十五條）。

總之，依照五五憲草，省只是國家行政區域，縣市纔是地方自治團體，縣市自治制度的大綱，雖爲五五憲草所規定，受憲法的保障，但中央地方權限的劃分，沒有詳細地載在憲法。五五憲草雖然遵守均權主義的原則，但『地方自治事項，以法律定之』，憲法對於地方自治事項，並未加以限制，而由中央斟酌時地之宜，而以法律來規定，形式上、精神上，和現行憲法都大不相同，可以說是五五憲草一個重要的特點。

我們認爲五五憲草上列特點，是很值得贊美的：（一）先由中央和地方權限的劃分說：把中央和地方權限，在憲法上詳細劃分，是聯邦國家憲法的特點，也是聯邦國家和單一國家重要分別的所在，已成憲法學上的定論。美、德各國憲法，所以那樣規定，實各有其歷史的背景，且皆由分而合，以加强國力，沒有由合而分，自爲削弱的。中國數千年來，均爲大一統的單一國家，以近年的國家環境說，內則封建割據的意識，還沒有完全消除，外則蘇俄帝國主義的侵略，正日深一日，正應該加强向心力，集中國力之不暇，安可自肇分裂？且把中央和地方的權限，定在憲法，非經過繁難的修改憲法手續，卽無法把中央和地方的權限，重新劃分，旣和現代行政趨於統一、集中的趨勢不合，亦無以適應變化萬端的現代社會。國父雖主張均權主義，但均權主義的眞諦，是行政上的分工，而非統治上的分權，卽中央地方各按事件性質之宜，而分別掌理，並非中央與地方分庭抗禮，强分涇渭，所以五五憲草的規定，是合於國情，現代行政趨勢，和國父遺教的。（二）次就省的地位說，省應該是國家行政區域？抑或是地方自治團體？是爭論很久的問題；國父的遺敎怎樣，各人解釋亦互有不同，所以五五憲草，以省爲國家行政區域的規定，究竟是否正確，尙有待於詳細的研究。不過據我們淺見，省應該是國家行政區域，而不宜爲地方自治團體，蓋由國父遺敎說：國父旣曾極力反對聯省自治之說（見中國國民黨第一次全國代表大會宣言），又曾力主實行『分縣自治』，認爲省制縱不可廢，省長的職權，亦不過處理省內的國家行政，及監督各縣的自治兩項（見中華民國建設之基礎一文），建國大綱第十八條，又明白規定：『縣爲自治之單位，省立於中央與縣之間，以收聯絡之效』，旣以縣爲地方自治的最大範圍，怎能再以省爲地方自治團體？再由現代行政之趨勢說；現代因爲交通發達，文化交流的速度極快，地方性、區域性的施政減少，統一性、全國性的事務增加，故表現於行政上者，爲地方自治團體重要性的減低，中央對地方監督的加强，和地方自治區域的縮小，我國省區遼濶，人口衆多，衡以現代行政的趨勢，自亦不宜以省爲地方自治團體。至由我國的國情說，正應該加强國力，集中向心力，以根絕封建意識，共禦外侮之不暇，其不宜以省爲自治團體，以免分崩離析，而削弱國力，尤爲顯而易見的事實。綜此各點，可見五五憲草有關地方制度的規定，是比較合理的，可供目前解釋和運用憲法，以及將來光復大復後，修正憲法的參考。

——本文載司法行政部編：名國憲法彙編(二)。原名「中華民國憲法草案（五五憲草）說明」，四十九年一月作。

八、修改憲法問題

——五十年元月七日在國民大會憲政研討委員會臺北區講演

主席、各位委員、各位先生：

今天報告的題目，是「修改憲法問題」。這個問題，可以分幾層來看：第一、憲法可以不可以修改？第二、憲法應該不應該修改？第三、此時此地修改憲法有甚麼可以顧慮之處？第四、假如此時此地修改憲法有可以顧慮之處，應該怎樣補救？這些部分的討論，多兼由憲法學理和國家情勢着想。蓋憲法是國家根本大法，討論憲法，一方面離不開學理，一方面更離不開國家情勢，所以各方面的討論，多要兼由兩方面看，現在先就第一點報告。

一、憲法可以不可以修改

憲法可以不可以修改？這原是一個不成問題的問題。各國憲法都有修改的規定，只有修改手續難易的分別，或對於某些規定或在某一時間內，禁止修改，沒有說根本不能修改的。以我國憲法而論：第十四章既定有憲法修改的明文；去年三月十二日公布的動員勘亂時期臨時條款，更明白規定，由第三任總統於任期內適當時期，召集國民大會臨時會，討論修改憲法各案，是則我國憲法之可以修改，在法理上更屬不成問題。那麼，我爲甚麼提出這個問題呢？因爲依照傳統的觀念：認爲法律是社會生活的規範，是政府和人民行動的準則，故不容時時變改，以維護社會生活的安定，免致政府和人民的行動，失其準則。憲法是國家的根本大法，規定國家的基本組織和基本作用，關係尤大，所以要維護它的安定性，尤不可輕言修改。縱令時移勢異，有改變的必要，亦可以解釋的方式，推陳出新，或創造新例，以適應新環境，不必修改憲法。由現代法學的觀點看來，這種見解，雖然已失諸陳舊，但因它表面上似有相當理由，且適合於人們的保守心理，故現在許多人有意無意間，仍然受這種說法的影響，反對修改憲法。他們不但認爲此時此地不應修改憲法，將來修改憲法，也要愼重。其尤保守者，甚至對於最近各方面的研討憲法問題，也不贊成，以爲此時此地不但不可以修憲，而且不可以輕議修憲，致生紛擾。這種心理，是不對的，所以我們討論修改憲法問題，首先要研究憲法可以不可以修改？以打破這種心理。

何以說上述見解，表面上似有相當理由呢？因爲法律原具有兩種相反的性格：第一是它的固定性，即不輕易變更的性格；第二是它的適應性，即應跟着社會情勢的變遷而變遷的性格。由法律的固定性看來，誠如論者所云：法律既是社會生活的規範，是政府和人民行動的準則，如時時更改，將使政府和人民無所措其手足，以害及社會生活的安定。憲法是國家的根本大法，規定國家的基本組織和基本作用，關係尤大，更應維護它的固定性，不可輕言修改。各國憲法，對於憲法的修改，多規定要由特定的機關，經過複雜繁難之手續爲之，維護憲法的固定性，亦其主要原因之一。所以上述見解，表面上似有相當理由。

但由現代法學的觀點看來，上述見解，是錯誤而有害的？這可以分爲幾點說：第一、現代法學最主要的收穫，是認爲法律是社會生活的產物，既非神之啟示（神意法思想），亦非君主之命令（君意法思想），而是由於社會生活的需要而產生的。既然因爲社會生活的需要而產生，自然也跟着社會生活的變遷而變遷，倘社會變遷而法律不變，則法律已失其社會生活規範的作用，殊失立法定制的原意。所以現代法學，極注意法律的適應性，在社會環境變化之後，法律即應跟着改變，俾法律能適應環境的需要，有利於社會的安定和發展，不至因和社會環境扞格不入之故，反使社會發生紛擾，而妨礙社會的進步。這在普通法律如此，憲法尤屬如此，蓋敏感性爲憲法特性之一，它對於政治社會的變化，反應最爲靈敏，政治和社會的變化，迅速反應於憲法規定之上，然後轉而影響於各種法律，論者謂各國新憲法的趨勢，往往爲時代動向之表徵，即所以說明憲法之敏感性者。憲法既然具有敏感性，所以它的適應性，尤應較普通法律爲强，倘國家社會環境變化，而憲法不跟着修改，則不但難以圓滿達到「鞏固國權，保障民權，奠定社會安寧，增進人民福利」的作用，且因和現實國家社會環境脫節之故，可能發生弊害。狃於舊日「利不百，不變法」的觀念，反對修改憲法，甚至不贊成對於修改憲法的討論者，不但只注意法律的固定性，不注意法律的適應性，失諸一偏，且於憲法的敏感性，亦未注意，所以說它是不對的。

第二、舊日觀念，偏重於法律的固定性，何以現代法學，注重法律的適應性呢？這有兩種原因：（一）是法律基本觀念的變遷。舊日以法律爲神之敎示，或君主的命令，神和君主的意志，是天經地義，他們的尊嚴，亦不容冒瀆，故舊日認爲法律是垂諸永久，機械而不變的。唐律疏義進律表有：「銘之景鐘，將二儀而並久」之句，卽要把唐律彫刻在國家重器上，使和天地同其永遠，這雖寓有善頌善禱之意，但亦可見舊時法律觀念之一斑。這種觀念，猶不但君主專制時代爲然，在民主政治初期，爲了尊重人民的自由，維護人民的既得權，許多人亦力主法律應有固定性，不可輕易變更之說。現代法律，則由合理主義出發，袪除法律之神權主義色彩，認爲法律並不是渺茫的神意底產物，而是現實的社會生活底規則，既然是社會生活底規則，由於社會生活的需要而產生，自然也跟着社會生活的變遷，社會環境不同時，法律卽有修正的必要。所以不像從前那樣，偏重於法律之固定性，而反置重於法律之適應性。（二）是社會組織的變遷。舊日社會是農業社會，農業社會，社會的變動率不大，一般心理，傾向於保守，咸喜率由舊章，以求社會的安定，不喜歡輕易改動法令，致增紛擾，故尊重法律的固定性。現代社會則是工業社會，工業社會，技術發明，日新月異，加以交通發達，人口劇增，社會的變動率很大，舊日的法令規章，曾幾何時，已不足以應時勢的需要。復因交通發達，易受外來文化的刺激，人們求進步之心，甚於求安定之心，乃轉而置重於法律的適應性。由於置重法律的適應性，所以一變昔日「利不百，不變法」的陳舊觀念，認爲法律的修改，是時勢變化的需要，是國家社會求進步的現象，不是甚麼壞事。憲法是法律的一種，固然要保持它的固定性，不要輕易修改；但也要注意它的適應性，當憲法和國家社會環境脫節的時候，也應加以修改，以發揮憲法的效能，達到制憲的目的。

第三、現代法學發達的結果，對於法律更有兩種基本的認識。第一個認識，我們姑且叫它做手段的法律觀。卽法律只是求社會生活發展的手段，其本身不是目的。換言之：社會生活是目的，法律只是達到社會生活目的的手段，故可爲社會生活的需要，而修改乃至廢止法律，不能因爲維護法律的固定性，憚於修改法律，致礙及社會生活的需要，爲手段而犧牲目的，跡近因噎而廢食。普通法律和社會的關係如此，憲法和國家的關係，也是如此，憲法是國家的根本大法，是民主和法治的象徵，我們對它固然要出於十分恭敬尊重的心情，然而憲法究竟是爲了達到「鞏固國權，保障民權」目的而制定者，萬一憲法的規定，不能達到這個目的，自應因爲國家人民的需要，而修改憲法，不宜因果倒置，只顧憲法的尊嚴，而忽略了國家人民的需要。何況有國家而後有憲法，皮之不存，毛將焉附，所以在國家的需要之下，憲法是可以修改的。第二個認識，我們姑且叫它做非完整的法律觀。蓋法律既非神的敎示，而係人爲的產物，人智有限，世變無窮，立法之際，縱令殫精竭慮，兼籌並顧，然因時移勢異的結果，亦往往不能盡如人意，這是各種法律共有的缺陷，憲法亦不能免。且憲法因是國家根本大法之故，所包含者至廣，所影響者至大，在立法的時候，非折衷調協，互相容讓，難獲定案，而因妥協容讓的結果，乃不免於首尾不相貫通，原則和內容不相一致的情形。由某一角度看來，憲法因爲內容複雜，各方都矚望太殷，力求折衷調協之故，它的非完整性，有時反較普通法律爲尤甚，普通法律如有缺陷，自然要設法修改，則於憲法有缺陷之時，又怎能置而不問，不予修改呢？

綜上三點，可見由現代法學理論看來，憲法是可以修改的，在沒有決定修改之前，先事研究討論，集思廣益，以爲日後修改憲法的準備，更是愛護國家、敬重憲法者應有的態度，有利而無弊，更何必多所顧慮？

二、憲法應該不應該修改

現在討論憲法應該不應該修改的問題，更具體點說，即中國現行憲法應該不應該修改的問題。有人或許認爲：中國現行憲法的內容，已經很好，沒有修改的必要，我們也承認現行憲法，有若干部分規定是很好的，如第二章關於人民權利義務的規定，第十三章關於基本國策的規定是。但我們仍認爲現行憲法也有重大的缺點，應該予以修改，這可由兩方面來看，第一是憲法規定和今後國家情勢的不相符合。第二是憲法本身無可諱言的，具有若干重大的缺點，必須予以修改，使成爲一部完整的憲法。現在先由第一點來討論。

前面我們已經屢屢說過，法律是社會生活的規則，由於社會生活的需要而産生，跟着社會生活的變遷而變遷。所以憲法應否修改，應該以它是否合於國家社會的環境爲主要標準，恰如衣服要不要改裁，應該以它合不合人身的身長等爲標準一樣。我國憲法，制定遁過於十五年以前，當時共匪雖然已經叛國，但大陸各省並未淪陷，大體說來，國家仍在正常的時期。但憲法施行不及兩年，我國卽遭歷史上未有的巨變，大陸各省全部淪胥，河山破碎，人民流亡，國家社會情勢，和制憲當時大不相同。國家社會的情勢，旣有重大的變遷，現行憲法，自然難和今後國家的環境符合，準諸上述現代法學的理論，自然有修改的必要。

再由第二點說：我們一向認爲憲法是國家根本大法，關係國利民福太大，憲法規定的優點，固然應該頌揚；而對於其規定的缺點，亦不必曲爲隱諱，因爲國家尤重於憲法，憲法是爲國利民福而制定者，憲法的規定如果有重大的缺點，則爲國利民福起見，應該加以修改，俾臻至善。那麼，現行憲法有甚麼重大的缺點呢？我們認爲下列三個部分，是現行憲法重大缺點之所在，極有修改的必要：

第一、是國民大會部分。按現行憲法前言說：「中華民國國民大會，受全體國民之付託，依據　孫中山先生創立中華民國之遺敎，……制定本憲法……」。所以　孫中山先生創立中華民國之遺敎，是現行憲法所遵奉的基本原則。而實行權能劃分，使人民有權，政府有能；在中央設置國民大會，以行使四權，是　國父主要遺敎之一，所以國民大會部分，應該是憲法極主要的部分。現行憲法，旣然在前言聲稱，係依據　國父遺敎而制定者，那麼，它關於國民大會的規定怎樣呢？

按現行憲法，特設國民大會一章（第三章），置於第二章人民權利義務之後，第四章至第九章，總統和五院之前。且於第二十五條明白規定：「國民大會，依本憲法之規定，代表全國國民行使政權」。國民大會代表的人選，復包括區域代表，華僑代表，職業團體等代表，法定總額達三千餘人之多，具有普遍的代表性。凡此等等，均足以證明憲法承認政權和治權的劃分，承認國民大會是政權機關，在國家政治體制上居於重要的地位，形式上頗爲重要。

但是這個在國家政治體制上，居於重要地位的國民大會，實際上的權力如何呢？依照憲法第二十七條規定：「國民大會之職權如下：一、選舉總統副總統。二、罷免總統副總統。三、修改憲法。四、複決立法院所提之憲法修正案。關於創制複決兩權，除前項第三第四兩款規定外，俟全國有過半數之縣市，曾經行使創制複決兩項政權時，由國民大會制定辦法，並行使之。」又依照憲法第四條規定：領土的變更，也要經過國民大會的議決。由表面上看來，國民大會享有六種重要的職權，可以說是應有盡有，不愧爲代表全國國民行使政權的機關。然如細加分析，罷免總統副總統、修改憲法、複決憲法修正案，和議決領土的變更，均爲極不常見之事，而國民大會對於一般法律創制複決權的行使，又附以頗爲嚴格的限制，故國民大會，雖然號稱代表全國國民行使政權，實際上經常行使的權力，只是六年一次的選舉總統副總統而已。總統副總統任期六年，所以國民大會代表，也是每六年改選一次。而且憲法第二十九條規定：「國民大會於每屆總統任滿前九十日集會」。國民大會代表的任期，國民大會集會的時期，和總統副總統的任期，均相配合，可見憲法主稿人的用意，是不想讓國民大會享有太多權力的。

號稱代表全國人民行使政權的國民大會，擁有全國各地域各職業團體代表達三千餘人之多的國民大會，除憲法第三十條規定的極特殊情形外，六年才開一次會，經常行使的職權，亦只有選舉總統副總統一種，這種規定，不但不合於　國父的遺敎，而和憲法前言不符；甚至憲法第二十七條至第二十九條的規定，和第二十五條乃至第二十六條的規定，亦不相符，其爲憲法的重要缺點，而有修改的必要，是很顯然的。

第二、是關於立法院和行政院關係的部分。前面說過，憲法前言曾明白宣稱：中華民國憲法，是依據　國父遺敎而制定的，而五權憲法是　國父主要遺敎之一，是大家都知道的事實。五權憲法最主要的特點，在於前述的實行權能劃分，使人民有權，政府有能，俾政府不至流於專制，又不至陷於無能。既要政府有能，故五權憲法的精神，和三權憲法，亦不相同。三權憲法的精神，在於權力劃分，且使各權互相牽制，以防止專制，保護自由；五權憲法的精神，則在於諸權合作，造成萬能政府。蓋現代社會生活發達，公共事務增加，國際情勢又時在緊張之中，所需要者，爲有作爲有效率的萬能政府，要他在一定範圍內，能够放手做事，致國家於富强，爲人民謀福利，而不是需要一個垂拱無爲的「無爲政府」。五權憲法這種特點，和近數十年來政治學家所盛倡的兼顧民主與效能之說，正屬相同。蓋所謂兼顧民主與效能，即是一方面要更澈底地實現民主，實行公民投票制，避免議會政治的流弊；另一方面，要政府不受不必要的牽制，發揮高度的效率，以盡其管理衆人之事的責任，實不出五權憲法的範圍。現行憲法，如果確如前言所云，依照 國父遺敎，來規定立法院和行政院的關係，那不但合於近數十年的政治思潮和政治趨勢，和國家在內憂外患、重重艱難的環境中，需要有魄力、有效能政府的要求，亦復相合。

但是，現行憲法關於立法院和行政院關係，是怎樣的呢？依照憲法規定：「行政院院長，由總統提名，經立法院同意任命之」（第五十五條）。「行政院副院長，各部會首長，及不管部會之政務委員，由行政院院長提請總統任命之」（第五十六條）。「行政院依左列規定，對立法院負責：⑴行政院有向立法院提出施政方針及施政報告之責，立法委員在開會時，有向行政院院長及行政院各部會首長質詢之權。⑵立法院對於行政院重要政策不贊同時，得以決議移請行政院變更之。行政院對於立法院之決議，得經總統之核可，移請立法院覆議。覆議時，如經出席立法委員三分之二維持原決議，行政院院長應即接受該決議或辭職。⑶行政院對於立法院決議之法律案、預算案、條約案，如認爲有窒礙難行時，得經總統之核可，於該決議案送達行政院十日內，移請立法院覆議。覆議時，如經出席立法委員三分之二維持原案，行政院院長，應即接受該決議或辭職」（第五十七條）。故在現行憲法之下，行政院院長之任命，要經過立法院的同意；行政院各部會首長的任命，要經過行政院院長的提請；行政院院長在一定範圍內，要對立法院負責，頗有仿效內閣制國家的地方。雖然行政院經總統核可之後，有覆議權，但如得不到立法委員三分之一以上的支持，「行政院院長，應立即接受該決議或辭職」，而不能解散立法院，至於行政院對它負責的立法院，則「爲國家最高立法機關，由人民選舉之立法委員組織之，代表人民行使立法權」（第六十二條），直接對人民負責，而非對國民大會負責。

許多人根據上述條文，說我們是內閣制國家，固然顯有誤會，因爲內閣制國家的元首，是沒有實權，也不負責任的，而我國的總統，則依第四十三條第四十四條及第五十七條，均享有實權，並須對國民大會負責。但由上述規定看來，實在⑴看不出立法院和外國議會有甚麼區別？⑵在甚麼地方，表現其治權機關的性格？⑶立法院和行政院的關係，和一般議會政治國家，有甚麼不同？⑷在甚麼地方看出權能劃分，五權憲法的精神。而如上所述，五權憲法，不但是　國父建立中華民國的重要遺敎之一，而且是民主與效能兼顧，合於近數十年的政治思潮和政治趨勢，和國家內憂外患的環境的制度，所以憲法這一部分規定，是和時代潮流及國家環境不合的，很有修正的必要。

第三、是關於中央與地方權限的規定。憲法有關這一部分的規定，見於第十章「中央與地方之權限」，及第十一章「地方制度」中。在第十一章規定省縣都實行地方自治，不但有它的意思機關和執行機關，並且可以制定省縣自治法，享有高度的自治權。在第十章裏面：復把何種事項，由中央立法執行；何種事項，由省立法執行；何種事項，由縣立法執行，列舉規定，非常詳細，遇有未列舉事項，則依照均權主義，其事務有全國一致之性質者，屬於中央，有全省一致之性質者，屬於省，有全縣一致之性質者，屬於縣。這就是說地方自治團體的權限，受着憲法的保障，非經過修改憲法的手續，不能夠變更地方自治團體的權限，也就是不能以中央政府的法律，來變更地方自治團體的權限。這種把中央或地方團體的權限，用概括或列舉的方法，並列於憲法之上，把省縣和中央置於同一地位，使能與中央分庭抗禮，而强調省縣獨立性的方式，和美國、德國等聯邦國家相類似，而爲各單一國家憲法所鮮見。

總之，依照憲法規定，省和縣都是地方自治團體，不但它們的自治制度，爲憲法所規定，受憲法的保障，並且把應歸省縣立法執行的事項，詳細的載於憲法，不容中央以法律侵犯，使省縣享有高度的自治權。

上述關於中央和地方權限部分，我們認爲是憲法重大缺點之一，極有修正的必要。因爲第一，它不合於歷史背景。第二，它不合於時代潮流。第三，它更不合於國家的處境。蓋（一）由歷史背景說：我們以爲若干聯邦國家憲法，所以就中央和地方權限的劃分，設爲規定者，實各有其歷史背景，如以美國而論：各邦原爲英國的殖民地，各不相屬。建國之初，猶爲各邦各具主權，聯合而爲一國的邦聯。其後因爲對內對外的必要，不能不加强中央政府的權利，乃改邦聯爲聯邦，然爲保持各邦的獨立性，和避免小邦爲大邦侵凌，大邦挾聯邦以令小邦起見，乃一方面使各邦具有强大的自治權，在另一方面，復於憲法上明白規定聯邦和各邦的權限，俾免大邦利用聯邦的法律，以侵蝕小邦的權利。所以美國這種規定，是它特殊的歷史背景使然，是由分而合的結果。我國幾千年來，都是大一統的國家，和美國的歷史背景不同，何必從而效之，由合而分，而自毀長城呢？

（二）由時代潮流說：現代因爲交通發達，文化交流，語言統一，思想進步的結果，社會生活，已由地方性而全國性，且有漸臻世界性的趨勢。所以經濟上，由地方經濟時代，進於國民經濟時代；政治上，亦由地方分權，進於中央集權。各國國內關係的複雜，國際局勢的緊張，更促進這種趨勢。故如美國等聯邦國家，各邦原有强大的固有權者，近數十年來，因爲時勢的關係，多半加强聯邦政府的權力，以適應內外時勢的需要。時代潮流，正走向中央集權的道路，我國憲法主稿人，乃欲逆而轉之，將統一國家變成聯邦，怎能說是合於時代的趨勢呢？

（三）就國家處境說：這種助長地方意識，分散國力，無異自毀長城的辦法，其不合於外則赤燄方張，侵凌不已；內則滿目瘡痍，百廢待擧的國家環境，也是很顯明的。故憲法上述規定，也不合於國家的處境。

或許有人以爲上述規定，是合於　中山先生均權主義的遺敎的，其實這是一種誤會。國父雖主張均權主義，但均權主義的眞諦，是行政上的分工，而非統治上的分權。卽中央和地方各按事件性質之宜，分別掌理，以達國利民福底目的，爲合作而分工。並非使地方和中央分庭抗禮，强分涇渭，爲牽制而分權。前者由積極的精神出發，後者由消極的精神出發，二者不可混爲一談。

我國憲法的重要缺點，略如前述。因爲憲法雖然有很多優點，但也有很多缺點，故早在民國三十七年三月，第一屆國民大會第一次會議開會的時候，許多代表卽紛紛提議修改憲法，許多人也同情這種主張，惟因憲法甫見施行，如即予修正，亦有未妥之處，最好辦法，爲於暫不變更憲法的範圍內，予政府以臨機應變的權力，俾可適應戡亂局勢的需要，至憲法之修改，則於二年後爲之，故通過動員戡亂時期臨時條款，其第四項規定：「第一屆國民大會，應由總統至遲於民國三十九年十二月廿五日以前，召集臨時會，討論修改憲法各案。」其後雖因大陸淪陷，國民大會臨時會，未能如期召集，修改憲法各案，亦無從討論。但四十九年三月，第一屆國民大會第三次會議開會時，仍有許多代表提議修正憲法，所修正通過的動員戡亂時期臨時條款，仍於第四項規定：「國民大會創制複決兩權之行使，於國民大會第三次會議閉幕後，設置機構，研擬辦法，連同有關修改憲法各案，由總統召集國民大會臨時會討論之」。可見憲法的應該修改，是多數國民大會代表的主張，故早在行憲之初，即曾提議，而於十餘年之後，仍然鍥而不捨。而我們由這一段經過裏，亦可見我國憲法，確實有很多缺點，有修改的必要。

三、此時此地修改憲法的顧慮及其補救方法

那麼，憲法是不是現在就要修改呢？此時此地修改憲法有甚麼顧慮嗎？假如修改憲法有可以顧慮之處，應該怎樣補救呢？這就是我開頭所說的第三點和第四點的問題。先就此時此地修改憲法有甚麼顧慮說。有些人認爲憲法既然有修改的必要，就應該立即修改。有些人則對於憲法是否有修改的必要，根本上尙有懷疑。而且以爲修改憲法是一件大事，縱令有修改的必要，也應於收

復大陸後，愼重爲之，此時此地不宜有所更張。此外，他們並提出許多理由，以表明此時此地，不應修改憲法。如上所述，我們認爲現行憲法有重大缺點，爲國利民福起見，確實有修改的必要，在目前情勢之下，憲法如不修改，權能未能劃清，恐尤不足以適應反攻復國的需要。但我們鄭重考慮的結果，仍覺得此時此地不應立即修改憲法，而應另想變通的辦法。故我們固然不主張立即修改憲法，但和一些人認爲此時此地不但不要修改憲法，一切還要照憲法的規定做，不要另想辦法者，也不相同。而我們認爲暫時不要修改憲法的理由，也和論者不盡相同，主要的有下列三點。

第一、我們前面曾再三說過：法律是社會生活的規則，是維持社會安定和促進社會進步的手段，所以一部良好的法律，應該富有適應性，和社會環境的關係，應該若影之隨形。倘法律和社會環境扞格不入，則不但不能發揮法律應有的作用，甚至發生流弊。憲法因爲敏感性較一般法律爲强之故，尤其應該如此。由這個觀點看來，則此時此地是否立即修改憲法，確有考慮的必要。因爲我們所預備修改的憲法，不是只預備眼前在臺灣用的，而是要在收復大陸之後，爲重新建國的準繩。而大陸各省，在共匪十餘年竊據之後，河山破碎，人民流離，老弱死於溝壑，壯者散之四方，社會政治的情勢，經過歷史上所未有的劇烈變動，社會經濟的組織，亦經過歷史上所未有的破壞。我們要重建河山，致國家於富强，臻人民於康樂，許多事都要針對大陸滿目瘡痍的狀況，檢討那個時候國內外的環境，從頭部署，作爲重新建國準繩的憲法，也以在河山光復之後，萬衆一心之下，修改爲宜，旣可免閉門造車之弊，復可收一德一心之效。

第二、我們在目前艱難的局勢之下，固然要力求進步，也要力求安定，以鞏固反共基地的基礎，以利反攻復國的準備。所以不必要的爭執紛擾，應該力求避免。憲法是國家的根本大法，憲法如何修改，是大家都關心的問題，學理上的討論研究，固然大家可以平心靜氣的做，有益而無害，如果立卽實行修改，各方面必不免一番爭執和紛擾，如非必要，自以避免爲是。而且修改憲法，如不立付實施，固沒有立卽修改的必要，如於修改之後，立卽付諸實施，則組織的更改，人事的變動，亦可能引起許多紛擾，對於反攻復國的進行，深恐未必有利。

第三、憲法是國家的根本大法，憲法應該不應該修改，是我們自己的問題，固不必顧慮別國的反應，別國也無權干涉。但以去年聯合國的情勢而論，在聯合國的會員國中，有若干國家，眼光短淺，對我們反共復國的鬪爭，沒有寄以應有的尊重和援助，是無容諱言的事實，在這種情勢之下，如在此時此地立卽修改憲法，或許會予眼光短淺者以口實，妄談法統的問題，使我們在聯合國地位的辯論上，多費一番唇舌。雖然修改憲法，是合法的行爲，是法統的正常延續，也絕不足以影響我們國家的地位，但如能避免紛擾，總以避免爲宜，故由當前的國際局勢看，在此時此地，亦以暫不修改憲法爲宜。

總之：我認爲憲法極有修改的必要，我尤其贊成對於修改憲法的問題，多方檢討，以收集思廣益之效。但我認爲憲法要修改的地方很多，如果實行修改，縱令採重點修改的方式，對於它的全部條文，亦必多所牽動，如果修改而不付實行，固不必急急修改；如果修改而立付實行，或許會引起國內外的紛擾，故我雖認爲憲法應該修改的地方很多，但對於在此時此地立即修改憲法，仍覺得有要考慮之處。不過我亦不認爲完全照憲法的規定做，沒有變通的辦法，就能適應此時此地的環境，區區之意，認爲目前應該在不修改憲法的範圍內，另想變通的辦法，以適應此時此地的環境，並有利於反攻復國大業的進行。

此時此地既然不宜立即修改憲法，又要另想變通的辦法，那麼，甚麼是變通的辦法呢？我認爲這個辦法很簡單，就是充實動員戡亂時期臨時條款的內容（以下簡稱條款）。或許有人反對這種辦法，以爲（一）該條款畢竟只是臨時性的條款而已，自民國三十七年以來，實行已達十餘年之久，且已修改一次，如再加以增訂，殊非尊重國家根本大法之道。（二）因憲法規定未善，所留下來的問題，仍不能澈底解決。這話固然有相當理由，但我們所以主張增加該條款的內容者，亦有下列幾點理由：

第一、如上所述，目前修改憲法，既然有可以考慮之處，而憲法頗多缺點，和當前國家的艱危局勢，又多不相適應之處，又屬很顯明的事實。則在不修改憲法的範圍內，求其能適應當前的情勢，只有充實臨時條款的一途。

第二、有些人根據傳統的憲法觀念，覺得臨時條款，總是臨時性的條款，內容不宜過多，變更更不宜太繁，故應直接修改憲法，不宜用充實臨時條款的方式。但依我們愚見：憲法實有平時憲法和戰時憲法之分：平時憲法，規定平時國家的基本組織和作用；戰時憲法，則規定戰時國家的基本組織和作用。蓋法律既爲社會生活的規則，跟着社會生活的變遷而變遷，而因現代戰爭，爲全面的、總體的戰爭，非僅區域的、局部的戰爭之故，全國人的生活狀態，既均因戰爭而改觀，戰時的社會環境，和平時的社會環境，亦大不相同，而且變遷至爲急劇。社會情況，既然因爲戰爭的開始，而有劇烈的變動，則和其他法律，同爲社會生活規則，且對於社會政治情勢，反應最爲敏感的憲法，自然也要跟着有相當的改變。所以各國咸於戰爭之際，制定非常時期法制，就平時憲法關於國家基本組織及其基本作用的規定，酌加變更，以適應情勢的需要。這類法制，形式上雖未稱爲憲法，但因它的內容，涉及國家的基本組織和作用，它的效力，又在一般法律之上，實質上可以說是戰時的憲法。臨時條款，就具有這種戰時憲法的性質。既然是一種戰時憲法，則其條款之多寡，因戰時的需要而定，不必過求精簡。變更次數之多寡，亦因戰時的需要，和戰事時間的久暫而定，如有必要，多改何害？故如我們改變傳統的憲法觀念，承認平時憲法和戰時憲法的分類，則不妨以修訂臨時條款的方式，來解決當前的問題，不必考慮條款之多，修訂之繁。既可適應當前情勢的需要，於將來光復大陸之後，再事修改憲法，亦可避免當前不必要的紛擾。

第三、至謂臨時條款施行已久，顧名思義，不容長此拖延，且不能澈底解決因憲法規定未善，所留下來的問題云云，我們承認確有相當理由，已如前述。不過也不是絕對的。因爲就前一點說：該條款的標題，主辭在「動員戡亂時期」六字，非在「臨時」二字，動員戡亂時期，尚未終了，是眼前的事實，國家局勢，實逼處此，則臨時條款之仍繼續存在，有其客觀的原因，事實上固屬必要，法理上亦屬可通。就後一點說：因憲法規定未善，所留下來的問題，如能澈底解決，固屬最好，無奈由於上述的種種顧慮，此時此地，實非修改憲法的時期，故只好就當前局勢，先爲籌劃，其餘問題，等到光復大陸之後，再謀澈底的解決。

至於該條款應該如何充實？是一個重大而複雜的問題，需要詳細檢討，非三言兩語所能盡，我們這裏只提出兩點小意見：第一、在內容方面：我們除認爲原條款第一項至第三項，應予保留外，並贊成在條款中明白規定：解除憲法第二十七條第二項，對於國民大會行使創制複決兩權所加之限制。這一點，我早在去年四月出版的「中華民國憲法釋論」中，已經討論到，理由有三：(1)國民大會代表，所創制複決者，爲中央的法律；縣市公民所創制複決者，則爲地方自治的規章，兩者的對象不同，行使權利的人，亦屬有異，憲法起草人乃混而爲一，其限制本身已不合理。(2)國民大會創制複決權的行使，既以全國過半數縣市，實行地方自治，並已行使創制複決二權爲條件，縱在昇平時期，其限制已稽時日，處此非常時期，如不制定變通辦法，則國民大會何日才能行使這項職權，更難預卜，致使國民大會，不能盡其政權機關應盡的責任。(3)現在大陸尚未光復，依照司法院大法官會議釋字第三十一號解釋，立法委員未能改選，如解除憲法對於國民大會行使創制複決二權的限制，亦可期立法的完善。假如參照五五憲草第七十條的規定，總統對於立法院議決的法律案和條約案，有提請國民大會複決之權，則對於憲法所規定的立法機關和行政機關的關係，亦可得到相當的調整。

第二、在立法方式方面：我雖然認爲臨時條款的條文，不必力求其少，只要是適應當前情勢，所應該規定的都要規定到。但臨時條款既然是戰時的憲法，而憲法因係根本大法之故，其規定都是原則性和綱領性的，故⑴亦不可過於詳細，另以國民大會所制定的辦法，或法律命令補充之。⑵臨時條款各條，仍應標明第幾條的條目，以期醒目。在引用的時候，可以指明某條某項亦比較便利。⑶「臨時」兩字，似無必要，因爲它施行已久，「動員戡亂時期」六字，已足以表明它是一種限時法，故「臨時」二字，可以考慮刪去。

本人對於修改憲法的意見，略如上述。總括地說：本人認爲憲法是可以修改的，我國憲法，也有許多應該修改的條文。不過在此時此地，如立卽修改憲法，確實有些要顧慮的地方，故一方面不妨多多討論研究，以爲將來光復大陸後，修改憲法的準備。一方面，還要就動員戡亂時期臨時條款的規定，加以充實，俾適應此時此地的需要，不至因憲法未能立卽修改之故，對於反攻復國的進行，發生障礙。凡此各點，都是很平常的意見，眞所謂卑之無甚高論，尙望各位多多指敎，謝謝各位。

九、國民大會行使創制複決兩權問題

一、引言

自四十九年二月，第一屆國民大會第三次會議，在臺北集會後，國民大會行使創制複決兩權問題，和修改憲法問題，同爲國人所注意的問題。這個問題，可以分爲下列幾點來研究：（一）國民大會，應該不應該行使兩權？（二）此時此地，國民大會，應該不應該行使兩權？（三）假如應該行使，國民大會應該怎樣行使創制權？（四）假如應該行使，國民大會又應該怎樣行使複決權？（五）假如此時此地國民大會行使兩權，應該怎樣制定辦法。作者認爲上列五個問題，不但是國家當前的大問題，也不但是時賢聚訟的焦點；專由學理上說，也是應該詳加檢討的問題，爰不揣譾陋，試就這些問題，略述鄙見於後，以備各方的參考。

二、國民大會應該不應該行使兩權

國民大會，應該不應該行使兩權？原不是很複雜的問題。因爲在現行憲法體制之下，我們研究國民大會應該不應該行使兩權？首先應該看憲法的規定。而中華民國憲法，係『依據　孫中山先生創立中華民國之遺敎』，而制定者，載在前言，　國父創立中華民國的遺敎，是憲法立法精神之所繫，所以研究憲法關於這一方面的規定，又應先由　國父遺敎上探尋。按實行權能劃分，使人民有權，政府有能，是　國父主要遺敎之一，是大家都知道的事實。而『憲法頒布之後，中央統治權，則歸於國民大會行使之。即國民大會對於中央政府官員，有選舉權，有罷免權；對於中央法律，有創制權，有複決權』，又爲　國父手著的建國大綱第二十四條所明定。所以由　國父創立中華民國的遺敎說，國民大會之應行使創制複決兩權，是極爲明顯的。

再由現行憲法看：按現行憲法，特設國民大會一章（第三章），置於第二章人民之權利義務之後，第四章至第九章——總統和五種治權之前。且於第二十五條明白規定：『國民大會，依本憲法之規定，代表全國國民行使政權』。國民大會代表的人選，復包括區域代表、華僑代表、職業團體代表等法定人數達三千餘人之多，具有普遍的代表性。國民大會，既然是『代表全國國民行使政權』的機關，足見憲法承認政權和治權的劃分，以國民大會爲政權機關，使在國家政治體制上，居於主要的地位。所以於第二十七條第一項規定：『國民大會之職權如左：一、選舉總統副總統。二、罷免總統副總統。三、修改憲法。四、複決立法院所提之憲法修正案。』同條第二項規定：『關於創制複決兩權，除依前項第三第四兩款規定外，俟全國有過半數之縣市，曾經行使創制複決兩權時，由國民大會制定辦法，並行使之』。本條規定，把國民大會修改憲法的權力，認爲是創制權之一種；又把它『複決立法院所提之憲法修正案』的權力，認爲是複決權之一種，理論上是否正確，已可研究？復使國民大會對於一般法律創制複決兩權的行使，附以相當嚴格的條件，其立法是否適當，尤可商榷。不過由本條和第二十五條規定看來，憲法承認國民大會有行使創制複決兩權的權力，也是很明顯的。

依照　國父遺敎，國民大會旣然應該行使創制複決二權，由憲法的規定看，又是很明顯的，承認國民大會有行使創制複決兩權的權力，何以國民大會，應否行使兩權，還成問題呢？因爲目前似乎仍然有些人，對於國民大會之應否行使二權，發生懷疑，他們不但懷疑，此時此地，國民大會應否行使這兩種權力，甚至對　國父遺敎，和憲法有條件的規定，根本發生疑問。不贊成此時此地行使二權的看法，或主張縮小其範圍的看法，究極言之，均由於這個根本疑問而來，我們要檢討國民大會行使創制複決兩權問題，對於這一類看法，不必加以隱諱，而應坦率地予以檢討。

作者嘗默察反對論者主張的理由，有由於懷疑權能劃分的理論者；有由於懷疑國民大會這個機構的設置者，又有由於懷疑國民大會和立法院性格的不同者。這些懷疑，理論上雖然各自獨立，實際上却有連帶的關係，再澈底點說，似均由於舊日議會政治思想的影響，現在分別略加討論於下，以反證國民大會是應該行使兩權的。

第一：人類對於舊日的制度，及其有關的觀念，常抱一種依戀的心理，容易盲從附和，而不加以懷疑和思考。這固然因爲一種政治制度的改變，和國利民福往往有重大的關係，爲恐對於社會發生不利的影響起見，不敢輕言改變，亦由於人類思想的惰性而來。議會政治，歷史悠久，頗著成效，已易令人依戀，加以希特勒、慕索里尼，乃至赫魯雪夫之流的暴虐統治，餘悸猶存，因而二次世界大戰之後，在二十世紀初期已告沒落的議會政治，反有死灰復燃之勢，很多人對它猶存依戀，跟着對於權能劃分的原理發生懷疑。其實這是某些人思想上的惰性，和時代的錯覺，注意現代政治社會情況的人們，應該承認權能劃分，是適合現代政治的制度。因爲現代政治之主要特徵，一爲直接民權之發達，二爲政府職務之量的增加，和質的專門化。蓋現代由於教育文化的發達，民主政治思想進步的結果，恍然於舊日代議政治之下，人民只有選舉權和被選舉權，沒有罷免權、創制權，和複決權，能發而不能收，尚不能稱爲直接的民主，故各國紛紛實行直接民權制度，使人民於選舉權和被選舉權之外，再享有上述三種權力，以符民主政治之實。又現代由於社會生活發達的結果，社會關係，日趨複雜，社會構成分子間的關係，亦日見密切，公共事務，從而大見增加。於是管理衆人之事的政府，不能再像從前那樣，只以抵禦外侮，和維護內部秩序爲已足，對人民的衣食住行，處處都要關心。且須抑制豪強，扶助寡弱，以達使人人各遂其志，各安其生的目的。政府的任務，既然由於現代社會的變化，和從前大有不同，所以它的工作，不但在量的方面，大有增加；在質的方面，亦日趨專門化，許多政務，不能專靠常識來處理，而須依專門的知識爲之。

總之，直接民權的發達，是要人民享有完整的民權，不像從前那樣，僅有選舉權為已足；而政府職務之量的增加，和質的專門化，則是要政府有能，所謂『最好政府，最少統治』的說法，已為時代所淘汰，而變為『最好政府，最大管理』。所以人民有權和政府有能，是現代政治的特徵，權能劃分的理論，則是適應現代政治需要，而建立的理論，如果不為傳統觀念所囿，而注意時代的趨勢，則對於權能劃分的理論，當不至於再生疑問了。

第二、由於懷疑權能劃分制度的結果，對於國民大會這個機構，是否有設置的必要？因而亦發生懷疑。又由於他們認為國民大會代表，既然和立法委員一樣，都是由人民選舉而來，國民大會，並不是人民自己組織的團體，也是一種代議機關，在性格上，和立法院沒有什麼不同，則於立法院之外，何必另設國民大會，而行使創制複決二權？這二種看法，主張者迨今恐怕猶大有人在。如以前一看法而論：早在民國三十五年，政治協商會議討論憲法草案的時候，其關於國民大會的決議為：『全國選民行使四權，謂之國民大會』。（此即所謂無形國大，亦即無須成立全國性的國民大會之意）。嗣以國民黨方面堅持：『國民大會應為有形之組織，用集中開會之方式，行使建國大綱所規定之職權，其召集之次數，應酌予增加』，兩相妥協的結果，乃產生現行憲法關於國民大會的規定。現行憲法的主要起草人張君勱氏，即曾力主無形國大之說。他以為有形的國民大會，因代表過多，會期太少，行使間接民權，必多困難，故『將有形的國民大會，改為無形的國民大會，合全國之縣市省各級議會，及中央議會，以選舉總統及副總統，將選舉權普及於全國之議會，是爲第一步。將來人民能力增高，必須行直接選舉制，是爲第二步。政協會決議案，立法院委員由選民直接選舉，監察院委員，由各省參議會選舉，亦所以擴大選舉權於國人，與中山先生主權在民之意，正相符合』。陳茹玄氏，對於張氏這種言論，卽曾加以批評云：『二、有形之國民大會，因代表過多，會期太少，行使間接民權，已感困難。若散之於全國選民，則創制複決罷免之行使，豈不更爲夢想，永無實現之日。三、人民對中央行使直接民權，固爲最高至善之理論，然在土廣民衆之國家，至今政治家尚未想出實行辦法。世界民主國家，人民對中央能勉强行使四權者，只有瑞士小國。我國卽將來「人民能力增高」，如英美民族，是否卽能仿效瑞士。四、五五憲草所規定之國民大會，僅行使四種政權，以監督中央政府，並不干涉政府本身之治權，其異於代議制度下之國會者，卽在於此，張君似未注及』（註一）。陳氏的批評，固然甚爲精當，不過張氏之意，實在只注意於選舉權並不注意其他三種權力，而選舉權，可以由選民及各級議會行使之，不必另設國民大會，故力主無形國大之說。

無形國大之說，係根本不贊成國民大會制度，認爲在憲法上，無設置國民大會之必要，自然更不必由它行使創制複決二權。其認爲國民大會也是一種代議機關，性格上和立法院並無不同者，則係由現行憲法的規定著眼。他們以爲國民大會不但和立法院一樣，都是由人民選舉代表，而組成的機關。並且依照憲法規定：國民大會代表的任期六年，立法委員的任期三年。在第四年之後，立法委員所代表者，爲新民意；國民大會代表所代表者，則爲舊民意，何能以代表舊民意的人，來監督代表新民意的人？來複決代表新民意者所制定的法律？又何能將同爲代表人民的機關，强分爲政權機關和治權機關？由於這些理由，所以他們不贊成國民大會行使兩權。

上述兩種理論，表面上固然都有相當理由，但如詳加推究，都是有欠缺的。因爲第一種理論，雖然以冠冕堂皇的形式出之，主張政權應該由人民直接行使，實際上他們仍囿於十八九世紀的思想，以爲政權只有選擧權一種，對於其他三權的行使，根本懷疑，乃謂既然是直接民權，即應直接由人民行使，如假手國民大會行使，仍不澈底，而倡爲無形國大之說，表面上似僅不贊成國民大會的設置，實際上仍由於不贊成人民行使罷免、創制、複決三權，和權能劃分的理論而來。這一種說法，對於現代政治的趨勢，既欠了解；又不細察權能劃分的理論，和　國父適應我國廣土衆民的情勢，設置國民大會的用意，只是對十八九世紀議會政治思想，懷念太切，故發爲反對之論，殊無詳加辯難的必要。第二種說法，理由似較爲堅强，他們以現行憲法爲根據，認爲國民大會和立法院，性格上並無異致，乃不贊成國民大會行使兩權。其實國民大會和立法院，雖然都是由人民選擧代表，而組成的機關，但也不是沒有區別，例如以區域代表而論，國民大會區域代表的選擧，係採用小選擧制，以縣市爲單位；立法委員的選擧，則採用大選擧區制，以省爲單位，（憲法第二十六條第一款；及第六十四條第一項第一款）。而且憲法所賦予國民大會的職權，爲代表全國國民行使政權；其賦予立法院的職權，則爲代表人民行使治權，一個是政權機關，一個是治權機關，怎能說它性格上沒有甚麼不同呢？這猶就現行憲法條文的規定而論，如果由現行憲法所據爲立法的基本精神—— 國父創立中華民國的遺教說，則國民大會和立法院性格的不同，尤爲許多人所知道的事實，反對之論，當亦係根本不贊成權能劃分的原理，或狃於舊日議會政治的觀念，故僅由枝節處着想，而忽略基本的方面。

綜上所述，足見無論由 國父遺教、憲法立法精神，和現代政治社會的情況說，國民大會之應行使創制複決兩權，都是很明顯的。論者囿於舊日議會政治的觀念，昧於現代政治社會的情勢，對於權能劃分的原理，又不加細察，乃發爲反對之論，殊不足取。

三、此時此地，國民大會應該不應該行使兩權

國民大會之應該行使兩權，應該是多數人所共認的事實，問題是此時此地，國民大會應該不應該行使兩權？這個問題的發生，一由於憲法的規定，二由於對當前國家局勢顧慮的結果。所以對於國民大會之應該行使兩權，根本懷疑者雖然不多；但於此時此地，應該不應該行使，則恐懷疑者很有人在。茲將懷疑者的理由，分述於下：

第一：憲法第二十七條第二項規定：『關於創制複決兩權，除前項第三第四兩款規定外，俟全國有過半數之縣市，曾經行使創制複決兩項政權時，由國民大會制定辦法，並行使之。』論者乃根據這個規定，謂國民大會之行使兩權，憲法既明白規定，以『俟全國有過半數之縣市，曾經行使創制複決兩項政權』爲條件，現在全國沒有一個縣市，曾經行使這兩項政權，如國民大會行

使兩權，實違背憲法的規定。

上述理論，由憲法表面的文字說，固屬振振有辭，但他們對於憲法上開條項，和憲法其他條文的規定，似還沒有詳細研究，要決定此時此地，國民大會應該不應該行使兩權，似乎還需要就上開條項，爲較詳細的分析。由該條項的規定看來，國民大會之行使兩權，必須具備下列幾個條件：第一、必須全國有過半數的縣市，已經實行地方自治。因爲依照憲法第一百二十三條規定：『縣民關於縣自治事項，依法律行使創制複決之權；對於縣長及其他縣自治人員，依法律行使選舉罷免之權』。第一百二十八條規定：『市準用縣之規定』。縣市民之行使四權，係以縣市之實行地方自治，爲其前提。第二、必須制定行使創制複決二權之法律，因爲依照憲法第一百二十三條規定：縣民既然依法律行使創制複決之權，自然要有行使創制複決二權之法律，爲其依據；且憲法第一百三十六條規定：『創制複決兩權之行使，以法律定之』，尤必先有此項法律，縣民纔能行使四權。第三、必須要由國民大會制定行使創制複決兩權的辦法。這裡所謂『辦法』，究何所指？當於本文第六項討論。

由上述規定看來，可見國民大會之行使兩權，條件是很嚴的。因爲我國縣市達三千餘個之多，姑不論在目前大陸淪陷，河山破碎的情形之下，達到上述的目標，需要極長的時間，（因爲在光復大陸之後，滿目瘡痍，重振河山，已需相當時日；實行縣市地方自治，更需要很長的時間），即在制定憲法，勝利復員的當時，全國過半數的縣市，實行地方自治，亦非三數年內即可辦妥。這種極顯明的事實，憲法主稿人豈能無見？明知而故爲之，可見憲法主稿人，對於國民大會之行使二權，似乎根本沒有什麼誠意。且依照憲法第一百二十二條，及第一百二十八條規定，縣市之實行地方自治，猶須以召集縣市民代表大會，制定縣市自治法爲其先決條件，全國過半數的縣市，召集縣市民代表大會，制定縣市自治法，又豈簡單之事？而這些極複雜、極繁難的過程，正是國民大會行使兩權的先決條件，憲法主稿人用心所在，是很明顯的。

如果上述的條件，是合理的，猶有可說。然而其不合理，是很顯然的。因爲國民大會代表，所創制複決者，爲中央的法律，縣市公民所創制複決者，則爲地方的自治規章，兩者之對象不同，行使權力的人亦異，殊難謂兩者之間，有必然的連帶關係。憲法起草人乃混而爲一，使前一種權力的行使，以後一種權力的行使爲條件，怎能說是合理的限制呢？如謂依照建國大綱第十四條規定：『每縣地方自治政府成立之後，得選國民代表一員，以組織代表會，參預中央政事』，故國民大會兩權之行使，應以全國有過半數縣市，行使兩權爲條件，不知建國大綱上開規定，是關於訓政時期制度的規定，和憲政時期國民大會的職權，迥然不同，怎能混爲一談？所以憲法上述的限制條件是很不合理的。憲法第二十五條，既以國民大會，爲代表全國國民行使政權的機關；憲法第二十六條所規定的國民大會代表，復具有普遍的代表性，乃於國民大會的職權，則儘量縮小其範圍，且不惜附以不合理的限制，由憲法前言，和第三章關於國民大會各條規定看來，亦有前後矛盾之嫌，而不足稱爲妥善的立法。

憲法上開的條件，既不合理，和整個憲法的規定，對照看來，又有前後矛盾之嫌，縱在昇平時期，憲法第二十七條第二項的規定，應該如何解釋運用，已可研究。因爲現代法學發達的結果，法律的解釋和運用，不著重於各個法條文字的訓詁，只做咬文嚼字的工作，而注重於條與條間關聯的組織解釋，整個法律的立法精神何在？尤所注重。法條的規定，雖爲解釋的起點，未必爲解釋之惟一與主要對象（註二）。所以憲法第二十七條第二項，對於國民大會之行使二權，雖設有嚴格的限制，然由憲法所據爲基本原則的　國父遺教；及憲法第二十五條和第二十六條的規定看，該條項究應如何能解釋運用，已可研究，不能說是沒有問題。何況由於現代法學發達的結果，已由神秘主義的法律觀，進於理性主義的法律觀，認爲法律不是神的意旨，或皇帝的命令，而只是現實社會生活的規則。法律如是神的意旨，或皇帝的命令，則是聖旨綸音，是天經地義，可以使由之，不可使知之，只能機械地遵守，固不能輕予批評，也不容作機動的解釋。反之法律如只是社會生活的規則，由於社會生活的需要而產生，跟着社會生活的變遷而變遷，則宜由社會的背景，探究法律的由來；依社會的需要，決定法律的運用，從社會的利害，判斷法律的得失。因爲法律的解釋和運用，應該以社會的需要，爲最高的標準，所以法學上情勢變遷的原則，迨今尤爲發達，不僅爲民法上的原則，且爲各種法律的原則。我國共匪猖亂，竊據大陸，已逾十年，情勢變遷之甚，非筆墨所能形容，司法院大法官會議釋字第三十一號解釋謂：『立法委員任期屆滿，事實上不能依法辦理次屆選舉時，自應仍由第一屆立法委員，繼續行使職權……』之解釋，卽係根據此項原則者。基於同一理由，關於國民大會的行使兩權，如仍固守上述憲法第二十七條第二項的規定，而不依照情勢變遷的原則，另定辦法，則國民大會何日始能行使此項職權？殊難預卜，致使國民大會不能盡其政權機關應盡的責任，又豈合於憲法的精神。總之，也許有一部分人認爲：此時此地，國民大會如行使二權，實違背憲法上開條項的規定。但我們認爲由整個憲法的規定看來，該條項應該如何妥爲解釋，已可研究，此時此地，如仍咬文嚼字，不顧客觀情勢的演變，猶將國民大會之創制權和複決權，强予凍結，似尤反於憲法立法的精神，且不合於現代法律解釋的原理。

第二：或許有人以爲：國民大會行使兩權，理論上固無可非議，無奈此時此地，國家內外局勢，極爲困難，政府權小責重，牽掣甚多，已不足以肆應艱危之情勢。如國民大會行使兩權，勢必經常集會，則牽掣益多，尤見衆姑之間難爲婦之苦，故以暫緩爲宜。這種看法，表面上似頗動聽，實際上理由也不堅强。因爲（一）他們誤認爲國民大會之行使兩權，是對於政府的牽掣。（二）他們誤認爲兩權是經常而廣泛地行使的。（三）他們誤認爲國民大會如行使兩權，勢必經常集會。分別略述於下。

（一）國民大會之行使兩權，並不是對於政府的牽掣，而是加强政府的權力。因爲由兩權發生的歷史，和各國法例觀之，促使兩權發生的原因，固有多端，然補救議會政治之窮，抑制立法機關之專橫，必要時，由主權所屬的人民，挺身而出，解決立法機關和政府的糾紛，亦爲其原因之一。政府和立法機關的糾紛既可訴之人民以求解決，即是政府除有時可用解散議會的手段外，復可以複決的手段，以人民為後盾，以與議會相抗衡，故兩權之行使，並非對於政府的牽掣，而是加强政府的權力。德國一九一九年的威瑪憲法，是二十世紀各國憲法的領導者，它關於直接民權的規定，亦最為研究憲法者所注意，由其第四十三條、第七十三條及第七十四條規定觀之，亦足見兩權的行使，並非對於政府的牽掣，而是增加政府的權力，以抑制立法機關的專橫者，⑴第四十三條規定云：『聯邦大總統之任期七年，連選得連任。在任期終了前，亦得因聯邦議會之議決，實行國民投票，使大總統解職……國民投票結果，否決大總統解職案時，視為新當選，聯邦議會當然解散』。⑵第七十三條規定云：『議會議決之法律，大總統在公布之前，得於一個月內，先付國民投票』。⑶第七十四條規定云：『對於議會議決之法律，參議院有抗議權……參議院提出抗議後，該法律應提請議會覆議。議會議決結果，如與參議院意見不能一致時，大總統得於三個月以內，將所爭執之事件，提付國民投票。大總統若不行使此權力時，該法律視為不成立。若議會不顧參議院之抗議，以三分之二以上之多數，可決同一之法律案時，大總統應於三個月以內，將所議決之法律公布，或交付國民投票』。上述第四十三條的規定，使大總統的解職問題，付諸國民的公決，而不聽由議會決定。第七十三條的規定，使大總統對於議會議決的法律，有提付國民複決之權。第七十四條的規定，則於參議院抗議議會所議決之法律時，予大總統以提付國民複決之權。『大總統若不行使此權力時，該法律視為不成立』。根據這些規定，故我們說兩權的行使，並非牽掣政府，而是加强政府的權力。這些規定，雖係指國民自身行使兩權而言，然由政府和立法機關的關係言之，國民大會行使和國民自身行使，實無不同之處。何況創制複決兩權，由其通常含義言之，係創制應制定，而立法機關未制定的法律，與複決立法機關所制定的法律，均爲對於立法權的控制，縱令不能認爲增加政府的權力，亦無牽掣政府之可言。

（二）創制複決兩權，如果是經常而廣泛地行使的權力，雖無牽掣政府之可言，或許會增加政府的繁擾，或因國民大會和立法院之間，意見時常參差，使政府有衆姑之間難爲婦之苦。然而創制複決兩權，是一種政權，政權和治權不同，不是經常而廣泛行使的，只是國家重大事務，未容由治權機關任意決定（如修改憲法）；或治權機關相互之間，意見參差，不能解決時，始由政權機關爲最後的決定，所以它的行使是偶然性的，它的範圍，則限於重要的事項，可以說是一種備而不輕用的權力。證諸各國法例，均屬如此。故如認爲國民大會，必定經常行使二權，創制複決的範圍，必定相當廣泛，易致國民大會和立法院之間的誤會，並增加政府的繁擾，也是一種誤會。

（三）國民大會行使兩權之後，如果必須時常集會，則以國民大會人數之多，技術上固然有許多困難。然而國民大會是否時常集會，第一要看他是否經常而廣泛的行使兩權，第二要看他是否有集會行使的必要。倘如前所述，他不是經常而廣泛的行使兩權，且如後所述，他行使創制權時，又未必有集會的必要，則國民大會縱使行使兩權，也未必要經常集會。如由另一方面觀察。現行憲法，使國民大會六年纔開會一次，每屆國民大會開會之期，亦卽該屆國民大會代表任滿之時的辦法（第二十九條）原由於憲法主稿人忽視權能劃分的原理，不贊成國民大會的存在，極力減削其權力的結果，致使國民大會流為閑散的機構，故如因行使兩權的結果，使國民大會能略增開會的次數，以符政權機關之實，亦屬有利而無害。

凡上所述，係就此時此地，國民大會應該不應該行使二權，抱有懷疑者的理論，略加辯難。由這些辯難裏面，可以看出我們是贊成國民大會在此時此地行使兩權的。但我們只是消極地辯論，而沒有提出贊成的理由，玆將我們贊成的理由，略舉於下：

（一）如前第二節所述，我們認為無論由　國父遺教、憲法立法精神，和現代政治社會的情況說，國民大會之應該行使兩權，是很明顯的。憲法第二十七條第二項所設的限制，甚不合理，如不因共匪猖亂，這種限制諒早已解除，（此觀於第一次國民大會集會時，許多代表提出憲法修正案，可以證明），其不合理的性格，並不因共匪猖亂，而變為合理化，故雖在非常時期，亦應予以解除。且我們何時光復大陸，和國際政治動態，有極密切的關係，是許多人所知道的事實。現在共匪崩潰的日期，雖日見接近，但國際政治的情況，尙不十分明朗，如不解除上述的限制，則國民大會何日始能行使此項職權，殊難確定，致使國民大會不能盡其治權機關應盡的責任，殊不合於權能劃分的原理，和憲法立法的精神。又有如前述。

（二）我國現在是反攻復國的時期，任務艱巨，頭緒紛繁，需要强有力的政府，纔能負起這種艱巨的責任。要政府有魄力，有作為，應該加强政府的力量，減少不必要的牽掣，立法機關和行政機關之間，保持平衡的關係，尤屬需要，而如上所述，抑制立法機關的專橫，加强政府的權力，是創制複決兩權的重要作用之一，故此時此地行使兩權，實爲當前局勢所必需。

（三）反攻復國，是一件極艱鉅的工作，百廢待擧，應做的事固然很多，但制定必需的法律，俾有助於反攻復國的進展；和否決不必需的法律，以免有礙於反攻復國的進行，要屬重要的工作之一。現在的立法委員們，共體時艱，對於立法工作，諒必在積極與審愼中進行，惟爲期充分表達民意，使立法臻於完善起見，亦有由國民大會行使創制複決兩權的必要。

四、國民大會應該怎樣行使創制權

此時此地，國民大會也應該行使兩權，略如前述，那麼，國民大會應該怎樣行使兩權呢？換言之：它行使兩權的對象、方式、程序，和效力，應該怎樣呢？茲先就創制權部分，略述鄙見如左。

在討論國民大會應該怎樣行使創制權之前，應該先注意一個前提，即我們前面說過，創制權和複決權，都是備而不經常使用的權力，它的行使是偶然性的，它的對象，又限於重要的事項，既然係對於重要事項，而行使這種權力，其手續亦不容輕易。故如行使的對象過於廣泛，時常行使，或手續過於輕易，殊不合於創制權的本質（也不合於複決權的本質），茲本此觀點，來討論創制權的行使。

（一）創制的對象　首先要討論的，是創制的對象。按各國法例：⑴有祇對憲法行使創制權者；⑵有祇對中央法律行使創制權者；⑶有對於憲法和中央法律，都能行使創制權者。我國憲法第二十七條，認爲國民大會修改憲法的權力，爲創制權的一種，理論上雖可研究，但憲法第一百七十四條，既亦承認國民大會有修改憲法的權力，則憲法是否創制的對象，已無討論的必要。我們以爲當前的問題，是解除憲法第二十七條的限制，故中央的法律，自屬國民大會創制的對象。所以限於中央的法律者，因依照憲法規定，全國各省各縣，均實行地方自治，各有其自主立法權，國民大會，則爲國家的政權機關，不應該越俎代庖。且各地情形不同，立法之需要各異，亦無由國民大會創制的必要。

（二）創制的方式　按照各國法例：法律的創制，有原則創制和法案創制之分，前者僅由創制機關，決定立法的原則，交由立法機關據而完成法律。後者則創制機關，不僅決定立法的原則，且決定全部法律的條文。在人民行使創制權的國家，有採前一辦法者，亦有採後一辦法者。我國將來國民大會行使創制權時，究竟採取那一個辦法，是一個可以研究的問題。由一種觀點說：國民大會，既然有創制中央法律之權，應該不限於原則創制，而且也可以行使法案創制權，俾創制權趨於完整。而且法律的條文，差以毫厘，失諸千里，如國民大會只能爲原則創制，不能爲法案創制，則交付立法院制成法律之後，或許和立法原意不盡相符，而失去創制權的本意，故國民大會應兼有法案創制之權。不過我們仔細思考的結果，覺得仍以只實行原則創制爲宜。其理由有二：⑴制定法律，是一個極複雜的過程，因爲法律公布施行之後，對國利民福，關係太大，故制定時不能不力求審愼，復因力求審愼之故，制定的手續，遂不免於繁難複雜。所以人數太多的會議，恆不宜於細針密縷，句斟字酌的制定法律條文的工作。我國立法院立法委員的法定名額，達七百餘人，已嫌其太多。國民大會代表的法定名額，則竟高達三千餘人，如擔任法案創制的工作，勢必經常而長期的集會，其困難重重，已可想見。縱令不加顧慮，然聚三千餘人於一堂，爲逐條逐句的探究工作，將見發言盈庭，曠時廢日，而於事未必有補。雖說可以設置委員會，分別從事審查，然委員會只是大會的準備機構，最後仍要經過大會，種種困難，還不能免，故由國民大會的組織看，以採取原則創制的方式，較爲適合。⑵再由國民大會的職權看：如上所述，國民大會的產生，是根據權能劃分的原理而來者。依照權能劃分原理，國民大會是權的機關，不是能的機關，（儘管國民大會代表中，也有很多法律專家；縱管現行立法院的組織，也是有政權機關的成分。然由憲法的基本精神看，仍應如此解釋），而法律條文的制定，則是專門性技術性的工作。政權機關，固然應該代表民意，創制立法的原則，但如直接創制法律條文，由權能劃分原理，及政權機關的性格說，究非所宜。至於國民大會倘沒有法案創制之權，恐立法機關制定法律之後，與創制原意不符云云，固然也是可能發生的現象。好在國民大會尚有複決法律之權，萬一有這種情形，尚可以複決權加以救濟，仍不是沒有辦法的。

（三）創制的程序　國民大會行使創制權時，應該經過怎樣的程序，也是一個可以研究的問題。有人以爲他應該和立法院立法委員提出法律案一樣，要經過提議、連署、審查、討論及表決各種手續。這種說法，固然很有理由。但我們以爲國民大會代表人數衆多，集會不易，創制權的本質，又屬積極的創議權，並非消極的控制權，係有建設性的行爲，程序上不必多加限制。故只須國民大會代表三分之一之連署，即可提交國民大會秘書處，咨送立法院定爲法律，不必召開國民大會臨時會，更無庸經過審查討論等手續。或許有人以爲這種辦法，過於簡易，且有背於合議制機關，集體行使職權的原理。我們承認這種辦法，或許比較簡易的，但由於我們主張原則創制，且鑒於國民大會集會的困難，故爲這種主張。同時以爲這種主張，和合議制機關的原理，亦未必不合。因爲合議制機關，固以集體行使職權爲通例，惟亦非絕對的原則。如依照現行憲法，監察院也是合議制機關，但彈劾權和糾舉權的行使，不必集會爲之，即其一例。（憲法第九十八條至第一百條）。至我們所以主張創制案的提出，不須國民大會代表過半數的連署，只須三分之一以上之連署者，因爲依照國民大會組織法第八條規定：『國民大會非有代表三分之一以上人數之出席，不得開議。其議決除憲法及法律另有規定外，以出席代表過半數之同意爲之』。立法院組織法第五條規定：『立法院會議，須有立法委員總額五分之一之出席，始得開會』。第十二條規定：『立法院會議之決議，除憲法別有規定外，以出席委員過半數之同意行之，可否同數時，取決於主席』。由這些規定看來：可見國民大會對於普通議案的處理，只要有國民大會代表三分之一以上人數之出席，即可開議，只要有出席代表過半數之同意，即可議決。創制案的提出，如以國民大會代表三分之一以上的連署為條件，已較前述規定為嚴。這種規定，如與立法院組織法相比較，尤可見它是可行的。因為立法院對於普通議案的處理，只要有立法委員總額五分之一之出席，即可開會；只要有出席委員過半數的同意，即可議決，兩相比較，更顯得上述擬議的國大代表連署人數，並不失之於寬。

（四）創制的效力　國民大會，既為代表人民行使政權的機關，它所創制的立法原則，立法院自應依而制定或修改法律，不能夠置諸不理，或提請覆議。不過國民大會，究竟只是代表人民行使政權的機關，而非人民自身，國民大會創制權的行使，既不以集會為必要，立法院又有依照所創制的立法原則，制定或修改法律的義務。則於立法院依而制定或修改的法律，行政院認為窒礙難行時，又不能依照憲法第五十七條規定，以送請立法院覆議的方式解決。故我們認為總統對於國民大會所創制的法律，認為必要時，得於國民大會開會時（或召集國民大會臨時會）請求覆議。在覆議之前，得暫不公布法律，不受憲法第七十二條：『立法院法律案通過後，移送總統及行政院，總統應於收到後十日內公布之』規定的限制。

五、國民大會應該怎樣行使複決權

（一）複決的對象　國民大會行使創制權的對象，應為中央的法律，各方意見似甚一致。但國民大會行使複決權的對象為何，各方意見似甚參差。有人認為國民大會為政權機關，複決的對象宜廣，不僅對於立法院所制定通過的法律，可以行使復決權；對於立法院所通過的宣戰案、媾和案、條約案等，也可以行使復決權，以加强政權機關的功能。有人則以爲由復決權的本質說：原爲對於憲法修正案，和法律案的復決，且依照若干國家通例，財稅法案、緊急性法案，亦不在復決之列。我國行使復決權者，爲國民大會，而非全國公民自身。且國民大會代表人數衆多，集會不易，故除憲法的修改，原屬國民大會的職權，不發生復決問題外，國民大會行使復決權的對象，仍應以中央法律爲限，且宜依照若干國家通例，將財稅法案，和緊急性法案除外，以彰其利，而去其弊。

上述兩種說法，第一說不妨稱爲廣義說，第二說不妨稱爲狹義說。兩說都有相當理由，但似乎都失諸一偏。我們以爲由復決權的本質說，由權能劃分的原理說——尤其是目前行使復決權，帶有初步試驗的性質說，復決權的範圍，實不宜過廣，以免失却復決的本意，妨礙治權機關的功能，或傷及政治效率。但如復決權的範圍，過於狹小，和復決權的本質，及權能劃分的原理，亦有未符，故目前行使復決權的範圍，似宜折衷於廣義說和狹義說之間，以期適當。那麼，應該如何折衷呢？我們以爲國民大會行使復決權的對象，應以立法院制定通過的法律案和條約案爲限，在各種法律案中，有關財稅的法案，亦爲行使復決權的對象，但緊急性的法案應予除外，不在復決之列。換言之：我們認爲(1)復決的對象，不以法律案爲限，且包括條約案在內。(2)在各種法律案之中，緊急性的法案，應予除外，但有關財稅的法案，亦爲復決權行使的對象。(3)至於宣戰案、媾和案和預算案等，則不宜爲複決的對象。分別略述理由於下：

(1) 立法院所通過的法律案，應爲複決權行使的對象，是理論上所不爭的，何以我們主張條約案，也可以成爲複決的對象呢？因爲現代社會生活國際化，國和國間的關係，日趨密切的結果，條約的聲價亦日見增高。二十世紀各國的憲法和學說，多半承認條約不但是國際法的法源，而且是國內法的法源；不但是國家和國家間的契約，而且直接拘束締約國的人民。條約既爲國內法的法源，其效力和法律實無二致。由條約的內容觀之，其爲規範社會生活的規則，和法律也沒有甚麼兩樣，法律既爲複決的對象，條約應無特異之理。且我們所以這樣主張者，尤由於我們國家今後的環境，仍甚艱難，條約如爲複決的對象，在國權的維護上，在外交的應付上，似亦有害而無益。按憲法第四條規定：『中國民國領土，依其固有之疆域，非經國民大會之決議，不得變更之。』是用意很深的規定，我們上述主張，蓋亦由於同一用意。

(2) 在各種法案之中，何以我們只把緊急性的法案除外，仍把有關財稅法案，列爲複決的對象呢？這裏所謂有關財稅的法案，係指租稅法案、俸給法案等，有關國家收支的法案而言。這些法案的內容，多半增加人民的負擔，若干法例，所以不許公民就這些法案，提交複決者，蓋恐人民爲欲減少負擔，容易把這些法案否決，致礙及國家的施政。然民主政治爲民意政治，民之所好好之，民之所惡惡之，如果財稅法案的內容，確爲多數人民所反對者，根本即不應成立；即令成立，亦不應阻其提交複決，阻遏民意的表現，而蹈專制政治的覆轍。這在人民直接行使創制權時如此，在國民大會代表行使創制權時，亦屬如此，故我們不贊成把有關財稅的法案除外。至所謂緊急性的法案，可以專指在非常時期，因有緊急處理的必要，所制定的法案而言。也可以兼指爲處理臨時發生的事件，亟待實施的法案在內。我們這裏採第一種用法。這類法案，旣係非常時期，因有緊急處理的必要，而制定者，如可提交復決，則法案的實施，必致遲緩，深恐延誤緊急的措施，而致嚴重的效果，故不宜爲複決的對象。（如爲貫徹複決權的行使起見，必須提付複決，亦只能於施行後爲之，不宜有阻礙施行的效力）。

(3) 宣戰案和媾和案，對於國家固然有極重大的關係，但它具有極緊急的性質，必須劍及履及，在勢無法提交複決。至於預算案，原屬廣義法律案的一種，其重要性，有時且不在普通法律之下，惟預算案內容繁雜，且具有專門和技術的性質，如全部交付複決，固恐延誤庶政的進行；局部交付複決，又有顧此失彼之慮，故亦以不交複決爲宜。

(二) 複決的方式　由各國法例看來，複決的方式，有强制複決和任意複決之分；又有全部複決和一部複決之別。任意複決，是立法機關通過的法律案，並非必須提付公民複決，必須公民或有關機關，請求複決時，始提付複決。反之，强制複決，則不問公民或有關機關，有無請求，均須提付複決。甚至在法律制定和修改以前，先須獲得公民投票的許可，始得着手立法者，（是爲諮詢的複決，其於通過之後，須交複決者，稱爲批准的複決）。至全部複決，係指將法律案全部提交複決而言；一部複決，則僅將法律案一部提交複決亦可。我國國民大會行使複決權時，究竟應該採取那一種方式呢？我們以爲應該採取任意複決的方式，至全部複決和一部複決，則可並行而不悖。因爲⑴現代立法，具有專門和技術的性質，原應信任立法機關制定的法律，複決只是不得已的辦法，不可經常行之。⑵我國立法院，係由人民選舉代表組織的機關，由一種觀點說，亦具民意代表機關的性質，和國民大會的差異，並不太大。實行任意複決，在權能劃分的原理上，固屬必要；但如實行强制複決，則又感其太過。⑶我國國民大會代表，人數衆多，集會不易，而如後所述，複決權的行使，又有集會的必要，故以縮小範圍，採任意複決制度爲宜。至於全部複決和局部複決，可以並行而不悖者，因爲一般地說，一種法律的各個條文之間，原都具有有機的關係，法律如有複決的必要，多半是其全部條文的問題，而不僅是一部條文的問題，故原則上應實行全部複決制度。然亦有法律的大部分條文，沒有問題，僅其一部分條文，有刪除或修改的必要，而刪去或修改該一部分條文之後，並不影響於全部的法律者，故有時亦可採用一部複決的方式。

㈢複決的程序　複決的程序如何，是一個重要而繁雜的問題，扼要地說：何人可以提請複決？行使複決權時，國民大會是否有集會的必要？尤可研究。先就後一點說，我們以爲複決權的行使，和創制權不同，它不是積極的建議制定某種法律；而是消極的否決立法院所已通過的法律案和條約案，行使複決權的結果，可能使經過立法院三讀通過的法案，失其效力，關係重大，故國民大會有集會討論的必要，以期慎重。至於何人可以提請複決的問題，我們以爲有權提出者，爲總統，及一定人數的國民大會代表。總統之提請複決，又可分爲兩種情形。⑴爲國民大會所創制的立法原則，經立法院制爲法律後，行政院認爲窒礙難行時，得於提經總統核可後，由總統召集國民大會臨時會（或於國民大會開會時）複決之。蓋如前第四節所述：國民大會創制權的行使，既不以集會爲必要，立法院又有依照所創制的立法原則，制定或修改法律的義務；於立法院依而制定或修改的法律，行政院認爲窒礙難行時，又不能依照憲法第五十七條規定，送請立法院覆議，故宜由總統提請國民大會複決，以救其窮。⑵爲參照五五憲草第七十條：『總統對於立法院之議決案，得於公布或執行前，提出覆議。立法院對於前項提交覆議之案，經出席委員三分之二以上之決議，維持原案時，總統應即公布或執行之。但對於法律案條約案，得提請國民大會複決之』的規定，定爲『動員戡亂時期，行政院對於立法院議決之法律案條約案，認爲窒礙難行者，於依照憲法第五十七條第三款辦理後，並得由總統召集國民大會臨時會複決之』。這個規定，係仿自上述德國威瑪憲法第七十三條，蓋如上所述，複決權的行使，原具有平衡行政立法兩權的作用，加强政府的力量，以與立法機關相抗衡，在國家情勢特殊的動員戡亂時期，這種作用，尤屬必要，故行政院對於立法院議決的法律案條約案，認爲窒礙難行者，於依照憲法第五十七條第三款辦理後，雖經立法委員三分之二維持原案，行政院長亦不必立即接受該決議或辭職，仍可經總統核可後，由總統召集國民大會臨時會或於國民大會開會時，複決之。

除總統提請複決外，經一定人數國民大會代表之連署，亦可提議召集國民大會臨時會，複決法律案或條約案。因國民大會既然有複決法律案條約案之權，則於一定人數的國民大會代表，認爲某項法律案或條約案的全部或一部欠妥時，自亦可提議召集臨時會複決。此項提議複決的人數，如依照憲法第三十條第一項第四款的規定，必須國民大會代表五分之二以上的請求，始能召集臨時會，似嫌限制太嚴。創制複決兩權的行使，憲法既授權國民大會制定辦法，則因行使複決權的必要，而請求召集臨時會時，似無拘泥於上開條文的必要。惟如人數過少，國民大會臨時會的召集，過於輕易，亦非所宜，似可依照前述行使創制權的辦法，經國民大會代表三分之一以上的連署，請求召集國民大會臨時會時，由總統召集之。

至國民大會開會後，行使複決權的出席人數，及議決人數，似仍可依照國民大會組織法第八條規定辦理：即非有代表三分之一以上人數之出席，不得開議，其議決，以出席代表過半數之同意爲之。

（四）複決的效力　依照各國通例，法律案或條約案，經公民複決後，其效力爲最終與確定的，任何機關均不能提出異議，我國的複決權，雖由國民大會行使，亦應具有此種效力，以免枝節橫生，引起不必要的紛擾。

六、結語

國民大會，應該不應該行使兩權？假如應該行使，應該怎樣行使的問題，均略如前述。現在討論最後一個問題，即假如此時此地國民大會行使兩權時，應該怎樣制定辦法？按憲法第二十七條第二項規定：『關於創制複決兩權……俟全國有過半數之縣市，曾經行使創制複決兩項政權時，由國民大會制定辦法，並行使之』。有如前述，有些人根據這個規定，乃謂創制複決兩權的行使，應該由國民大會自行制定辦法，憲法既定有明文，所以不發生應該怎樣制定辦法的問題。這種說法，固然不是沒有理由，而且創制複決權的行使，是對於立法權的牽制，如果由立法機關制定法律，來規定行使兩權的辦法，未免不合於兩權的本質，所以憲法上開規定，也具有相當用意。不過依照憲法規定，必須『俟全國過半數之縣市，曾經行使創制複決兩項政權時』，始『由國民大會制定辦法，並行使之』，現在既然因爲國家情勢關係，解除上述的限制，則兩權行使的辦法，是否必須由國民大會自行制定，也不是沒有研究的餘地。國民大會行使兩權的辦法，固然不應該由立法院制爲法律；且由國民大會自行制定辦法，內容也比較詳密。但我們以爲此時此地國家情勢困難，國民大會之行使兩權，宜求其簡易可行，且帶有過渡與試驗的性質，條文亦不必求其太多，國民大會人數衆多，會期又不能太長，逐條討論條文，有許多不適宜的地方。而且嚴格說來：國民大會，不但要制定行使兩權的辦法，而且要制定實施的細則，則問題更多，解決益見困難。動員戡亂時期臨時條款第四項：雖有『設置機構，研擬辦法』的規定，它所謂『辦法』，固然可解爲憲法第二十七條第二項的『辦法』，也可以作較活動的解釋。默察當前情勢，將來總統依照動員戡亂時期臨時條款的規定，召開國民大會臨時會後，該條款的增訂，是很可能的，爲求簡而易行起見，似可將動員戡亂時期，國民大會行使兩權的辦法，扼要規定於臨時條款之中，俾國民大會仍可行使兩權，又可使內容不至過於繁雜，且可避免不必要的爭論。

國民大會行使創制複決兩權問題，是一個重要而繁難的問題，凡上所述，係作者以國民的身分，貢獻其一得之愚，內容一定有許多不妥當的地方，尚希專家指正！

五十年五月十八日作

註釋

（註一） 引自陳茹玄氏著：增訂「中國憲法史」第二百五十十七頁至第二百六十頁。

（註二） 詳見拙著「中華民國憲法釋論」緒論第七章。

載國民大會憲政研討會編參考資料乙類第十二號

一〇、中華民國憲法上之國會問題

——司法院大法官會議釋字第七十六號解釋辨疑

中華民國憲法，係『依照　孫中山先生，創立中華民國之遺敎，而制定者』，　孫中山先生鑒於議會政治之弊，提倡權能劃分，俾民主政治，更臻澈底，爲周知之事實，故中華民國憲法上，原不發生國會問題，憲法全文上，亦無「國會」之字樣。惟因司法院大法官會議釋字第七十六號解釋之結句，有謂：『實應認國民大會、立法院、監察院，共同相當於民主國家之國會』，乃發生中華民國憲法究竟有無國會？及何機關相當於國會之問題？論者有執上述解釋爲根據，謂某機關爲國會者，亦有以憲法上未有國會規定爲理由，對上述解釋，嚴加批評者。本號解釋，公布於民國四十六年五月三日，作者次年始至司法院服務，未參加本號解釋之討論。惟私人研究結果，認爲執本號解釋爲根據，謂某機關爲國會者，固屬誤會。對本號解釋嚴加批評者，亦有斷章取義之嫌，爰以個人身分，略述所見於次，以質高明。

本號解釋謂：『我國憲法，係依據　孫中山先生之遺敎而制定，於國民大會外，並建立五院，與三權分立制度，本難比擬。國民大會，代表全國國民行使政權，立法院爲國家最高立法機關，監察院爲國家最高監察機關，均由人民直接選擧之代表或委員所組成。其分別行使之職權，亦爲民主國家國會之重要職權，雖其職權行使之方式，如每年定期集會、多數開議、多數決議等，不盡與民主國家國會相同，但就憲法上之地位，及職權之性質而言，實應認國民大會、立法院、監察院，共同相當於民主國家之國會』（註一）。

對於本號解釋之誤會，多由於未詳究其解釋之由來，故有尋本溯源之必要。本號解釋，係由於總統府秘書長之函請。因監察院於四十六年四月二十日，咨文總統稱：『本院第四一六次會議，監察委員陶百川等提，在國際關係需要國會之名義時，似應以立法監察兩院，爲吾國國會之代表機關，最近因組織世界國會聯合會中華民國小組，以便爭取吾國在世界國會聯合會代表問題，兩院步調未能一致，擬請總統依照憲法第四十四條之規定，召集有關各院院長，會商解決。』國民大會在臺全體代表，亦代電總統府略稱：『爲國會聯合會訂期開會，我國似應由國民大會代表，及立監兩院委員中，推出人選，共同代表參加。依據現行憲法第二十五條、第二十六條、第二十七條、第一百條、第四條等明文之規定，凡此至高無上之職權，有非其他機關所可比擬。此次出席國會聯合會之人選，其不宜僅就其他行使部份國會職權之機關人員中推出，而反置國民大會於不顧，實屬事理所顯然……』。經總統府秘書長併案陳報　總統後，奉　總統諭：『查我國憲法，對於國會職權，其行使之機關，與各國憲法規定，多不相同。憲法第四十四條，所謂總統對於院與院間之爭執，除本憲法有規定者外，得召集有關各院院長會商解決之云者，當指各院因其職掌發生爭執而言，惟上項問題，顯係各機關間於其職權上適用憲法發生疑義，自不屬於院與院間爭執之範圍。且國大代表，亦復列舉理由，提出請求，更非召集有關院長會商所能解決。我國憲法中，無國會名稱，究應以何機關相當於民主國家之國會，事關憲法疑義，應送請司法院大法官解釋』（註二）。綜此經過，足見本件問題之發生，係由於國會聯合會開會，我國應有代表參加，惟究以何機關相當於民主國家之國會，而派遣代表參加，各方發生爭議，乃由總統府秘書長，送請司法院解釋。其解釋之目標，係在決定應由何機關指派代表出席，並不因此而認爲何機關卽爲國會，而行使國會之職權。蓋大法官會議之解釋，係採當事人主義，因當事人之申請而開始（不能自動行使職權），其解釋之對象，自亦不能軼出當事人聲請之範圍也。

本件究係屬於憲法第四十四條之事項？抑係屬於憲法第七十八條之事項？爲先決之問題。蓋如屬於第四十四條之事項，大法官會議之受理卽不合法，遑論其解釋之正當與否矣。按憲法第四十四條規定：『總統對於院與院間之爭執，除本憲法有規定者外，得召集有關各院院長會商解決之』。同法第七十八條：『司法院解釋憲法，並有統一解釋法律及命令之權』之規定，是否屬於該條所謂：『本憲法有規定者之列』爲可研究之問題。吾人嘗謂：『由廣義言之：法治國家，憲法與法律之規定，爲政府各機關施政之準繩，故院與院間之爭執，如行政院與考試院間，爭執公務人員保險之管理權；立法院與監察院間，爭執國家決算之最後審核權，莫不爲關於憲法或法律解釋之爭執，然如持此觀點，則第四十四條之規定，將根本無適用之餘地。憲法既於司法院設置大法官，掌理解釋憲法及法律之任務，乃復於第七十八條之外，另設第四十四條之規定者，當以院與院間之爭執，除關於純粹法律見解之不同外，往往含有政治性之爭執，此類爭執，以用會商解決之方法為宜，故由總統斡旋於其間。準是而解，憲法第四十四條與第七十八條之間，雖未必有明確之分際，然院與院間之爭執，除為純粹法律性之爭執，或不至引起政治上之波浪者外，似以適用本條為宜』（註三）。依此觀點，認本件宜依憲法第四十四條以解決者，固非無見；惟本件乃係關於憲法見解之不同，且國民大會亦發表意見，非僅院與院間之爭執，大法官會議，受理本件而為解釋，程序上自屬合法。

惟如上所述，各方對本號解釋，頗多評論，甚至有嚴加批評者，考其理由，似在下列兩點：㈠憲法上根本無國會之組織，大法官會議只能釋法，不能造法，何必謂上開各機關，均相當於民主國家之國會，致增困擾。㈡各國國會最主要之職權，為立法權、預算議決權，與行政監督權，依照我國憲法，此三種職權，均屬於立法院，何得謂國民大會與監察院，均相當於民主國家之國會，致貽「三頭馬車」之詐。

上述反對說，固亦言之成理，然均不甚堅强。就其第一點言之，所謂大法官會議只能釋法，不能造法云云，其法律觀點，似失之陳舊，惟持此觀點者甚多，有加以檢討之必要，蓋依照晚近學說，認為解釋法律（廣義的）之作用，除闡釋法文之疑義外，尚有㈠補充法律不備之作用：法律係社會生活規則，欲以規範複雜之社會事實，使皆有軌可循，以達定分止爭之目的者。惟爲便於適用與遵守起見，條文不宜過多，文字不宜過繁，以免卷帙浩繁，人民有無所適從之嘆。於是法律之條文，與各條之文字，均不能不求其簡短，而因求其簡短之故，於繁複無窮之社會事實，勢難規定罄盡，致生對於某類事實，法律無所規定之空隙現象，而有待於解釋之補充，故補充法律之不備，爲解釋之另一作用。㈡爲推陳出新之作用。法律既爲社會生活之規則，由理想言之，法律對於當前之社會事實，固應規定無遺，以善盡其規範之作用，對於將來可能發生之事實，亦應顧慮周到，悉加網羅，然因法律之條文有限，對於當前之事實規範，既已多脫落遺漏之處，而有待於解釋之補充，有如上述。社會現象之變動靡常，日新月異，尤使固定而有限之法律，有難於肆應之感，而法律又未容朝令夕改，欲使制定於前之法律，克獲肆應其後變化多端之社會，而無扞格難通之感，亦有待於解釋之推陳出新的作用。美國憲法，制定於一七八七年四輪馬車時代，至今修改無多，猶能推行盡利者，論者卽歸功於其國最高法院解釋憲法，善於發揮推陳出新之作用。

論者尙有更進一步，謂『……由解釋之現代意義言，則解釋之任務，固非探求立法者本意，亦非僅探求法條之客觀意義，宜在探求整個法律之社會意義，卽宜如何解釋法律，始能適合現階段之社會需要，而達維護社會秩序，促進社會發展之目的。法條之規定，雖爲解釋之起點，未必爲解釋之唯一與主要對象，故法條含義之闡明，法律缺陷之補充，與乎推陳出新之作用，雖均爲解釋法律之主要作用，然處此社會生活發達，且又動盪倍常之時代，法條之規定，與社會生活間之距離，日益加深，以原有法條規定爲基礎之補充解釋，與推陳出新之解釋，均不免有時而窮，尤有賴於善體法律之社會意義，針對社會情勢之需要，不爲傳統所拘，不爲習俗所屈之創造性解釋，以達法律之社會的使命……』（註四）。綜此說明，足見法律解釋之理論，晚近已多變化，釋法與創法之間，名詞雖易劃分，實際殊難區別，以此理由責難本號解釋，其觀點似失諸陳舊。矧綜觀本號解釋全文，僅謂應認：『國民大會、立法院、監察院，共同相當於民主國家之國會』，並未認其卽爲國會，其主要用意，顯係認爲上述三機關，均可選派代表，參加國會聯合會，如斷章取義，謂該號解釋，係認各該機關卽爲國會，殊非解釋之原意。

再就第二點言之，立法院之職權，與各民主國家國會之職權，最爲相近，固屬事實。然監察院所享有之彈劾權、同意權、議決決算權等，亦爲各民主國家國會所享有之職權。國民大會修正憲法之權、罷免總統副總統之權，以及議決變更領土之權，亦爲若干民主國家國會所享有之權力。若謂立法院之職權，與各國國會之職權相仿，則監察院與國民大會之職權，亦非無類似之處，如以所掌職權，爲鑑別是否與外國國會相似之標準，似不能顧此而失彼。且國會之特性，似在其爲民意機關，由人民直接或間接選擧代表，組織而成，以代表民意者，如由此角度立言，立法院之立法委員，固係由人民選擧而來，國民大會代表，與監察院監察委員，亦係由人民直接或間接選擧而來者，本質上並無區別，殊難謂僅立法院相當於民主國家之國會也。

再本號解釋，僅謂上列三機關，共同相當於民主國家之國會，欲藉以解決選派代表，參加國會聯合會問題，並非謂其卽爲國會，已如前述，故不發生論者所謂「三頭馬車」之問題。

吾人早於民國四十九年間，卽曾對本號解釋加以評論云：『專由憲法關於立法院職權之規定觀之，與民主國家國會之職權，固最爲相近，然憲法規定之國民大會職權，與監察院之職權，亦恒爲民主國家國會之重要職權，國民大會與監察院，又係由人民直接間接所選擧之代表或委員所組成，如必相爲比擬，似難獨認立法院相當於民主國家之國會。反之，如由憲法前言所稱之「依據孫中山先生建立中華民國之遺敎」，卽權能劃分之原理，及憲法第二十五條，以國民大會，爲代表全國國民行使政權之規定言，國民大會、立法院與監察院，自均非列國國會之比……至該號解釋，雖結論之措辭，過於强調，固非無瑕可指，然由整個解釋爲綜合觀察，似尚無可厚非。其於國民大會、立法院、監察院地位之說明，兼顧憲法所憑據之基本原則，及各有關條文之規定，亦可謂爲周到。惟該號解釋，表面上雖係對於國民大會等機關，在憲法上之地位，所爲之解釋，然係針對上述總統府秘書長之來函，而爲之者，屬於泛論之性質，列國國會所有之職權，國民大會等機關，應否享有？其所享有之程度如何？仍應依照　中山先生之遺敎，與憲法各條之規定而決，未容遽依上開解釋，而輕率斷定也』（註五）。上開評論，雖未爲深入與詳細之討論，當亦可供研究本號解釋者之參考。

總之，本號解釋之意旨，並非認爲國民大會、立法院與監察院，卽爲民主國家之議會，故解釋文首稱：『我國憲法，係依據　孫中山先生之遺敎而制定，於國民大會外，並建立五院，與三權分立制度，本難比擬』，措辭甚爲明白而堅定。惟因須由國會選派代表，參加國會聯合會，乃不得不由各機關之憲法上地位及職權觀察，求其與各國國會相近似者，以便選派代表，乃有『應認國民大會、立法院、監察院，共同相當於民主國家國會』之結論，末句措辭容有未妥，全文說理則頗爲詳密，由申請來文觀之，尤可見其係專爲選派代表，參加國會聯合會而發，未容斷章取義，遂謂本號解釋，認爲上開各機關均屬國會。且各國國會之職權，各有不同，上下院之關係各異，如必謂本號解釋，係直認上開各機關均爲國會，則何機關相當於何國之上院或下院，各機關相互間之關係如何，亦殊費解，本號解釋，未言及此，亦可見其主旨之所在，原甚簡單，執本號解釋爲根據，謂某機關爲國會者，固屬誤會，對其嚴加批評者，亦有斷章取義之嫌也。

註釋

（註一）見司法院秘書處印行：司法院大法官會議解釋彙編第一〇七頁。

（註二）同註一。

（註三）見拙著中華民國憲法逐條釋義第二冊初版第一二三頁。

（註四）關於憲法解釋之理論，詳見拙著中華民國憲法釋論重訂第二十六版第七十五頁以下。

（註五）見拙著前書初版第二二六頁。

—載法令月刊二十六卷第三期六十四年三月號

一一、論司法院有無提出法律案之權

行政院與考試院，就其所掌事項，有向立法院提出法律案之權（以下簡稱提案權），爲憲法第五十八條及第八十七條所明定，監察院之有提案權，亦見於司法院大法官會議釋字第三號解釋。立法院立法委員，有無提出法律案之權，學者雖間有爭論，然立法院組織法第七條，及立法院議事規則第十條，均明認立法委員有提出法律案之權。故在現行法上，五院中僅司法院有無提案權問題，缺乏明文之根據，最近學者且因此發生爭論，有主張司法院應有提案權者，亦有主張司法院不應有提案權者，作者現在司法院服務，原不擬參加討論，惟念此問題爲憲法上重要問題之一，對於司法之改進，亦有甚大關係，用以私人身分，略抒所見，望明達君子有以教之。

行政院與考試院，均有提出法律案之權，憲法著有明文，司法院與監察院，有無提出法律案之權，憲法未設規定，惟監察院之有提案權，則已見於司法院大法官會議之解釋，均有如前述。監察院與司法院，各有職守，有無提案權問題，固未必可完全相提並論，惟司法院爲五院之一，其在國家政治體制上之地位，與監察院相埒，（憲法規定監察院爲國家最高監察機關；司法院爲國家最高司法機關），大法官會議關於監察院有提案權之解釋，及其反對理由，自爲討論司法院有無提案權之重要資料。紉該號解釋，反復申述，敍理周詳，在學理上，亦足值注意，爰先爲引述於下：

『監察院關於所掌事項，是否得向立法院提出法律案，憲法無明文規定，而同法第八十七條，則稱考試院關於所掌事項，得向立法院提出法律案，論者因執「省略規定之事項，應認爲有意省略」(Casus owrssus Pro omisso habendue ert)，以及「明示規定其一者，應認爲排除其他」，(expressis unius eat exclusis alterius)之拉丁法諺，認爲監察院不得向立法院提案。實則此項法諺，並非在任何情形之下，均可援用，如法律條文顯有闕漏，或有關法條，尙有解釋之餘地時，則此項法諺，卽不復適用。我國憲法間有闕文，例如憲法上由選舉產生之機關，對於國民大會代表，及立法院立法委員之選舉，憲法則以第三十四條第六十四條第二項，載明「以法律定之」，獨於監察院監察委員之選舉，則並無類似之規定，此項闕文，自不能認爲監察委員之選舉，可無需法律規定，或憲法對此有意省略，或故予排除，要甚明顯。

『憲法第七十一條，卽憲草第七十三條原規定：「立法院開會時，行政院院長及各部會首長，得出席陳述意見」，經制憲當時出席代表，提出修正，將「行政院院長」改爲「關係院院長」，其理由爲「考試院司法院監察院，就其主管事項之法律案，關係院院長，自得列席立法院陳述意見」，經大會接受修正如今文，足見關係院院長，係包括立法院以外之各院院長而言。

又憲法第八十七條卽憲草第九十二條，經出席代表提案修正，主張將該條所定：『考試院關於所掌事項，提出法律案時，由考試院秘書長，出席立法院說明之」，予以刪除，其理由卽爲『考試院關於主管事項之法律案，可向立法院提送與他院同，如須出席立法院說明，應由負責之院長或其所派人員出席，不必於憲法中規定秘書長出席』。足徵各院皆可提案，爲當時制憲代表所不爭，遍查國民大會實錄，及國民大會代表全體提案，對於此項提案，曾無一人有任何反對或相異之言論，亦無考試院應較司法監察兩院，有何特殊理由，獨須提案之主張。

『我國憲法，依據　孫中山先生創立中華民國之遺敎而制定，載在前言，依憲法第五十三條（行政）、第六十二條（立法）、第七十七條（司法）、第八十三條（考試）、第九十條（監察）等規定，本憲法原始賦與之職權，各於所掌範圍內，爲國家最高機關，獨立行使職權，相互平等，初無軒輊，以職務需要言，監察司法兩院，各就所掌事項，向立法院提案，與考試院同。考試院對於所掌事項，旣得向立法院提出法律案，憲法對於司法監察兩院，就其所掌事項之提案，亦初無有意省略或故予排除之理由，法律案之議決，雖爲專屬立法院之職權，而其他各院，關於所掌事項，知之較稔，得各向立法院提出法律案，以爲立法院意見之提供者，於理於法，似無不合。

綜上所述，考試院關於所掌事項，依憲法第八十七條，旣得向立法院提出法律案，基於五權分治平等相維之體制，參以該條及第七十一條之制定經過，監察院關於所掌事項，得向立法院提出法律案，實與憲法之精神相符』（註一）。

上述解釋，㈠首先表明「省略規定之事項，應認爲有意省略」，以及「明示規定其一者，應認爲排除其他」之拉丁法諺，並非在任何情形之下，均可援用，如法律條文顯有闕漏，或有關法條，尚有解釋之餘地時，非不可以解釋以闡補之。㈡其次由制憲之經過，反面證明司法監察兩院之提案權，亦爲憲法之所許。㈢最後由五院平等、初無軒輊之憲法精神立論，認爲「其他各院，關於所掌事項，知之較稔，得各向立法院提出法律案，以爲立法院意見之提供者，於理於法，並無不合』。惟因本件申請解釋之機關，僅就監察院有無提案權問題，申請解釋，故解釋文之結論，亦僅就監察院立言。

惟上述大法官會議解釋，顯於理由中，認爲司法院亦有提案權，故對於該號解釋之贊成及反對理由，亦可視爲對於司法院有無提案權問題，贊成及反對之主要理由。有反對該號解釋者，其主要理由有二：㈠憲法對於各機關之職權，均有明文規定，大法官會議解釋憲法時，僅能對憲法各條已設有明文者，就其內容，加以闡釋，如憲法對於某機關是否具有某項職掌，未設明文，解釋時即不應遽爲肯定之解釋，以免有造法之嫌。㈡憲法第三十七條規定：「總統公布法律，發布命令，須經行政院院長之副署……」，以行政院爲施政之中樞，以行政院院長爲負實際政治責任之人，依此體制，應僅行政院有向立法院提出法律案之權。憲法第八十七條，賦與考試院以提出法案之權，使考試院提出，立法院通過之法律，由行政院負其責任，於理已屬欠妥。今更擴而張之，謂監察院亦有提案權，尤屬不妥。

亦有贊成上述解釋者，其主要理由有二：㈠憲法之解釋，原不限於條文文字之闡釋，而尤重於憲法精神之發揮。我國憲法，係依據　孫中山先生創立中華民國之遺教，而制定者，載在前言，五權憲法，係　中山先生建國之重要遺敎，故亦爲憲法精神之所繫。而五權之通力合作，以建立萬能政府，爲五權憲法重點之一，既求合作，自宜使各院時相溝通，提供其職務之意見與經驗，以爲他院行使職權之參考。基此理由，宜認監察院關於所掌事項，有向立法院提出法律案之權，縱其內容不爲立法院所同意，立法院亦可加以修正，或全部不予採納，並無礙於立法權之行使，而有利於國務之進行。㈡憲法之解釋，既尤重於憲法精神之發揮，故於解釋各機關之職務時，宜依據憲法精神，通觀全部條文，而爲適當之解釋，不宜僅注意於某一條文之有無明文規定，以免斷章取義，以辭而害意。

如上所述，對於監察院有無提案權之贊成論與反對論，亦可視爲對於司法院有無提案權問題，贊成及反對之主要理由，論者乃引据大法官會議第三號解釋，及上述之贊成理由，爲司法院亦應有提案權之主要論據。且以現代人文進步，訴訟案件，日趨複雜，恆具有專門與技術之性質，而此類事件，司法機關，知之較稔，故外國憲法或法律，有賦與最高司法機關，對於訴訟案件之規則制定權，以應需要者。學說上且有此類規則，較之規定同一事項之法律，具有優先效力之理論（註二），足見現代司法權之性格，與舊日頗不相同。我國憲法，雖無同一規定，規則制定權與提出法律案之權力，亦不相同，然以彼例此，如認爲司法院關於所掌事項，得向立法院提出法律案，自無不當。

其反對司法院應有提案權者，除與上述反對第三號解釋之理由相同者外，復以司法院爲司法機關，司法機關之職責，在適用法律，應就現有之法律，忠實適用，盡力避免對於立法之意見，以明立法與司法之分際，今如許司法院關於所掌事項，有提出法律案之權，恐與司法機關之性格，不甚相合，而紊亂立法與司法之分際。且司法院既有解釋法律之權，如再與以提案權，集提案權與解釋權於一身，如立法院未依其提案之意旨，而制定法律時，司法院將可運用其統一解釋法律之權，以貫澈其原所提案之主張，而與立法之主旨，未必相符。至於司法院所職掌之事項，如確有提出法律案之必要，亦可如美國然，透過黨政關係，託由立法委員提出，或由行政院代向立法院提出，不必由大法官會議解釋，明認司法院有提案權也。

上述爭論之焦點，似在㈠大法官解釋憲法，是否僅以憲法有明文規定者爲限，亦步亦趨，不能有所闡發引申。㈡立法與司法之界限，究屬如何？現代司法機關之任務，是否以機械的適用法律爲能事？㈢由憲法之精神言，是否應僅行政院與考試院，有提案權。㈣而提案權之效果如何，與本問題之解答，似亦甚有關係，但未爲論者所注意。第四點較爲簡單，茲故先就此言之。

提案權之效果，在內閣制國家，與總統制國家，大不相同，就一般情形言，內閣制國家之議衆院議員，多爲政府黨之黨員，故政府之提案，除小部分與文字上之修正外，恆易獲通過。在總統制國家如美國者，政府根本無提出法律案之權，議會之多數議員，亦未必爲政府黨之黨員，且提案之審議權，多握於議會各委員會之手，政府透過其同黨議員提出之法案，被議會大加修正，或擱未置理者，往往有之，故法律案之提出與法律案之議決，往往有甚大之差距，政府所提出之法律案，未必即成爲法律也。我國爲尊奉五權憲法之國家，固非總統制國家之比，與內閣制國家，亦有不同，由行憲以來之情形觀之，行政院所提出之法案，爲立法院大量修正者有之，未爲立法院所同意，經行政院自動撤回者，亦有之。依照憲法規定，行政院院長，係由總統提名，經立法院同意後任命之，立法院中，必多與行政院志同道合之人，其提案之效果尚屬如此，考試監察兩院，提案固不甚多，斷無不經過修正者，是以各院法律案之提出，僅足以供立法院之參考，對於立法院並無拘束力，立法院經縝密審議之後，固可予以接受，亦可加以大量之修正，甚至不予通過。故予各院以提出法律案之權，因對其職掌，知之較稔，考慮當較周詳，無閉門造車之弊，在立法院仍可衡量全局，妥爲議決，對國家言，實有利而無害，且提案權之行使，僅爲立法程序之開始，並非立法程序之終結（其間尚有甚長之過程），亦無庸其過慮也。此在考試院與監察院，握有提案權時如此，司法院如握有提案權，情形亦屬相同，殊不必爲過大之估計。

研究司法院應否有提案權問題，其重要關鍵，在於前述第一點即大法官解釋憲法，是否僅以憲法有明文規定者爲限，亦步亦趨，不能有所闡發引申？吾人於此向爲否定之答案，蓋憲法之解釋，爲法律解釋之一種，依照晚近學說，解釋法律之作用，除闡釋法文之疑義外，尙有㈠補充法律不備之作用。法律係社會生活規則，欲以規範複雜之社會事實，使皆有軌可循，以達定分止爭之目的者。惟爲便於適用與遵守起見，條文不宜過多，文字亦不宜過繁，以免卷帙浩繁，人民有無所適從之嘆，於是法律之條文，與各條之文字，均不得不求其簡短，而因求其簡短之故，於繁複無窮之社會事實，勢難規定罄盡，致生對於某類事實，法律無所規定之空隙現象，而有待於解釋之補充，故補充法律之不備，爲解釋之另一作用。㈡推陳出新之作用。法律既爲社會生活之規則，由理想言之，法律對於當前之社會事實，固應規定無遺，以善盡其規範之作用；對於將來可能發生之事實，亦應顧慮周到，悉加網羅，然因法律條文有限之故，對於當前事實之規範，既已多脫落遺漏之處，而有待於解釋之補充，有如上述。社會現象之變動靡常，日新月異，尤使固定而有限之法律，有力難肆應之感，而法律之未容朝令夕改，復有如上述，故欲使制定於前之法律，克獲肆應其後變化多端之社會，而無扞格難適之患，亦有待於解釋之推陳出新之作用。美國憲法，制定於一七八七年四輪馬車時代，至今猶能推行盡利者，論者卽歸功於其國最高法院解釋憲法，善於發揮推陳出新之作用。

綜上二點，足見大法官之解釋憲法，不應以憲法有明文規定者爲限，反對司法院有提案權者之基本理由，殊難成立，如由現代法學之新傾向觀之，尤足見反對論者之持論，與時代不甚相合。緣上述關於解釋法律作用之理論，較諸舊時僅以法律之解釋，爲闡釋法律之疑義者，固大有進步，惟由現代法學觀點言之，似尚欠完全：『蓋論者所列之解釋作用，處處仍以成文法之規定爲其基礎，亦步亦趨，不敢踰越，由解釋之傳統意義言，解釋係對於法文之闡釋，有法文而後有解釋，則其以成文法之規定爲基礎，亦固所宜。惟由解釋之現代意義言，則解釋之任務，固非探求立法者本意，亦非僅探求法條之客觀的意義，寧在探求整個法律之社會意義，即宜如何解釋法律，始能適合現階段之社會需要，而達維護社會秩序，促進社會發展之目的，法條之規定，雖爲解釋之起點，未必爲解釋之惟一與主要對象，故法條含義之闡明，法律缺陷之補充，與乎推陳出新之作用，雖均爲解釋法律之主要作用，然處此社會生活發達，且又動盪倍常之時代，法條之規定，與社會生活間之距離，日益加深，以原有法條規定爲基礎之補充解釋，與推陳出新之解釋，均不免有時而窮。尤有賴於善體法律之社會意義，針對社會情勢之需要，不爲傳統所拘，不爲習俗所屈之創造性解釋，以達法律之社會的使命，而使同爲社會生活規則之成文法與條理，亦可打成一片，殊途而同歸，論者於法律解釋此種重要作用，尚未顧及，故吾人猶病其未足也』(註三)。由於現代法學之傾向如此，故吾人嘗謂解釋我國憲法時應注意憲法所依據之基本主義，制定憲法之目的，國家當前之需要，與時代之需要。且由於憲法具有與一般法律不同之特性，解釋憲法時，有與其他法律不同之處，如『㈡由於憲法具有簡潔性之故，故例示之規定獨多，既不容誤以例示規定爲概括規定，視爲惟一之原則，不容另有例外，亦不容以例示規定爲列舉規定，遽為反對之解釋。舉例言之，如我國憲法第八十一條規定：「法官為終身職，非受刑事或懲戒處分或禁治產之宣告，不得免職……」然法官之命令退休制度，亦應解為憲法之所許，不容遽作反對解釋，解為法官之命令退休制度，為違反上述之規定也。又因憲法具有簡潔性之故，故上述解釋補充法律不備之作用，於憲法之解釋，尤時時見之。㈢由於憲法具有包容性，對象複雜，各個規定之出發點，亦不盡相同之故，故於解釋及適用憲法之際，須顧及其規定之整體，並須顧及各部分之聯絡，務使首尾一貫，脈絡相通，不可執其一端，以概其餘，俾免顧此失彼之謂。又憲法所包含者既廣，難免規定簡單，且有脫落遺漏之處，於是上述闡釋法條疑義，及補充法律不備之解釋功能，於憲法之解釋，亦更見重要』（註四）。

綜上所述，足見依照現代法學理論，憲法之解釋，已由文理論理之觀點，至目的之觀點，着重於立法目的之發揮，而不拘泥於表面之文字。且由機械之觀點，至機動之觀點，並非專就法條規定之文字，亦步亦趨，而不能有所闡發引申，故如以憲法對於司法院之提案權，未設規定為辭，認為不應為肯定之解釋，以免有造法之嫌，衡以現代法律解釋之理論，殊欠符合。

次就前述第二點——立法與司法之界限，究屬如何？現代司法機關之任務，是否以機械的適用法律為能事言之。在反對司法院有提案權者，當以本於權力分立之原理，立法者與司法者之間，有明顯之界限，立法者僅有制定法律之權，不能適用法律；司法者只能適用法律，而不能過問法律之制定，如司法院有提出法律案之權，是以司法機關而兼有立法權，勢將紊亂立法與司法之分際。此種理論，未免過於牽强，因㈠提案權僅為立法程序之開始，並不等於立法權本身，故不僅立法委員有提案權，行政院考試院亦有之，殊不能謂他院之有提案權，不為兼具立法權；司法院有提案權，即係以司法機關兼有立法權。㈡依照憲法第七十七條規定；司法院固為國家最高司法機關，惟由現行法律觀察，司法院並不掌理民事刑事訴訟之審判，及公務員之懲戒，僅為最高法院、行政法院，與公務員懲戒委員會之行政監督機關，（此類規定，是否合於憲法，為另一問題）。司法院純粹司法性之職掌，為由司法院之大法官會議，掌理解釋憲法，與統一解釋法律與命令。故現制下之司法院，與論者心目中之司法機關（如美國之最高法院），是否完全相等，已非無可疑，謂司法院有提案權之後，即將紊亂立法與司法之分際，尤未免過甚其辭。蓋立法院議決之法律案，未必即為司法院所提之原案；司法院如有提案權，係屬於院方行政之範圍，不必經過大法官會議之議決。故縱令司法院所提法律案，經由立法院議決，總統公佈成為法律後，遇有歧見，送請大法官會議解釋時，該會議亦有其一定之立場與見解，其解釋意見，未必與司法院原提案之意旨，完全相同，如因此種種相對牽連關係，遂謂紊亂立法與司法之分際，合提案權與解釋權於一機關，易致流弊，理由殊感牽强也。

如進一步研討：反對論者所擬為主要理由之權力分立原理，在現代之價值如何？亦屬有待研討。蓋十八九世紀之世，由於防止專制，保護自由之必要，高唱「最好政府，最少統治」之說，不懼政府之無能，而患政府之專制，為防止政府專制起見，乃欲實行權力分立，使立法者無行政與司法之權；行政與司法者，亦無立法之權力。然政府爲一有機體，首尾一貫，脈絡相通，欲強加分割，使彼此互不相侔，在勢爲不可能。故早在十九世紀，英法德諸國，已實行議會內閣制，使立法與行政，幾合爲一體，其在實行總統制之國家，表面上立法、行政、司法諸機關，雖各立門戶，若不相侔，事實上由於政黨在幕後之溝通，亦互通聲氣。權力分立論，已漸見衰落。迨於二十世紀，由於人口增加，交通發達，社會關係頻繁，公共事務日多，以及國際情勢之緊張，經濟波動之頻繁，所需要者，爲有作爲有效能之政府，以爲人民造福，有作爲有效能之政府，不能求於以牽制爲能事之權力分立制度，而轉盼於諸權之協力，故時至今日，權力分立制度，雖仍存其形式，實際上立法行政司法各權之間，界限並不分明，且時相溝通，此觀於委任立法與行政司法之發達，可以知之（註五）。論者如猶守舊日權力分立之思想，執爲反對司法院有提案權之根據，恐亦不免陷於時代錯誤之誚。

又反對論者，咸認爲司法機關，爲機械的適用法律之機關，具有消極保守之性格，宜於被動的審理案件，不宜有主動與積極之作爲，故於司法院之有提案權，獨多異議。此種觀念，亦已不合於現代之情勢，而爲現代司法性格之誤認，吾人曩已著文詳加論證，玆節錄其中一段於後：

『通常說到司法，總容易引起一類印象，認爲司法是消極的、保守的、冷靜的與機械的。這一類印象，如果指舊日司法而言，或無大過。但現代司法，則不僅不是消極的機械的，而且也不是保守和冷靜的，反而具有進取和熱烈的性格……由原理說來，司法權是國家權力作用的一環，司法機關也是國家的機關，司法機關的措置，也應該日新又新，跟著時代的進步而進步，以達到國利民福的目的……所以由司法的本質說來，也應該是進取和熱烈的。不過舊日觀念，認爲司法的基本任務，只是消極的維持秩序，而沒有積極的目標，所以司法官只是法律之活的聲音，是法律的機械，法律條文如何規定，他即應據而如何宣示，如是社會秩序即可以維持……蓋舊日社會生活不發達，國家任務不多，且鑒於專制政治之下，人民憔悴於專政之苦，故盛倡「最好政府，最少統治」之說，政治以清靜無爲爲尚。司法裁判，直接影響於人民的生命財產，尤忌專橫擅斷，故在十八九世紀消極而保守的政治觀念之下，司法尤求其保守與冷靜。但現代跟着社會生活的進步，公共事務的增加，國家任務亦日見擴大，由清靜無爲的法治國家政治觀念，變爲國家要多方設法，來促進社會進步，文化發展的文化國家，……凡百措施，均要以熱烈的情緒，求其進步。司法權是國家作用的一種，司法機關是政府的一部門，自然也離不開這種情勢的影響，所以現代司法的基本精神，也是進取的，熱烈的』(註六)。

觀上所述，足見現代司法，亦具有積極與進取之性格，如時至今日，猶以司法機關，純爲消極性保守性之機關，乃至以此爲理由，不欲司法院有提出法律之權，於現代司法機關之性格，似欠認識，吾人之撰此文，固由於多方思考後，認爲賦與司法院以提案權，實屬有利而無弊，亦由於此問題之解決，涉及憲法之解釋方法、五權憲法之基本精神，及現代司法機關之性格也。

再就上述第三點，由五權憲法之精神言，是否應僅行政院與考試院有提案權言之？此問題較爲簡單，因吾人嘗謂：五權憲法與三權憲法之精神不同，三權憲法之精神，在使權力分立，以收制衡之效；五權憲法之精神，在謀各種治權之協力，以造成爲民衆服務之萬能政府，既求協力，自宜使各院時相溝通，提供其職務之意見與經驗，以供他院之採擇。蓋如其提案內容欠妥，立法院自可加以修正，或全部不予採納，並無礙於立法院之職權，而有利於國務之進行也（註七）。且誠如前述大法官會議釋字第三號解釋所云：『我國憲法，依據　孫中山先生創立中華民國之遺敎而制定，載在前言，依憲法第五十三條……等規定，建置五院，本憲法原始賦與之職權，各於所掌範圍內，爲國家最高機關，獨立行使職權，相互平等，初無軒輊。以職務需要言，監察司法兩院，各就所掌事項，需向立法院提案，與考試院同，考試院對於所掌事項，既得向立法院提出法律案，憲法對於司法監察兩院，就其所掌事項之提案，亦初無有意省略或故予排除之理由。法律案之議決，雖爲專屬立法院之職權，而其他各院，關於所掌事項，知之較稔，得各向立法院提出法律，以爲立法意見之提供者，於理於法，均無不合』。

凡上所述，雖僅由反面立論，以辯明反對司法院應有提案權者，所持之各種理由如㈠憲法未設規定，不能由大法官以造法之方式，解釋爲司法院有提案權。㈡立法機關與司法機關之間，應有顯明之界限，不宜以司法機關，而涉及立法之職權。且司法機關具有消極與被動之性格，不宜積極與主動的有所作爲。㈢由憲法之精神言，應僅行政院與考試院有提案權等，均欠充分，而未直接說明司法院應有提案權之理由。然由上述之討論觀之，亦可見由五權憲法之精神，現代解釋憲法之方法，與現代司法之性格各方面著眼，司法院宜有提案權，而毋待於反復辯論也。

由於如上研討之結果，故吾人贊同司法院宜有提案權，其贊成理由，已如前述，不再贅叙，姑再就其最主要者言之，則以現代社會爲分業社會，政府各機關之施政，與民間之經營事業，恒注重專門之知識與經驗，非昔日僅憑常識以處理衆人之事，與不重分業時代之比。而現代人文進步，訴訟案件，日趨複雜，恆具有專門與技術之性質，而此類事件之處理，司法機關，知之較稔，故外國憲法或法律，有賦與最高司法機關，以訴訟案件之規則制定權者，亦有賦與以提案權者，足見有賦與司法院以提案權之必要，俾能駕輕就熟，以促進司法之進步。至謂可透過瀨政關係，託由立法委員提出；或由行政院代向立法院提出，固不失爲補救之辦法，然依人成事，究嫌迂迴曲折，立法委員與行政院願爲提出與否，是否照原案提出，亦難斷定，何如由有關機關，於其行使職權，適用憲法發生疑義時，申請司法院大法官會議解釋。如經認定其有提案權，則此久懸不決，引起爭論之問題，亦可迎刃而解矣。如謂大法官會議之解釋憲法，以憲法條文有規定者爲限，司法院大法官會議法第三條第二項，定有明文，現行憲法既未有司法院關於所掌事項，得向立法院提出法律案之條文規定，解釋即無所依據，固屬言之成理，惟上述司法院大法官會議法之規定，係以立法機關通過之法律，嚴格控制違憲立法審查機關之釋憲行爲，其規定是否合憲，非無疑義，縱令置此不論，然此項規定，誠『未知其用意何在？如係指聲請解釋之事項，必須與憲法條文之規定，具有相當關係，與憲法條文規定無關者，不得聲請解釋之意，則屬當然之理，無以明文規定之必要。如係指聲請解釋之事項，必須爲法條文字所規定之事項，卽只限於法律條文文字之解釋，則與法律解釋之原理，殊有未合，蓋法律解釋，除文理解釋外，尚有補充解釋與組織解釋等，不以文理解釋爲限，與解釋原理不符之限制，恐難收其效果」，吾人前已評論之矣（註八）。

中華民國六十二年四月九日作

註釋

（註一）見司法院秘書處編：大法官會議解釋彙編第十九頁以下。
（註二）見法學協會編：註解日本國憲法下卷第一一四三頁以下。
（註三）見拙著中華民國憲法釋論重訂第二十一版第七十八頁以下。
（註四）見同上拙著第八十二頁。
（註五）詳見拙著行政法新論重訂第十四版第五十九頁以下。
（註六）見拙著行政法論文集初版第三十七頁。
（註七）見拙著中華民國憲法釋論重訂第二十一版第一百九十三頁及第三百零一頁。
（註八）見同上拙著第二六一頁。

載東方雜誌復刊第六卷第十一期六十二年五月號

一二、制憲三十年來釋憲經過之檢討

中華民國憲法，於中華民國三十五年十二月廿五日，經國民大會三讀通過，迨今已三十年。三十年來，國家多故，共匪之叛亂，國際之逆流，如狂風驟雨，交相侵襲，幸賴全國同胞，協力同心，共濟艱難，我中華民國，乃如蒼松翠柏，屹立於國際社會；幾經奮鬪，制定而成之中華民國憲法，亦將邁進於第三十一年之歷史。吾人撫今追昔，於行憲未久，即遭大陸淪陷，致令此艱難而成之憲法，未能普遍實行於全國，固甚痛心；而於國家歷經千災百難之後，此一根本大法，猶能健存實行於寶島，又頗感欣幸。惟憲法之可貴，不在於條文之完整，形式之存在，而在於實行之績效。際此制憲三十年將近之時，吾人所宜注意者，爲實行之績效如何？如有缺陷？宜如何以補救之？憲法爲國家根本大法，規定國家之基本組織，人民之權利義務，及基本國策，所涵蓋者甚廣，因而憲法實行績效之研討，亦應從多方面着手。憲法第七十八條規定：『司法院解釋憲法，並有統一解釋法律與命令之權』。第七十九條規定：『司法院設大法官若干人，掌理本憲法第七十八條規定事項，由總統提名，經監察院同意任命之』。復於第一百七十一條規定：『法律與憲法牴觸者無效。法律與憲法有無牴觸發生疑義時，由司法院解釋之』。綜此規定，足見司法院負有解釋憲法，及審查法律有無違憲之重責。三十年來，司法院解釋憲法，與審查法律違憲之情形如何？其有關制度是否健全？亦為評估憲法實行績效之一端，爰就此述之。

行憲以後，政府依照憲法第七十九條規定，經總統提名，監察院同意，任命大法官十二人，於三十七年九月，在南京成立第一屆大法官會議。同年十二月，政府遷都廣州，因所任命之大法官中，已有一人病故，數人辭職，乃復任命大法官八人，以補其缺。惟因時局混亂，新任命之大法官，半數均未就職，復有病故者，人數寥落，會議因而停頓。至四十一年，始在臺復會，除原有大法官二人外，總統復依法定程序，任命大法官七人，俾達司法院組織法所定大法官總額之半數。至四十七年九月，第一屆大法官任滿，復經總統任命大法官十五人為第二屆大法官，組織第二屆大法官會議。迨五十六年八月，第二屆大法官任滿，總統復依法任命大法官十五人，為第三屆大法官，組織大法官會議，至六十五年十月一日任滿（註一）。

大法官會議，自三十七年九月成立時起，至六十五年九月止，合共作成解釋一百四十六號，其中有關憲法之解釋三十四號，僅占全部解釋五分之一弱。三十四號解釋中，由第一屆大法官會議作成者，共二十四號，第二屆大法官會議作成者，共八號。由第三屆大法官會議作成者，則僅二號。第一屆大法官會議，實際行使職權之期間，不及七年，（第二屆及第三屆大法官會議，均行使職權九年），所著憲法解釋獨多之原因，當因㈠當時行憲伊始，有關憲法之問題較多。㈡當時司法院大法官會議法尚未公布，限制不如現在之嚴。有關憲法之解釋案，作成較易。㈢當時大法官人數較少，案件亦較易解決。

大法官會議行使職權之程序，憲法及司法院組織法，均未規定，當時司法院大法官會議法，尚未公布，第一屆大法官會議，乃於民國三十七年九月十五日，通過司法院大法官會議規則，（四十一年四月十四日，遷臺後第一次大法官會議，將第八條、第十二條，及第十五條條文，予以修正），此項規則，爲第一屆大法官會議，行使憲法解釋權之主要根據，關係至爲重大，爰錄其主要條文如左：

第二條　依憲法應由司法院解釋之事項，其解釋以大法官會議之決議行之。

第三條　中央或地方機關，于其職權上適用憲法發生疑義，或適用法律命令，發生有無牴觸憲法之疑義時，得聲請解釋。

第五條　聲請機關有上級機關者，其聲請應由上級機關核轉，聲請解釋不合規定者，上級機關不得爲之轉請，上級機關，應依職權予以解決者亦同。

第六條　聲請解釋應以書面說明聲請之事由，必要時，並附送有關文件。

第八條　大法官會議接受案件後，應即按收文號次、編次，分交大法官一人審查，除不合規則不予解答者，應敍明理由報會決議外，其應予解答之件，應列擧事實及有關法律問題，提出會議，由會決定原則，交原審查人草擬解答案，提會決議。如經會議議決重付審查時，得由會議加推大法官一人或數人，共同審查。

前項應予解答之件，如大法官會議認爲應迅速辦理者，得限定提會之期間。

第十條　審查完竣提出報告後，應即連同關係文件繕印，於開會前五日，分送大法官會議主席及各大法官。

第十一條　大法官會議開會時，由司法院院長主席，院長因事故不能主席時，由大法官互推一人爲主席。

第十二條　大法官會議開會時，須有在中央政府所在地全體大法官三分之二以上出席，如爲決議，須有在中央政府所在地全體大法官過半數之同意，可否同數，取決於主席。

第十三條　表決方法，必要時得經會議決定，以無記名投票行之。

第十八條　大法官會議每兩星期開會一次，必要時得開臨時會議。

第二十條　大法官會議之解釋，經決議後，由司法院公布之，並通知原送機關。

司法院大法官會議規則之主要規定，略如上述，茲應予研究者，爲大法官會議，對於其職權之行使，有無自定規律之權。按憲政國家體制，國家機關之組織，及其職權之行使，均由立法機關制定法律，爲其根據。惟若干國家，爲尊重司法權之獨立，避免立法機關之干擾，且以現代人文進步，訴訟案件，日趨複雜，恒具有專門與技術之性質，而此類事件，司法機關，知之較稔，故外國憲法或法律，有賦與最高司法機關，對於訴訟案件之規則制定權，以應需要者，學說上有此類規則，較之同一事項之法律，具有優先效力之理論（註二），一般司法機關，尙屬如此，職掌解釋憲法之機關，因其具有違憲立法審查權之故，其行使職權之程序，究應由其自定規則？抑應由立法機關制定法律以規範之，不失爲可研究之問題。因如由其自定規則，未必能反映民意，且參與制定之人不多，恐有失妥當；如由立法機關制定法律以規範之，又恐控制太嚴，妨礙行使解釋憲法之權力。且解釋憲法之機關，既具有審查違憲立法之權力，其行使審查違憲立法權力之程序，如由立法機關制定，理論上亦有難於貫徹之處，故大法官會議，就其行使職權之程序，可否自定規則，洵爲可研究之問題。

以上述大法官會議規則而論，其規定大體上固甚妥當，然亦非無可置疑者，其最貽議論者，爲第十二條關於表決人數之規定。蓋依該條規定：㈠解釋憲法與統一解釋法令之人數相同，無所區別。㈡開會時，祇須有在中央政府所在地全體大法官三分之二以上之出席，即可開議。不以司法院組織法法定之大法官名額爲準，民國四十一年至四十七年間，在中央政府所在地（臺北）之大法官九人，極端言之，祇須有大法官六人之出席，即可開會。而其決議，又不問爲解釋憲法案件，或解釋法令案件，祇須有在中央政府所在地，全體大法官過半數（五人）之同意，即可決議，其有欠鄭重，無可諱言。由於其規定之有欠妥善，重以民國四十六年間，一部分立法委員，對於大法官會議釋字第七十六號，有關國會問題之解釋，甚表不滿，乃於四十七年七月，制定司法院大法官會議法，同月廿一日由總統公布施行，以取代上述之大法官會議規則，第二屆及第三屆大法官會議，即依據該法而行使解釋權，茲錄其有關行使憲法解釋權之規定於左：

第三條　大法官會議解釋憲法之事項如左：

一、關於適用憲法發生疑義之事項。

二、關於法律或命令有無牴觸憲法之事項。

三、關於省自治法縣自治法省法規及縣規章，有無牴觸憲法之事項。

前項解釋之事項，以憲法條文有規定者爲限。

第四條　有左列情形之一者，得聲請解釋憲法：

一、中央或地方機關，於其行使職權，適用憲法發生疑義，或因行使職權，與其他機關之職權，發生適用憲法之爭議，或適用法律與命令，發生有牴觸憲法之疑義者。

二、人民於其憲法所保障之權利，遭受不法侵害，經依法定程序提起訴訟，對於確定終局裁判，所適用之法律或命令，發生有牴觸憲法之疑義者。

聲請解釋憲法，不合前項規定者，大法官會議應不受理。

第十三條　大法官會議解釋憲法，應有大法官總額四分之三之出席，暨出席人四分之三之同意，方得通過。大法官會議統一解釋法律及命令，應有大法官總額過半數之出席，暨出席人過半數之同意，方得通過，可否同數時，取決於主席。

第十五條　大法官會議，以司法院院長爲主席，院長不能主席時，以副院長爲主席。

除司法院大法官會議法之規定外，司法院依據該法之授權，於四十七年十月三日，由大法官會議通過司法院大法官會議法施行細則，其規定，與大法官會議憲法解釋權之行使，亦頗有關係，茲錄其主要條文於左：

第三條　大法官會議，接受聲請解釋事件後，應即按收文輪次，輪分大法官三人小組審查，除不應解釋者，應敍明理由，報大法官會議決定外，其應予解釋之案件，應提出報告及解釋文草案，送全體大法官會議審查，決定原則，交原審查小組，或加推大法官一人或數人，起草解釋文，提大法官全體審查會議決定之。

第八條　解釋文草案，經大法官全體審查會議審查完竣後，提大法官會議討論之。

上述司法院大法官會議法，及其施行細則之規定，有甚可注意者，以大法官會議法而論，下列數端，與憲法解釋權之行使，均大有關係，殊可研究：

㈠爲第十三條，大法官會議解釋憲法時，出席人數及議決人數之規定，較國民大會修改憲法尤嚴。（按憲法第一百七十四條規定：憲法之修改，應依左列程序之一爲之：一、由國民大會代表總額五分之一之提議，三分之二之出席，及出席代表四分之三之決議，得修改之），自嫌過於嚴格，與上述大法官會議規則之規定相比較，尤使人有過猶不及之感。此項規定之結果，加强少數否決權之力量，使解釋憲法案件，往往因贊成人數不足之故，難獲決議，與釋憲功能之發揮，實大有妨礙。第二屆與第三屆大法官會議，所解釋憲法之案件，遠較第一屆大法官會議爲少，此亦其原因之一。由學理言之，審查違憲立法，使牴觸憲法之法律無效，爲釋憲制度功能之一，亦即具有防阻立法機關濫用權力之作用，今以立法機關通過之法律，對釋憲機關解釋憲法，作如此嚴格之限制，使不能適當發揮釋憲制度之功能，是否合於憲法之精神，自甚可疑。（吾人以爲宜定爲須有大法官三分之二之出席，及出席人三分之二之同意，始得通過）。

㈡爲第四條第一項第二款人民聲請解釋憲法之規定。依其規定，必須⑴人民憲法上之權利，遭受不法侵害。⑵經依法定程序，提起訴訟。⑶對於確定終局裁判所適用之法律或命令，發生有牴觸憲法之疑義者，始得聲請解釋。此種規定，爲大法官會議規則之所無，甚合於憲法規定之精神，用意殊可讚美。蓋憲法設置釋憲機構之用意，雖有多端，然保障人民權利，俾免受違憲立法之侵害，爲其主要目的之一，當爲識者所公認。則於人民權利遭受不法侵害，經依法定程序，提起訴訟，而對於確定終局裁判所適用之法令，有牴觸憲法之疑義時，爲闡明憲法之眞義，保障人民之權利，以及符合憲法設置大法官，掌理解釋權之眞意，自應許其聲請解釋。惟因條件過於嚴格，故實際上適用之機會甚少，自民國四十七年七月，司法院大法官會議法公布施行之日起，至民國六十五年九月止，大法官會議所著之五十餘號解釋中，（釋字第八十號至釋字第一百三十六號），僅有釋字第一一七號一件。（本件程序上雖經受理，仍認聲請人所指摘之法條，與憲法尚無牴觸）。時歷十餘年之久，在五十餘號解釋中，依據本款而受理者，僅有一件，可見其適用機會之少矣。雖宣告法令違憲，關係重大，原不應輕易爲之，然由其適用情形觀之，並非基於本款規定，而被宣告違憲之法令甚少；而係依照本款，予以受理解釋者甚少，可見本款規定，確屬過於嚴格，致使憲法釋憲制度之功能，未能多所發揮。

㈢爲第三條第二項，大法官會議解釋憲法，『以憲法條文有規定者爲限』之規定。此項規定，吾人曾加以評論，謂未知其用意之何在？『如係指聲請解釋之事項，必須與憲法之條文，具有相當關係，與憲法規定條文無關者，不得聲請解釋之意，則係當然之理，無以明文規定之必要。如係指聲請解釋之事項，必須爲法條文字所規定之事項，即只限於條文文字之解釋，則與法律解釋之原理，殊有未合。蓋法律解釋，除文理解釋外，尚有補充解釋與組織解釋等，與解釋原理不符之限制，恐難收其效果也』（註三）。

就司法院大法官組織法施行細則而言，其最值注意者，爲大法官會議全體審查會之設置。依該細則第八條規定：『解釋文草案，經大法官全體審查會審查完竣後，提出於大法官會議討論之』。第十條第二項規定：『大法官全體審查會議，由值月大法官召集，互推一人爲主席』。依此規定，足見(a)大法官全體審查會，具有大法官會議預備會議之性質。(b)大法官全體審查會之構成分子，爲全體大法官，其與大法官會議之不同，僅在爲大法官會議主席之司法院院長，不出席該會耳。吾人以爲此項組織，殊有叠床架屋之嫌，而有礙於解釋案件之進行，因依照現行法制，司法院院長，並非當然之大法官，是大法官全體審查會議，與大法官會議之構成分子，實質上可謂完全相同，既屬完全相同，由事理言，全體審查會所可決者，必不爲大法官會議所否決，又何貴乎有此叠床架屋之組織。如謂為求審慎起見，於三人小組之外，宜有審查機構，為大法官會議之準備，則宜分門別類，另設審查小組，（如分為憲法行政法組、民事法組、刑事法組），不宜以全體大法官為其審查機構，由大法官會議討論各號解釋所費時間之多觀之，全體審查會之組織，或亦其原因之一也。

司法院組織法，有關大法官任用資格與任期之規定，於大法官釋憲權之行使，亦甚有關係，用述其主要規定於下：

第三條　司法院設大法官會議，以大法官十七人組織之。行使解釋憲法，並統一解釋法律命令之職權。

第四條　大法官應具有左列資格之一：

一、曾任最高法院推事十年以上，而成績卓著者。

二、曾任立法委員九年以上，而有特殊貢獻者。

三、曾任大學主要科目教授十年以上，而有專門著作者。

四、曾任國際法庭法官，或有公法學或比較法學之權威著作者。

五、研究法學，富有政治經驗，聲譽卓著者。

具有前項任何一款資格之大法官，其人數不得超過總名額三分之一。

第五條　大法官之任期，每屆為九年：

由上述有關大法官資格之規定觀之，足見對於大法官之人選，懸格甚高，羅致範圍甚廣，於各項人才中，尤欲其保持一定之比例。凡此規定，自均甚得當，因大法官職責重要，須廣羅人才，且須理論與實際兼顧，不至驁於一偏，故宜如此規定也。惟就各屆大法官人選之來源觀之，除第一屆大法官，因值政府播遷，人數寥落，難於分析統計外，其餘均由第一、三、五款產生，因依第四款規定，須具有曾任國際法庭法官，或與其地位相稱之學術聲望，甚難遴選也。第三屆大法官，因經兩度補選之故，遴選之來源，較為複雜，大致言之，絕大部分，均係由第一、三、五款產生者，惟其中有兼具第一款及第三款資格，而以第三款之資格，被任用者。故第三屆大法官十六人中，具有曾任最高法院推事十年以上之資格者，有八人之多，恰達半數，此種人選上之比例，於大法官釋憲權之行使，或有相當關係。至本年九月任命之大法官十五人中，具有第一款及第三款資格者，各五人，具有第四款資格者四人，具有第五款資格者一人，與第二屆第三屆之情形不同，其績效如何，猶有待於將來事實之表現。

凡上所述，係着重於與釋憲有關之制度，茲再就釋憲之成果言之。大法官會議，自民國三十八年一月六日起，至民國六十五年九月底止，所著有關憲法之解釋。合共三十四號，茲先將各號解釋之案號，及有關憲法法條，分列於左：

一、釋字第一號解釋　憲法第七十五條。

二、釋字第二號解釋　憲法第七十八條。

三、釋字第三號解釋　憲法第九十條。

四、釋字第四號解釋　憲法第七十五條。

五、釋字第九號解釋　憲法第一百七十二條。

六、釋字第十三號解釋　憲法第八十一條。

七、釋字第十四號解釋　憲法第九十七條。

八、釋字第十五號解釋　憲法第一百零三條。

九、釋字第十七號解釋　憲法第一百零三條

十、釋字第十九號解釋　憲法第一百零三條。

十一、釋字第二十號解釋　憲法第一百零三條。

十二、釋字第二十一號解釋　憲法第四十七條。

十三、釋字第二十二號解釋　憲法第六十三條。

十四、釋字第二十四號解釋　憲法第七十五條及第一百零三條。

十五、釋字第二十九號解釋　憲法第三十條。

十六、釋字第三十號解釋　憲法第二十七條及六十二條。

十七、釋字第三十一號解釋　憲法第六十五條及第九十三條。

十八、釋字第三十三號解釋　憲法第九十七條及第九十八條。
十九、釋字第三十八號解釋　憲法第一百二十四條及第一百二十五條。
二十、釋字第四十二號解釋　憲法第十八條。
二一、釋字第七十四號解釋　憲法第二十八條。
二二、釋字第七十五號解釋　憲法第二十八條。
二三、釋字第七十六號解釋　憲法第二十五條、第六十二條、第九十條。
二四、釋字第七十七號解釋　憲法第一百六十四條。
二五、釋字第八十一號解釋　憲法第一百零三條。
二六、釋字第八十五號解釋　憲法第一百七十四條。
二七、釋字第八十六號解釋　憲法第七十七條。
二八、釋字第九十號解釋　憲法第三十三條、第七十四條及第一百零二條。
二九、釋字第一百零五號解釋　憲法第二十三條。
三十、釋字第一一七號解釋　憲法第三十四條。
三一、釋字第一二〇號解釋　憲法第一百零三條。
三二、釋字第一三〇號解釋　憲法第八條。
三三、釋字第一二二號解釋　憲法第三十二條、第七十三條及第一〇一條。

三四、釋字第一三七號解釋　憲法第八十條。

由上表觀之，關於憲法第一百零三條，監察委員兼職問題之解釋爲最多；關於立法委員兼職問題者次之。大部分之解釋，均係針對有關政權治權機關之規定而發，有關人民權利義務之解釋，僅有三號（釋字第四十二號，第一百零五號，及第一百三十號）。與憲法其他各章有關之解釋，亦甚稀少。（關於憲法第十二章地方制度者，僅有釋字第三十八號解釋一件。關於第十三章基本國策者，僅有憲法第一百六十四條一件。關於憲法第十四章憲法之施行及修改者，亦僅有釋字第八十五號一件）。

大法官會議，成立已達二十餘年之久，所著有關憲法之解釋，不過三十四號，其中有關憲法第二章人民之權利義務之解釋，且僅三號，殊難謂其已具績效。且在三十四號解釋之中，二十四號解釋，均作成於第一屆大法官會議時期，亦即在司法院大法官會議法公布施行之前，該法公布施行之後，所作成有關憲法之解釋，不過十號而已。是大法官會議釋憲功能之未彰，與該法規定，或不無關係，有關各方，似宜就該法重加檢討，以加強大法官會議之釋憲功能。

若就各號解釋之重要言之，其中最爲重要或引起爭論較多者，似爲下列各號解釋：

一、釋字第三號，關於監察院有提出法律案之權之解釋。

二、釋字第三十一號，關於立法委員監察委員任期之解釋。

三、釋字第三十八號，關於憲法第八十條與第二十三條之解釋。

四、釋字第七十六號，關於國會之解釋。

五、釋字第八十五號，關於國民大會代表總額計算標準之解釋。

六、釋字第八十六號，關於各級法院隸屬問題之解釋。

七、釋字第一二二號，關於地方議會議員言論責任之解釋。

對於上述各號解釋，作者於所著中華民國憲法逐條釋義第一册至第三册，及中華民國憲法釋論中，均已加釋論，茲再略加說明於下，以見大法官會議釋憲之方法與態度。

一、關於釋字第三號者　憲法明定行政院與考試院，有向立法院提出法律案之權（第五十八條及第八十七條），而於監察院就其所掌事項，有無提出法律案之權，則未設明文規定；監察院據而申請大法院會議解釋，大法官會議，認爲『基於五權分治，平等相維之體制』，監察院自應有提出法律案之權。論者對於此號解釋，頗多反對，其主要理由，在於大法官會議解釋憲法時，僅能對憲法各條已設有明文規定者，就其內容，加以闡釋，如憲法未設明文，解釋時即不應遽爲肯定之解釋，以免有造法之嫌。此種反對見解，忽視五權憲法之精神，與憲法解釋之功能，吾人未敢苟同。

二、關於釋字第三十一號者　本號解釋謂：『憲法第六十五條規定：立法委員之任期爲三年。第九十三條規定：監察委員之任期爲六年。該項任期，本應自其就職之日起，至屆滿憲法所定期限爲止。惟値國家發生重大變故，事實上不能依法辦理次屆選擧時，若聽任立法監察兩院職權之行使，陷於停頓，則顯與憲法樹立五院制度之本旨相違。故在第二屆委員，未能依法選出與召集以前，自應仍由第一屆立法委員監察委員，繼續行使其職權』。論者對於本號解釋，頗多置評。吾人亦以爲此號解釋後段之當否，尚可研究。

三、關於釋字第三十八號者　本號解釋謂：『憲法第八十條之規定，旨在保障法官獨立審判，不受任何干涉。所謂依據法律者，係以法律爲審判之主要依據，並非除法律以外，與憲法或法律不相牴觸之有效規章，均行排斥而不用。至縣議會行使縣立法之職權時，若無憲法或其他法律之根據，不得限制人民之自由權利』。此號解釋，大體上甚爲適當，故論者甚少批評。

四、關於釋字第七十六號者　本號解釋謂：『我國憲法，係依據　孫中山先生之遺敎而制定……與三權分立制度，本難比擬。國民大會，代表全國國民行使政權，立法院爲國家最高立法機關，監察院爲國家最高監察機關，均由人民直接間接選舉之代表或委員所組成。其所分別行使之職權，亦爲民主國家國會之重要職權。雖其職權行使之方式，如每年定期集會、多數開議、多數決議等，不盡與各民主國家國會相同，但就憲法上之地位及職權之性質而言，應認國民大會、立法院、監察院，共同相當於民主國家之國會』。本號解釋，爲受批評最多之解釋，因憲法上並無國會之名辭，更難謂三機關均相當於國會。吾人則認爲尚無可厚非，因其首段謂：『我國憲法……與三權分立制度，本難比擬』，結句措辭雖過於具體，然係在首段之大前提下，認爲三機關『共同相當於民主國家之國會』，兼顧憲法可憑據之基本原則，及各有關條文之規定，故尙無可厚非。

五、關於釋字第八十五號解釋者　按憲法第一百七十四條規定：『憲法之修改，應依左列程序之一爲之：一、國民大會代表總額五分之一之提議……』，大陸淪陷之後，一部分代表失去自由，不能應召出席會議，其所謂總額，應如何計算，殊成問題，本號解釋文謂：『憲法所稱國民大會代表總額，在當前情形，應以依法選出，而能應召集會之國民大會代表人數，爲計算標準』，此項解釋，依照情勢變遷之原則，自甚適當，故各方尙少異辭。

六、關於釋字第八十六號者　本件係關於法院隸屬問題之解釋，卽高等法院及地方法院，依照憲法，究應隸屬於司法院，抑應如現制然，隸屬於行政院之司法行政部？經監察院聲請解釋。本號解釋文謂：『憲法第七十七條所定司法院爲國家最高司法機關，掌理民事刑事之審判，係指各級法院民事刑事之審判而言，高等法院以下各級法院，旣分掌民事刑事訴訟之審判，自應隸屬於司法院』。對於本號解釋，雖有以違反憲法起草者原意爲辭，加以反對者；吾人則甚表贊成。

七、關於釋字第一二二號解釋者　按司法院院解字第三七三五號解釋謂：『縣參議員在會議時對所爲無關會議事項之不法言論，仍應負責』。（三十六年十二月廿一日公布）。此項解釋，監察院認爲『顯然違背憲法第三十三條、第七十三條，及第一百零一條所規定：民意代表，在院內或會內所爲之言論及表決，對外不負責任之精神』。且此項解釋，『係行憲以前所爲，且明指「縣參議員」而言，不應適用於今日之臺灣省議會及各縣市議會』，因申請解釋，上開解釋，是否違憲？大法官會議，乃著爲本號解釋云：『地方議會議員在會議時所爲之言論，應如何保障，憲法未設規定。本院院解字第三七三五號解釋，尚不發生違憲問題』。本件解釋，頗受各方之批評，因其立論有欠明朗也（註四）。

本文原名「制憲三十年紀念感言」，載東方雜誌復刊第十卷第六期六十五年十二月號

註釋

（註一）參看謝冠生氏著：行憲二十年來的司法一文—載行憲廿年一書。

（註二）參看法學協會編：注解日本國憲法下卷第一四三頁以下。

（註三）見拙著中華民國憲法釋論重訂第二十九版第二六一頁。

（註四）詳見拙著中華民國憲法逐條釋義第一冊再版第五五頁以下。

中華民國六十五年十月八日作

一三、德國威瑪憲法之研討

一、威瑪憲法在現代憲法上的地位

在比較憲法學上，最受學者注意的憲法，不外兩類：一爲富強康樂國家的憲法，如美國憲法和瑞士憲法是，二爲歷史悠久影響深遠的憲法，如英國憲法和法國的人權宣言是。由這個標準說，威瑪憲法，似乎是不值得怎樣注意的，因爲由表面看來，它只是第一次世界大戰後，一個戰敗投降國家的憲法，且只有短短的十幾年生命，在德國本身的政治上，已沒有甚麼深刻的影響，遑論其他。然而威瑪憲法，却打破了上述衡量的標準，在它問世之始，卽爲研究比較憲法學，和注意德國政情者所注意；第一次世界大戰後，許多新興的國家，亦紛紛以它爲藍本，以制定憲法。威瑪共和國崩潰之後，不以成敗論英雄的學者，學問上不採勢利觀點，而注意於某一國家憲法，對於世界各國憲法的影響——尤其是喜歡檢討世界法學思潮，和政治制度變化的學者，仍然時常注意威瑪憲法，且迄今不衰。

威瑪憲法何以這樣受人注意呢？這固然因爲一八七一年的俾士麥憲法，雖具聯邦之名，但事實上是以普魯士爲主的霸主國憲法，並沒有把德意志各邦，凝結爲一體。而威瑪憲法，雖制定於德國戰敗投降，物價騰貴民不聊生的時候，但却解決德國政治上一個老問題，把向日支離散漫的德意志各邦，統而一之，成爲一個名符其實的聯邦國家，俾士麥於德國稱雄一世時所不能爲者，威瑪憲法竟於德國戰敗投降之後，把這個糾纏多年的問題解決，故使注意德國政情的人士，有刮目相看之感，而對於德國政治動態，一向最爲敏感的法國人，且因此而甚感不安。

然而威瑪憲法之受人注意，猶不在於它使德國成爲一個名實相符的聯邦，對於德國政治情勢發生重要的影響，而在於它是一部劃時代的新憲法，把世界法學思潮和政治制度，帶上一條新的道路，其流風餘韻，不但至今不絕，且有更發揚光大之勢。所以注意現代法學思潮的人，注意現代政治制度，和整個憲法動向的人，對於威瑪憲法，應該有相當的認識。因爲威瑪憲法規定的內容，確有許多獨特之處，已值得詳細研究；它所表現的時代動向，它所包含的思想意義，它對於二十世紀三十年代以後，各國政治法律的影響，尤其深遠，如不注意威瑪憲法，不但無法認識現代法學和現代政治，且將無法認識現代憲法。日本牧野英一博士，曾以『由人權宣言至威瑪憲法』，列爲現代法律的趨勢之一。確是至理名言，而最足以表現威瑪憲法之重要性。我曾銓釋其意云：『十八九世紀的法律，是個人主義自由主義思想的結晶，而一七八九年法國大革命以後，所公布的人權宣言，則爲表現上述思想最有力的宣言，故人權宣言，實爲十八九世紀各種法律的領導者，當時法律之主要原則，如自由平等之尊重，所有權神聖不可侵犯等，莫不先在人權宣言上提倡。二十世紀的法律，既是團體主義思想的產物，和人權宣言的背景不同，故人權宣言，不是二十世紀法律的領導者，而所以領導二十世紀法律者，則爲德國一九一八年革命後，所公布的憲法。威瑪憲法，提倡尊重生存權，扶助弱小分子，禁止權利濫用，認爲所有權隨伴義務，凡此等等，均爲二十世紀法律的主要原則，故由各國的成文法看來，威瑪憲法，實爲法律社會化（現代法律趨勢）之主要象徵』（註一）。由這段話看來，可見威瑪憲法，是現代法律趨勢之主要表現，我們由它的規定上，不但可以看出現代憲法的主要內容，而且也可以看出現代法學的主要理論，和現代政治的動向。必須從這個角度來注意它，而後才把握到威瑪憲法的眞義。

二、威瑪憲法制定的經過

要說明威瑪憲法制定的經過，以了解其歷史背景，必須先就近代德國憲法的歷史，略加敍述。近代德國的誕生，始於一八〇六年神聖羅馬帝國的崩潰。蓋德意志本是神聖羅馬帝國的領土，神聖羅馬帝國衰微以後，皇帝只擁虛位，政權操於各地的封建諸侯，他們割地稱雄，儼如獨立國家。迨一八〇六年，神聖羅馬帝國，不能對抗拿破崙的勢力，名實俱亡。德意志乃分裂爲若干獨立國家，其中大部分加入拿破崙所領導的萊因同盟，屈伏於拿破崙勢力之下。後因一八一二年拿破崙征俄失敗，予德意志諸國以更生的機會，乃有一八一三年至一八一五年的解放戰爭，擊破拿破崙的勢力。於是有一八一五年的維也納會議，締結維也納條約，而成立德意志同盟。這是羅馬帝國崩潰後，德意志各國的第一次大結合。由這個時候開始，到威瑪憲法制定時止，德國憲法的歷史，可以分為（一）德意志同盟時代，（二）北德意志聯邦時代，和（三）德意志帝國時代三個時期。

（一）德意志同盟時代

德意志同盟，是依照德意志同盟條約（維也納條約）而成立的，它只是一個國際法上的國家聯合，各邦尚有完全的主權，中央機關沒有權力統制各邦，所以只是一個邦聯，而不是一個聯邦。這種組織，雖然合於奧大利想居中操縱的目的，也合於各邦主權者割地稱雄的志願，但不合於德國開明分子，統一德國的願望，於是有一八四八年至一八四九年的德意志革命。革命分子召集國民會議於法爾福爾，制定憲法，以德意志為聯邦國家，普魯士國王為聯邦皇帝。這種制度，不但為奧大利所不滿，也為各邦君主所反對，革命乃歸於失敗。

然而由於這個革命的結果，使一般人更加感到德意志統一的必要，奧大利和普魯士爭霸之局，亦更見明朗。最初猶為奧大利稱霸之局，其後因為俾士麥掌握普魯士政權，採用鐵血政策，於一八六六年的普奧戰爭上，擊敗奧大利，德國乃由德意志同盟時代，轉入北德意志聯邦時代。

（二）北德意志聯邦時代

普奧戰爭之後，普魯士依據一八六六年布拉格和約所賦予的權限，糾合邁因河以北諸邦，制定憲法，組織北德意志聯邦。然而這只是德意志統一的開始，要想完成德意志統一，必須拜厄倫(Bayern)、符騰堡(Württfmbery)、巴登(Baden)、黑森(Hessen)等，邁因河南部諸邦加入。但是這四邦對於普魯士的優越地位，具有傳統的反感，普魯士爲迫使他們加入，不能不表示自己的實力，於是有一八七〇年至一八七一年的普法戰爭。普法戰爭的結果，普魯士又得到勝利，四邦乃相率加入聯邦，而於一八七一年制定憲法，德意志帝國乃告成立，而醞釀多年的德意志統一問題，至是亦告成功。

（三）德意志帝國時代

德意志帝國憲法，係就北德意志聯邦憲法修改而成者。它以君主的聯邦主義，和普魯士優越主義爲其基本的原則。所謂君主的聯邦主義，謂德意志帝國的建立，不以全體國民的團結爲基礎，而以各邦主權者的聯合爲基礎。而普魯士優越主義，則於（1）普魯士國王兼任德意志皇帝。（2）普魯士宰相，事實上兼任德意志宰相，及（3）普魯士在聯邦參議院中，占有多數的表決權見之。

『德意志帝國憲法，既以聯邦的君主主義爲其基本原則，所以（1）它是君主主義的憲法，而不是民主主義的憲法。（2）它是聯邦主義的憲法，而不是單一主義的憲法。（一）因爲它是君主主義的憲法，所以官僚政治的色彩，相當濃厚：如（a）在皇帝之下，設一宰相，爲行政的領袖，由皇帝任免，對皇帝負責，不對國會負責。（b）國會，雖然由人民直接選擧議員組織之，但權限甚小，對於宣戰和媾和，又沒有同意權。（c）對於人民的權利義務，未設規定等皆是。（二）又因爲是聯邦主義的憲法，所以分權的色彩，相當濃厚，如『（1）各邦可自由選擇自己的組織，即各邦有完全的自主組織權，所以一方有 Mecklenburg 的貴族政體，他方又有 Hamburg 的共和政體。（2）代表各邦的參政院，有很大的權限，除了立法權之外，尚有許多行政權及司法權……（3）中央沒有充分的統治權，許多政務（例如陸軍）均分屬於各邦，中央無權干涉。而中央直接徵收的租稅，又不足供給中央財政的需要，必須依靠各邦的解款。各邦又有各種特殊權，非經各該邦同意，不得剝奪』（註二）。

這種官僚政治色彩濃厚的憲法，和十九世紀下半期的時代情勢，顯不相容，故在第一次世界大戰以前，德國內部已時起政潮，政黨和政府之間，時常爲實現責任內閣問題，而發生爭執。迨第一次世界大戰後期，德國已無勝利之望，官僚政治的弱點，更見暴露，民主政治的要求，亦更見迫切，故一九一七年十一月，Graf Hertling 內閣於政綱得到國會多數黨領袖同意後，始告成立，已具責任內閣的雛形。但統治者這種讓步，並不能使民主主義者滿足，民主運動，仍然如火如荼，一九一八年底，統治者雖然再行讓步，修改憲法，使宰相對議會負責，實現民主政治，但革命已經發生，威瑪憲法亦繼而成立，德意志帝國憲法的生命，於是結束。

德意志帝國的官僚政治，和一九一八年以後德國戰爭的失敗，促使是年十一月革命的成功，改國體爲共和。這個時候國內最有勢力的政黨，爲社會民主黨，所以最初由社會民主黨出來收拾殘局。不過當時社會民主黨分裂爲二派，多數派主張民主政治，獨立派則欲實現勞工及兵士獨裁，幾經爭鬪的結果，主張比較適中溫和的社會民主黨多數派，卒告勝利，遂於一九一九年一月十九日，舉行國民會議的選舉，凡是德國人民年齡滿二十歲以上者，不問男女，均有選舉權及被選舉權，選舉的結果如次：

一、社會民主黨	一六二
二、中央黨	八九
三、德國民主黨	七四
四、德國國民黨	四二
五、德國人民黨	二二
六、社會民主黨獨立派	二二
七、其他	九

由上表看來，可知社會民主黨的人數最多，但它沒有得到過半數，爲便於控制國民會議起

見，它乃和次多數的中央黨及德國民主黨合作，這就是所謂「威瑪聯合」，威瑪憲法內容所以很錯綜複雜，且多帶有折衷調和的色彩，固然由於很受各邦意見影響之故，和威瑪聯合，尤有很大的關係。

國民會議集會以後，除了通過約法，組織臨時政府，並選舉厄伯特（F,Ebert）爲總統外，即着手於憲法的起草，其中又分爲三個階段：（一）爲普罍斯草案時期。（二）爲政府草案時期。（三）爲憲法委員會草案時期，分述於後：

（一）普罍斯草案　首先奉命起草憲法者，爲內政部部長普罍斯（Dr,Hugo Preuss）。他是一位單一國主義者，一向主張德意志不應再走聯邦國家的道路，應該是一個單一國家，所以德意志憲法的內容，應該儘量減少地方分權的色彩，增加中央集權的色彩。他根據這個觀點起草憲法，易稿二次，其重要原則如下：

一、各邦人民，任何時均得用國民投票的方法，脫離本邦，獨立組織一邦，或由本邦轉入他邦。

二、採用兩院制度，第一院代表全體國民，第二院代表各邦，但第二院仍由各邦人民用間接選舉方法選出，故不受各邦政府訓令的拘束。

三、德國政府各部，必要時得設置顧問機關，以各邦政府所派的代表組織之。

四、政府只須得到第一院的信任。

五、採用國民投票制度。

六、不問男女，均得依普通、平等、直接、秘密之方法，行使選舉權及被選舉權。

(二) 政府草案　普疊斯草案，因爲單一國的色彩過於濃厚，爲各邦所反對，他們認爲該草案把各邦變成地方自治團體的地位，違反德國的傳統，故於該草案起草完畢，政府邀集各邦代表討論時，乃將該草案大加修改，由單一國主義，逐漸復歸於聯邦國主義，是爲政府草案，它和普疊斯草案的主要不同如下。

①對於各邦人民另組新邦的權力，大加限制。

②聯邦控制各邦的權力，大加減少。

③恢復舊德意志帝國時代，各邦的特殊權。

④重新承認參議院制度。

(三) 憲法委員會草案　政府草案提出國民會議後，國民會議，交付由二十八個代表所組織的憲法委員會審查。在審查中，邁因河南部諸邦，集會於 Stuttgart，就它們所希望的憲法內容發表宣言。它們希望1. 除修改憲法外，不得擴張聯邦權力。2. 聯邦對於各邦的監督權，應儘量限制。3. 防止普魯士的優越地位。4. 確保各邦的經濟獨立。5. 廢止各邦人民得以自由設邦的規定。

這個宣言，對於憲法委員會，自然有相當的影響，如憲法在關於參議院的規定中，增加限制普魯士權力的規定，卽其一例。此外，一、承認國民投票制度。二、增加關於國民基本權利及義務的規定。三、關於經濟問題，另設委員會處理，亦爲憲法委員會草案，和政府草案不同的地方。

憲法委員會草案完成後，於一九一九年七月十二日，經國民會議以二百六十二票對七十五票通過，同年八月十一日，由總統厄伯特公布，因爲它在威瑪制定，故世人稱它爲威瑪憲法(註三)。

三、威瑪憲法內容的概要

威瑪憲法，全文一百八十一條，分爲二編：(一)第一編爲「聯邦之組織及其權限」，共一百零八條，又分爲七章：1.聯邦及各邦。2.聯邦議會。3.聯邦大總統及聯邦政府。4.聯邦參議院。5.聯邦立法。6.聯邦行政。7.聯邦司法。(二)第二編爲「德意志人民之基本權利及基本義務」，共五十七條。又分爲五章：1.個人。2.共同生活。3.宗教及宗教團體。4.教育及學校。5.經濟生活。(三)此外尚有過渡規定及附則，共十六條。玆分述第一編規定的概要於下。至於第二編的規定，值得注意者很多，允爲該憲法的特點，當於下節詳之。

(一)第一編第一章，關於聯邦及各邦的規定，值得注意者有三：①它明白規定：『一般所承認之國際法規，視爲德意志聯邦法律之一部分，而發生效力』，而啓第一次世界大戰後憲法國際化之端(第四條)。②它就聯邦和各邦的權限，爲細密的劃分，凡聯邦有立法權的事項，均明白標出，其餘事項的立法權，屬於各邦，即聯邦的權限，採列舉主義，各邦的權限，採概括主義，惟因聯邦的立法權，相當廣泛，故聯邦的權力，仍大於各邦。（第五條至第十六條）。③它明定各邦組織的標準，縮小其自主組織權的範圍——『各邦應制定自由主義之憲法、議會，應以普通、平等、直接、秘密之方法，依照比例代表之原則，由所有具有德國國民資格之男子及女子中選出之。各邦政府，應得議會之信任』（第十七條）。

（二）第二章關於聯邦議會的規定，值得注意者有四：①議會由德國國民，用直接選擧的方法選出，即議會是代表全體國民的，而非代表各邦的（第二十條至第二十二條）。②議會每四年選擧一次（第二十三條）。③聯邦總統，得解散聯邦議會，但由於同一原因之解散，不得超過一次（第二十五條）。④聯邦總理、各部部長，及其所指定之政府代表，得出席聯邦議會及其委員會。各邦亦得派遣全權代表，出席聯邦議會及其委員會，說明邦政府對於某審查中議案之意見（第三十三條第二項）。

（三）第三章關於聯邦大總統及聯邦政府的規定，值得注意者有七：①聯邦大總統，由全體德意志國民選擧之。凡滿三十五歲以上之德意志人，均有被選擧權（第四十一條）。②大總統的任期七年，連選得連任，且無次數的限制。但『在任期終了前，亦得因聯邦議會之議決，實行國民投票，使大總統解職。聯邦議會之議決，須得三分之二以上之同意。聯邦議會爲上開議決時，聯邦大總統當然停止其職務。國民投票結果，否決大總統解職案時，視爲新當選，聯邦議會當然解散』（第四十三條）。③大總統，除有一般國家元首所具之權力外，並有緊急處分權（第四十八條）。④大總統之一切命令及處分，須經聯邦總理或主管部長之副署，始生效力，關於軍事者亦同（第五十條）。⑤聯邦總理，由大總統任免之。各部部長，由聯邦總理提請大總統任免之（第五十三條）。⑥聯邦總理及各部部長，於行使職權時，須得國會之信任，國會以明示之議決，表示不信任時，聯邦總理或各部部長，應即去職（第五十四條）。⑦『聯邦總理，決定政治之一般方針，並就此對議會負其責任。各部部長，在此一般方針內，就其主管事務，獨立行使其職務，且各自對聯邦議會，負其責任』（第五十六條）。即採用個別負責制度，而非採連帶負責制度。

（四）第四章關於聯邦參議院的規定，值得注意者有五：①參議院就聯邦的立法及行政，代表各邦（第六十條），故為各邦的代表機關，和聯邦議會不同。②各邦在參議院，至少有一投票權，無論何邦，不得有總投票數五分之二以上之投票權（第六十一條）。以防止大邦的專制。③各邦，原則上以其邦政府的人員，為各該邦在參議院的代表（第六十三條）。由這一規定看來，也可以說參議院是各邦政府的代表機關，而不是代表邦民的機關。④參議院及其委員會，以聯邦政府各部部長為議長。各部部長，有在參議院及其委員會，參加議事及表決之權利，若有請求時，並負其義務（第六十五條）。⑤聯邦各部，關於國政之處理，應隨時向參議院提出報告。關於重要事件，並應召集參議院之主管委員會，提付討論（第六十七條）。

（五）威瑪憲法的立法權，不專屬於聯邦議會，聯邦參議院，也有提案權和抗議權，且實行國民投票制度，國民可以直接干涉立法，故於聯邦議會和聯邦參議院之外，把聯邦立法，另定爲一章。這一章的主要規定爲：①聯邦法律，由聯邦議會議決，但政府和聯邦議會，俱有提出法律案之權（第六十八條）。②聯邦政府提出法律案時，應得參議院的同意。政府和參議院意見不一致時，亦得提出法律案，但應同時敍明參議院的意見。又參議院未得政府的同意，議決法律案時，政府應附具自己的意見，提出該法律案於議會（第六十九條）。③議會議決的法律，大總統在公布之前，得於一個月內，先付國民投票（第七十三條第一項）。④對於議會議決的法律，參議院有抗議權……參議院提出抗議後，該法律應提請議會覆議。議會議決結果，如與參議院意見不能一致時，大總統得於三個月內，將所爭執的事件，提付國民投票。大總統若不行使此項權力時，該法律視爲不成立……（第七十四條）。

（六）至於第六章「聯邦行政」，多係就聯邦和各邦行政權的劃分，詳設規定；第七章「聯邦司法」，則係就法院的設置，法官的地位等，分別規定，沒有甚麼特別值得注意的地方，不再贅述。

四、威瑪憲法的特點

威瑪憲法，既然是一個劃時代的憲法，把世界法學思潮和政治制度，帶上一條新的道路，而爲第一次世界大戰後，各國憲法的藍本，其流風餘韻，至今不絕（見第一節），自然有許多獨特的規定，值得我們的注意，論者有以民主主義，集權的聯邦制，及社會主義，爲威瑪憲法的特色者（註四），由它和德意志帝國憲法對照看來，此說固屬非虛，且如上所述，集權的聯邦制之實行，在德國憲法歷史上，尤著異彩，以此爲它的特色，尤無可疑，但我們以爲這種看法，一方面失諸籠統；且過於置重它和德國舊日憲法的比較，而未注意到它和各國憲法的比較。威瑪憲法，既然是一個劃時代的憲法，則它的特點何在？應該細加探求，以看出它對於各國憲法的影響，並以見世界政治制度和法學思潮的動向。爰不厭瑣屑，就該憲法第一編聯邦之組織及其權限，暨第二編德意志人民之基本權利及基本義務的規定，分述其特點於下：

（甲）關於聯邦的組織和權限規定的特色

（一）國民投票制度的實行　威瑪憲法所規定的聯邦政制，是很複雜的。（1）在立法方面：議決法律的權，固然專屬於國會，但政府和參議院，都有提案權。參議院對於國會所通過的法律，復有抗議權，透過大總統，而提請覆議。大總統對於議會所議決的法律，亦可交付國民投票，甚至有某種程度的否決權。（2）在行政方面：雖然大總統之一切命令及處分，須經聯邦總理或主管部長的副署，始生效力；聯邦總理及各部部長，於行使職務時，須得國會之信任，國會表明不信任時，應卽去職，頗似內閣制。但他們對國會是個別負責，而非連帶負責。大總統係由國民直接選擧，國會可爲使大總統解職的議決，交由國民投票決定，類此等等，和議會內閣制的國家，又有不同。故由立法和行政兩方面看來，威瑪憲法所決定的聯邦政制，可以說是『政出多門』之局；在這個錯綜複雜局面之下，所以平息糾紛，握有最後的決定權者，則爲國民的投票。故（1）聯邦議會，雖爲大總統解職的議決，但大總統應否解職，由國民投票決定，如決定不解職時，聯邦議會當然解散（第四十三條）。（2）聯邦議會所通過的法律，大總統不表贊同時，亦由國民投票決定（第七十三條）。（3）聯邦議會所通過的法律，經參議院提出抗議交付覆議後，如議會議決結果，和參議院意見不同時，大總統亦得提付國民投票（第七十四條）。（4）經過國民請願時，亦可以國民投票方法，修正憲法。又議會不顧參議院的抗議，議決修正憲法時，參議院亦可要求於兩星期內，交付國民投票。（第七十六條）

綜上所述，可見依照威瑪憲法規定，德國國民，不但有選擧權，而且在某程度內，也有罷免權創制權，和複決權，而開實現直接民主政治之端。由民主政治的本義說，本來應該實行直接民主政治，由人民自己來管理國家事務，纔符民主之實，徒以國事紛繁，人民又各有職業，不能事事都管，乃有代議政治的產生。然代議政治的實行，也應該有相當的限度，如事事都要代議，人民並創制複決之權而無之，且只能選擧，不能罷免，又未免喧賓奪主，本末倒置。在十九世紀末葉，即已充分表露了代議政治的病象，故有實現直接民主政治的呼聲，威瑪憲法接受了這個時代要求，乃有上述有關國民投票的規定，而爲二十世紀憲法放一異彩。

（二）折衷的議會制　起草威瑪憲法的人們，認爲法國把國家所有權力，均集中於議會，統於一尊的議會政治，並不是眞正的議會政治，眞正的議會政治，應該是立法權和行政權，各有分際，不相凌越的制度。基此觀點，所以它規定聯邦內閣，雖然應該得到聯邦議會的信任，但大總統有解散聯邦議會之權，聯邦議會也可以提議罷免總統。參議院對於議會所議決的法律，可以提出抗議，大總統也可以於議決後一個月內，提付國民投票。在議會、參議院、大總統各方面紛爭不決的時候，均以國民投票爲解決的方法。這種制度，不但和法國不同，和英國美國也有差异，學者稱爲折衷的議會制，允爲威瑪憲法的特徵之一。

（三）集權的聯邦制　前面第二節說過，在德意志帝國時代，德國原爲聯邦制度的國家，德國戰敗起草新憲法的時候，起草人普壘斯認爲聯邦制度，不合於德國戰後國內外的環境，乃改採單一國主義，嗣因各邦政府的反對，政府草案和憲法委員會草案，均就普壘斯原案，加以修正，增加聯邦國的成分，減少單一國的色彩，所以威瑪憲法，表面上仍然是一部聯邦國憲法。然而仔細看來，尤其和德意志帝國憲法對照看來，威瑪憲法上的聯邦政府，權力是很大的，頗著中央集權的傾向；如（1）各邦權限，雖然因憲法列擧聯邦權限之故，而受憲法的保障，但是聯邦可以用修改憲法的手續，以擴張自己的權限。因爲修改憲法之權，在於聯邦國會。國會若有議員總數三分之二的出席，出席議員三分之二的同意，就可以修改憲法，而代表各邦的參議院，只能提出抗議，並要求總統將憲法修正案提交公民複決而已（第七十六條）。（2）參議院雖爲代表各邦過問聯邦政務的機關，但它不但沒有議決法律的權力，而且沒有提出法律案的權力，只能委託政府將法案提出國會，並對於國會通過的法律，有提出抗議之權。在行政方面，亦只是『聯邦各部，關於國政之處理，應隨時向參議院提出報告。關於重要事件，並應召集參議院之主管委員會，提付討論』（第六十七條）。及議會須得參議院的同意，纔能於預算案內增加支出，或新設項目；財政部長，須提出決算於參議院（第八十五條、第八十六條）等消極控制的權力。各邦的權限，既可由聯邦議會隨時修改；代表各邦的參議院，又沒有甚麼權力。而聯邦政府，則握有外交、軍政、殖民、郵電、關稅等權力。且可以聯邦的法律，變更各邦的法律（第十三條），把各邦的邦稅，改爲聯邦的國稅（第八條），各邦如不履行聯邦憲法，或法律所課的義務時，大總統又可以使用兵力，强制它履行義務（第四十八條）。綜此等等，可見聯邦政府權力是很大的，故學者稱它爲集權的聯邦制，和德意志帝國憲法的規定，大不相同（註五）。

（乙）關於人民基本權利義務規定的特色

威瑪憲法關於政府組織和職權的規定，固然很多特點；關於人民權利義務的規定，特點尤多，對於第一次世界大戰後各國憲法的影響，亦更大，茲舉其主要者於下：

（一）對於婚姻家庭和兒童的保護，特別注意　威瑪憲法第二編第二章，就婚姻家庭和兒童的保護，特設詳細規定，是它以前各國憲法所僅見，而爲意義深長的立法。先爲引錄有關條文於下：（1）『婚姻，爲家庭生活，及保持與增殖民族之基礎，受憲法之特別保護。婚姻，以男子與女子有同等權利，爲其基本原則』（第一百十九條第一項）。（2）『保持家庭之純潔及健康，予以社會的獎勵，爲聯邦各邦及公共團體之任務。有多數兒童之家庭，有請求相當扶助之權利』（同條第二項）。（3）『產婦，有請求聯邦及各邦保護及扶助之權利』（同條第三項）。（4）『養育子女，完成其肉體精神及社會的能力，爲兩親之最高義務，且爲其自然之權利。聯邦各邦及公共團體，應對其實行加以監督』（第一百二十條）。（5）『對於非婚生子女，亦應以法律規定，就其肉體的精神的及社會的發育，與婚生子女，受同一之待遇』（第一百二十一條）。（6）『聯邦各邦及公共團體，應保護少年，勿使爲過分勞動，或使在道德上精神上肉體上，遭受遺棄。强制保護處分，非依法律規定，不得爲之』（第一百二十二條）。

十八九世紀各國憲法，爲了掙脫舊日專制政治的壓迫，以達到防止專制，保護自由的目的，故只重於個人的自由及其他權利的保護，而不顧到共同生活方面。而且爲那些憲法保護對象的個人，又多半是功成業就的個人，對於老弱孤貧等不幸的人們，並未寄以特別注意。威瑪憲法，鑒於十九世紀工業發達，個人主義流行後，家庭解紐，兒童少年失教失養的社會危機，亟待挽救。且受團體主義的影響，深信人是社會的動物，個人和社會，有不可分離的密切關係，要有健全的個人，必須有健全的社會生活，而家庭爲社會的基礎，婚姻是家庭的始基，故於第二篇第二章共同生活裏面，首先表明婚姻的重要性，受憲法的特別保護，並以男子和女子有同等權利，爲其基本原則，以糾正個人主義時代忽視婚姻，及舊日傳統苛待女性的病象。其次表明家庭的重要性，保持家庭的純潔及健康，不但是每一個家庭構成分子的責任，而且是聯邦、各邦，乃至公共團體的責任，以保持民族的生存，並促進其發展。子女衆多的家庭，雙親的負擔過重，固難以達到家庭純潔和健康的目的，對於兒童的養育，亦難周到，故予以請求相當扶助的權利。產婦，爲國家生產下一代國民，在分娩前後，體力較弱，多不能從事工作，故亦予以請求政府保護及扶助的權利。

兒童和少年，是國家將來的主人翁，必須有智育體育德育兼備的少年，纔有富強康樂的國家。但自工業革命發生以後，兩親多忙於工作，對於兒女的教養，不甚注意，貧寒之家，因生活所迫，或貪圖一時小利，甚至使兒童從事勞動，而不顧及傷害其健康。非婚生子女，雖同爲父母所生，但社會狃於傳統的觀念，每加歧視。凡此等等，均爲國家前途的隱憂。威瑪憲法有鑒及此，故首先規定養育子女，爲兩親之最高義務，聯邦各邦及公共團體，對其實行應加以監督，以表明兒童不僅爲其兩親的子女，且爲國家的兒童。其次規定：非婚生子女，亦應以法律規定，使與婚生子女受同一的待遇。再次又就聯邦各邦及公共團體，應該保護少年，特設規定。這些縝密的規定，實爲威瑪憲法的創擧，既以糾正舊日憲法只重個人，不顧家庭；只重成年，不顧兒童的積弊，且欲樹立國家長治久安的基礎，計深慮遠，殊值得研究現代憲法和現代政治者的注意。

(二) 就教育和學校制度詳設規定 威瑪憲法第二篇，特設「教育及學校」一章，就教育和學校制度，詳設規定。其中值得注意的規定甚多，如（1）『藝術學術之研究及講授，應享有自由，聯邦及各邦應予以保護，並促進其發達』（第一百四十三條）。（2）『為教育少年之必要，應設置公的營造物，其設備，應由聯邦各邦及公共團體協力為之』（第一百四十三條第一項）。（3）『就學為一般之義務……小學暨補習學校之授課暨學業用品，完全免費』（第一百四十五條）。（4）『為使資力貧乏者，得入中等及高等學校修業，聯邦各邦及公共團體，應為必要之處置。對於認為應受中等及高等學校之教育者，應補助其學費，至畢業止』（第一百四十六條第三項）。及（5）『各級學校，應以德國國民性及國際協調精神為基礎，以完成學生之道德修養，公民應具之思想人格，及專門技能』（第一百四十八條第一項）等皆是。十八九世紀的憲法，制定於產業革命之後，工商業發達之際，只注意於物質生活上，如何鼓勵自由競爭，如何保護既得權；對於精神生活方面，除由於歷史背景關係，設有保護信仰、集會、結社、著作等自由的少數條文外，甚少措意，其就教育文化方面着想，詳設規定者，尤屬絕無僅有。然而教育文化，是人們生命的源泉，也是國家長治久安的基礎，沒有教育文化，人們只有物質生活，而沒有精神生活，將與鳥獸蟲魚無異，而無法支持其生命；國家亦缺乏長治久安的基礎。尤其在社會生活發達的現代，人們需要的智識愈多，教育文化亦愈重要。現代國家，不是無為而治，一切聽令個人自生自滅，只以外禦敵國，內保秩序為任務的舊型法治國家；而是勵精圖治，盡量為大多數人謀福利，俾達國家富強，人民康樂目的底社會國家，對於教育文化不能不加以注意。所以威瑪憲法明白規定，對於藝術學術的硏究和講授，應予以保護和促進，廣設學校，勵行强制教育，明定教育宗旨，對於才堪造就，而無力升學者，應補助其學費，這些規定，實爲第一次世界大戰前各國憲法所僅見，而開其後各國憲法的先河。

(三) 憲法之經濟化 論者謂由政治憲法至經濟憲法，是憲法新趨勢之一，意謂十八九世紀的憲法，只注意於政治上自由平等的保護，然政治上的自由平等，和經濟上的自由平等，是不可分的，沒有經濟上的自由平等，政治上的自由平等，亦不能澈底實現，故二十世紀的憲法，轉而同時注意經濟上自由平等的維護，設有許多有關經濟的規定，因而有憲法經濟化之稱。而首開憲法經濟化之端者，亦爲威瑪憲法。

威瑪憲法於第二編，特設經濟生活一章，就經濟生活的制度，國民經濟的基本政策等，設有詳細的規定，其中有名的規定極多，至今各國憲法和普通法律，均奉爲圭臬，且爲法學上的基本原則。如 (1) 第一百五十一條第一項規定云：『經濟生活之秩序，以使各人得到人類應得之生活爲目的，並須適合正義之原則。各人之經濟自由，在此限度內予以保障』。(2) 第一百五十三條第四項規定云：『所有權包含義務，所有權之行使，應同時顧及公共福利』。(3) 第一百五十五條規定云：『土地之分配及利用，應由聯邦及邦加以監督，以防止其濫用。且使所有德國人均獲健康之生活，所有德國家庭，尤其子女衆多之家庭，均可應其需要，獲得住居，及家庭所需要之家產……土地之開拓與利用，爲土地所有人對公衆所負之義務，不因勞力資本而致之土地價格之增加，其利益應歸於社會』。（4）第一百五十六條規定云：『聯邦得依據法律，準用公用徵收之規定，將私人經濟企業之適於社會化者，移歸公有。各邦或公共團體，得自行參與經濟企業及團體之管理，或以其他方法，加以支配』。及（5）第一百六十一條規定云：『爲維持健康及勞動能力，保護產婦，及防護因年齡、病弱，與生活變化，以致經濟上結果惡劣起見，聯邦應設置社會保險制度，並使被保險人參與其事』等，均爲很有名的條文。

上述第一百五十一條第一項的規定，值得注意之點有三：（1）它表明生存權的重要，經濟生活之秩序，應以保護生存權爲第一目的。由於它這個規定，乃使戰後各國憲法，由昔日的專重自由權，轉而注重生存權（註六），若干法律（如監獄行刑法）且因這個規定的影響，而面目爲之一新（註七）。（2）它表明經濟生活的秩序，必須合於正義的原則，即要人人能够各安其生，『富者田連阡陌，貧者窮無立錐』，是不合於正義的。（3）它表明各人的經濟自由，應受注重生存權，適合正義兩大原則的限制，只在不違反這兩大原則的範圍內，纔有經濟自由之可言。凡此規定，均和十八九世紀憲法，大異其趣，而爲其後各國憲法和法律的楷範。

第一百五十三條第四項的規定，則與法國人權宣言所標榜——十九世紀各國憲法和法律，所奉爲準繩，且爲法學上重要原則的所有權神聖不可侵犯的原則，適成對照。它認爲所有權不但是一種權利，而且是一種義務，既然是一種義務，所有人即應行使，不宜棄置不用，浪費社會的物力。而於行使之際，應同時顧及公共的福利，不宜只斤斤於個人的利益，因小我而忘大我。

由於上述注重生存權，經濟生活秩序，應合於正義，以及所有權包含義務的規定，乃第一百五十五條關於土地之規定。第一百五十六條關於經濟企業社會化的規定，亦係由於同一原則所產生的結果。至於一百六十一條關於社會保險的規定，其由於保護生存權的觀念而來，尤屬顯然，故由一個角度看，保護生存權的規定，實爲威瑪憲法有關經濟規定的基礎。威瑪憲法所以被視爲由政治憲法至經濟憲法的代表，首開憲法經濟化之端者，保護生存權的規定，實爲其最重要的原因。

威瑪憲法的特點，略如上述，綜合看來，它關於政府組織和職權的規定，似只有實行國民投票制度一點，最值注意；而在關於人民基本權利義務的規定方面，則有異彩迭見，美不勝收之觀，如上述對於婚姻家庭和兒童的保護，特別注意，就教育和學校制度特設規定，以及憲法之經濟化等等，莫不值得注意現代政治和現代憲法者之特別注意。且由這些規定裏面，我們可以看出威瑪憲法提出三個新的觀念：(一)二十世紀的國家，不是無爲而治的國家，而是勵精圖治的國家，故對於人民的衣食住行樂育，處處都要顧到。(二)二十世紀的憲法，不是只保護個人所有權和契約自由的憲法，而是要保護每一個人的生存權，和社會公共福利的憲法，故所有權神聖不可侵犯的原則，爲所有權隨伴義務的原則所代替。個人的契約自由，只在不妨礙別人的生存權，和不違反正義的前提下，予以保障。(三)二十世紀憲法的規定，不只是消極地限制政府行動的「限制規定」；而且有積極地指示政府行動方針的「方針規定」，故該法第二編各章，方針規定甚多，和舊日憲法大不相同。

上述三個新的觀念，實際上已爲現代各國憲法的共通觀念，所以我們說威瑪憲法是一部劃時代的憲法，它把世界法學思潮和政治制度，帶上一條新的道路，而爲研究憲法的人，所宜再三置意者。

註釋

(註一) 見牧野英一氏著：非常時立法之發展。及拙著法學通論。

(註二) 見薩孟武劉慶瑞二氏合著各國憲法及其政府。

(註三) 關於威瑪憲法制定的經過，參看淺井清氏著：近代德意志憲法史、德意志憲法原論二書。及薩孟武劉慶瑞二氏前書。

(註四) 見美濃部達吉氏著：「威瑪憲法之特質」一文；及清宮四郎氏著德意志憲法之發展與特質一書。

(註五) 參看美濃部達吉氏著：「新德意志共和國之法律的性質」一文；及薩孟武劉慶瑞二氏前書。

(註六) 詳見拙作「由自由權至生存權」一文，載拙著憲法行政法論叢。

(註七) 詳見拙作「現代監獄行刑之基本問題」一文，載拙著監獄學論叢。

——載司法行政部編：各國憲法彙編(二)。

原名德意志聯邦憲法說明，四十九年二月作。

一四、日本最高法院憲法判例檢論

一、引言

在討論日本最高法院憲法判例之例，我們應該先就判例在法制上的地位和功能，略加檢討。凡法院辦案，依據本院或上級同級法院已成的判決，於法律及事實上受其拘束者，該判決即成爲判例，因爲按諸辦案成例，法院對於某一案件所下判決，以後遇有同樣或類似的案情發生時，審判官必仍下同樣的判決，同一判決屢經援用之後，不但對於審判官有拘束力，人民亦有信其爲法之心，故判例在法制上具有相當的地位。在古代法制未備，立法司法不分的時候，司法官兼有立法權，其判例即成爲法律。故歐洲有集判例而成的審定法，中國古時斷獄理訟，亦極注重所謂「成案」。迨後文化進步，立法權和司法權分立，判例的權力漸減，除英美法系各國，仍以判例爲主要的法源外，大陸法系各國皆否認判例有法律上的拘束力。因他們認爲法官只能適用法律，不能製造法律，如以判例爲法律的淵源，是將立法權和司法權混爲一談。普魯士國法序節第六條且明白規定：『將來爲裁判時，對於法律學者的意見，及裁判官的判決，無加以任何考慮的必要』，各國學者亦多附和其說，而否認判例爲法之淵源（註一）。

但二十世紀以後，大陸法系各國的學者，對於判例的重要性，亦日益重視，頗多以它爲法源之一者，考其原因：㈠由於判例功能之更見顯著。蓋現代社會生活發達，人事日繁，且變遷甚速，以有限之法條，不能適應無窮的人事。於是成文法缺乏規定、規定不明，及其規定不能適應當前情勢的現象，時有發生，必需法官於判決的時候，將成文法缺乏規定者補充之，規定不明者闡發之，規定不適於當前情勢者，則將其推陳出新，這些改正成文法缺點的判決，歷久成例，爲各級法官適用的水準，而成法之淵源。㈡由於三權分立觀念之進化。現代各國的政治制度，雖仍用三權分立的型式，但精神和從前不同之處甚多，其中要點之一，認爲立法、行政、司法三權不是分立門戶，互不相侔，而是相輔相成的。故行政權可以委任立法，補立法權之不足，司法權亦可建立判例法，以濟立法權之窮，舊日強力反對法官造法的觀念，既逐漸消滅，判例乃浸成法之淵源。

凡上所述，係由一般法律立論，如專由憲法言之，則有關憲法的判例，更見重要，我們嘗謂憲法具有下列各種特性：『㈠歷史性。一般法律，均不能擺脫歷史之支配，憲法因爲國家根本法之故，其發揚本國歷史之光彩，反應本國歷史之要求，適合傳統之國情，較其他法律爲甚，故具有堅固之歷史性。㈡簡潔性。憲法所包容者至廣，多屬原則性之規定，概括條款之立法方式，表現於憲法者尤多，故憲法具有簡潔性。㈢包容性。憲法之範圍至爲廣泛，國家之基本組織，人民之權利義務，以及基本國策等，均在規定之列，所包容者至爲廣大，且因時代之進步，公共事務之增加，其內容有與日俱廣之勢，故憲法具有包容性。㈣敏感性。法律爲社會生活之反應，對於政治社會之變化，原均具有相當之敏感性，惟憲法因係國家根本大法之故，其敏感性特强，政治社會之變化，迅速反應於憲法規定之上，各國新憲法之趨勢，往往即爲時代動向之表徵。㈤妥協性，憲法之規定如何，與全體國民，均有重大之關係，故爲各方所注意，而爲聚訟之焦點，入主出奴，各持所見，而折衷調協，互相容讓，難獲定案，故各國憲法之內容，往往著有妥協容讓之痕跡』(註二)。除了上述特性之故。憲法又因其爲國家根本大法，乃一切法令之母，所有法令與憲法牴觸者無效之故，具有極大的權威，憲法的解釋如何，和國家的政治體制，人民的權利義務，均有極大的關係，且握有一切法令的生死之權，故憲法的解釋，尤較其他法律爲重要。而關於憲法的判例，由一般國家言之，即是法院有關憲法問題的判決，反復援用，歷久而成例者，質言之，也就是法院對於憲法的解釋。

有關憲法的判例，旣是法院對於憲法的解釋，則於著爲憲法判決，乃至歷久成例之際，自受上述各種特性的影響，其判例之構成背景，得失判斷，與是否顧及上述各種特性，而善爲發揮，應該都有相當的關係，這是我們於討論日本最高法院憲法判例之際，應該先予置意的。

日本國憲法第九十八條第一項規定：『本憲法爲國家之最高法規，違反其規定之法律、命令、詔勅，及其他關於國務行爲之全部或一部，均無效。』第八十一條規定：『最高裁判所，爲有權決定一切法律、命令、規則或處分，是否適合憲法之終審裁判所』。由這兩條規定看來，可見日本最高法院（日文爲最高裁判所），握有解釋憲法，和有權決定一切法律和命令等，是否適合憲法之最高權威，它所著有關憲法的判例，對於日本的政治社會，固然有很大的影響，在憲法學的研究上，我國憲法的解釋運用上，亦爲值得參考的資料，爰就其值得注意的判例，選擇數則，加以引述和評論，以備參考。

二、統治行為是否為違憲審查權對象問題

本件原告苫米地，認爲一九五二年八月，吉田內閣解散衆議院的行爲，爲無效行爲，故以衆議院議員的身分，訴請給付歲費，因爲解散既屬無效，他的身分仍屬存在，政府自應給付他的歲費。但被告政府方面認爲：(1)如判斷解散爲無效，則繼此而舉行的總選舉，亦屬無效，勢必否認國會和內閣的存在，從而以此爲基礎的各種國家行爲，亦屬無效，所生的混亂巨大。(2)解散是政治性最强的行爲，對於此類行爲的批判，應該於總選舉時，委於國民的直接審判，故謂：『在各國判例上，國會之解散，及其他有高度政治性的行爲，稱爲統治行爲或政治行爲，不僅不得直接請求將該行爲撤銷變更，或確認其無效，以它爲爭訟的先決問題，而爭執其適法與否時，其爭訟，也不能夠成爲法院審理的對象。這項見解，爲各國及日本學說所承認。所以衆議院解散合憲性的審理，屬於裁判權以外的見解，在日本亦屬妥當』。

但東京地方法院的判決，不接受被告的主張，其理由如下：

『司法權的適用法律，係判斷何者為法，毫無自由裁量的餘地，而純係覊束判斷，不能以避免判斷結果所生的混亂為理由，使法的適用，不能一致。所以衆議院解散，縱令如被告所主張，因判斷其無效，而發生混亂，亦不能謂法院因此之故，遂不能為解散無效的判斷。且就被告所主張的各種混亂，是否發生而觀，假定以總選舉施行前提的瑕疵，即解散的無效，為選舉無效爭訟的理由，然現實施行的選舉效力，僅能由該選舉的選舉訴訟決定，在並未以該選舉訴訟，經確定無效，為事實主張立證的本件，仍應認為由該選舉選出的衆議院議員，具有議員的資格，由該議員所構成的衆議院，亦屬有效存在。縱令衆議院係複數存在，然既未否認國會的存在，被告所主張的否認衆議院存在，乃至國會存在的混亂，殊屬杞憂。故在以衆議院解散為違憲的裁判時，亦不發生被告所主張的矛盾。

『衆議院解散時，由於衆議院的構成和內閣，都一新其面目，國家的政治方向，亦從新確定，確為政治影響甚大的行為。且其解散在政治上當否的批判，於解散後施行選舉時，由國民為之，亦確如被告所說。但不能因為政治影響甚大之故，遂謂對其行為不能夠做純法律的判斷；也不能因為國民就其行為，為當否判斷之故，遂謂和該行為政治上當否批判，完全不同的法律判斷，即應予以排除。衆議院在何種情形之下應予解散？其解散是否妥當？固然應該委諸政治的判斷，至其解散自身，是否適合於憲法所定的方式，則有排除一切政策上評價，而為判斷的可能，且為應離開政策的判斷，而應予判斷的事件。

由日本制度看來，現行憲法下的司法權，不限於民事刑事件的裁判，而是像裁判所法所規定的那樣，一切法律上的爭訟，除憲法另設規定外，對於一切行為適合法規與否，都有判斷的權限。故第使該行為有為法律判斷的可能。且依此而解決個人權利義務的具體紛爭時，法院有就一切行為的適合法規與否，為判斷的權限，且負其義務，這是日本法制的原則。衆議院的解散，是對於衆議院的全體議員，在任期未滿之前，剝奪其資格的處分，必須判斷其解散，是否遵守憲法所定的手續，然後原告衆議院議員的身分，纔臻於明確。而如前所述，衆議院的解散行為，既然有為法律判斷的可能，如將其有效無效之爭，排除於司法審查之外，殊缺乏合理的理由。

日本學者，對於統治行為，雖曾加以討論，惟在具有前述內容的日本法治主義之下，如謂統治行為不為裁判的對象，在法理的根據上，在統治行為的概念上，均欠明顯。由自由主義的法治主義觀點言之，把統治行為列於裁判對象之外，殊為可疑。故現在不能只以政治性強大為理由，認為衆議院解散的合憲性，應排除於法院判斷對象之外』（註三）。

綜上所述，足見東京地方法院，就日本國憲法第八十一條規定為文理解釋，認為統治行為，仍為裁判的對象，亦即仍屬於違憲審查權的範圍，東京高等法院，亦支持其見解，惟上訴於第三審後，最高法院，則明白肯定統治行為，並非違憲審查的對象，其判決理由云：

『現實實行之衆議院解散，是否所依據之憲法條章有誤，而應無效？或因憲法上所必要之內閣助言與承認，具有瑕疵，而應無效，應解爲不屬於法院審查權的範圍。

日本國憲法，確立立法、行政、司法之三權分立制度，司法權均由法院行之（憲法第七十六條第一項）。裁判所法，復規定法院裁判一切之法律上爭訟（裁判所法第三條第一項）。依此規定，不但民事刑事如此，行政事件，亦不限定事項，槪歸司法法院管轄。而且依照憲法，一切法律、命令、規則或處分，適合憲法與否，審查憲法的權限，亦賦與法院（憲法第八十一條）。其結果，國家的立法、行政行爲，如成爲法律上爭訟時，包括違憲審查在內，均應服從法院的裁判權。

不過在日本國憲法三權分立制度之下，司法權的行使，亦不免於某種自然限度的限制，不能够說所有國家行爲，無限制的都是司法審查的對象。直接有關國家統治的基本，而有高度政治性的國家行爲，縱令構成法律上的爭訟，且對其有效無效的判斷，爲法律上所可能者，然此類國家行爲，在法院審查權之外，其判斷，應委於對爲主權者的國民負其責任的政府、國會等部門，最後委於國民之政治的判斷。這種對於司法權的制約，係由於三權分立的原理、某項國家行爲的高度政治性，法院之司法機關的性格、法院必須遵守的手續上制約等，縱令沒有特別明文規定，亦應解爲司法權在憲法本質上，所具有的內在制約。

衆議院的解散，是違反衆議院議員的本意，使他們喪失資格，並使爲國家最高機關的國會主要一環之衆議院，陷於暫時停閉的狀態，且更經過總選擧，而成立新的衆議院與新的內閣，不但其國法上的意義，至爲重大，且因其解散，多係內閣就其政策，或內閣的存續，詢問國民的總意，所以其政治上的意義，亦極爲重大。所以衆議院的解散，是政治性極高的國家統治基本的行爲，對於此項行爲，審查其有效無效，應屬於司法法院權限之外，有如前述』（註四）。

上述判例，接受了統治行爲的觀念，並且說出司法權有其一定的界限，統治行爲，並非違憲審查權的對象，是很值得注意的判例。統治行爲，原是本世紀的新觀念，二次大戰後，漸引人注意，是否有統治行爲的存在，學說尙不一致，如果有承認統治行爲的必要，其理由何在？學者亦不一其說。在法國，很多學者反對這個觀念，如名法學家狄驥 Duguit：『曾謂我將以全力抨擊統治行爲的觀念，這一觀念，應自文明國家的公法中逐出』。威林 Wane 亦謂：『法治主義，在防止行政權的濫用，和對市民的保護上，固然極爲貴重，但在法國則有一個缺陷，這就是不受審查，而稱爲統治行爲的行爲』。德國學者，則以承認統治行爲的觀念者爲多，但承認的理由，學說頗不一致，有由純法律理論方面着想者，亦有由政策方面着想者。日本學者，在上述苫米地判決之後，亦頗有論爭，主張否定說的學者，多由日本國憲法第九十八條第一項的文理解釋出發。其中主張最力者，爲磯崎辰五郎教授。其理由如下：(1)憲法第九十八條第一項，係使憲法的最高法規性，具有實定效力的規定。(2)三權最高機關的行爲，均爲具有高度政治性的行爲，如果因爲它具有高度政治性之故，縱令違反憲法，仍然保有其效力，則憲法第八十一條的規定，將流於形式，最重要的國家行爲，都不發生無效的問題……(4)此等行爲，無論具有何種高度的政治性，然不能踰越於憲法之外，故有由法院審定其是否合於憲法的必要。

主張肯定說的學說持論則不甚一致，有謂由於法院的自制者，有謂由於司法權之內在的制約者。主張前說的學者，爲山田準次郎。他說統治行爲的根據，係由於實際必要之法院的自制。至於法院爲此項自制的原因，則應求諸比例的原則，即基於兩害相權取其輕之理，使因違憲審查的大害，不致發生。『蓋統治行爲，係在同一問題之中，一方面爲法律問題，同時在另一方面，又爲重大之政治問題，而此二者之間，具有密切不可分離之關係。此時如將法律問題，受司法審查，政治問題，則使另負政治上的責任，將見任何由於政治上的重大必要，而作的行爲，如法律審查的結果，判定其爲違法時，則縱令其違法極爲細微，行爲的全部，亦不免於無效或撤銷，而發生因角殺牛的結果。由於防止此類結果的發生，故應該依照比例的原則，承認不由司法審查的統治行爲』。

多數學者，則多以司法權之內在的制約，爲肯定統治行爲的根據，如入江俊郎說：「近代民主主義之政治上基本形態，爲在國民主權下之三權分立制。而三權分立論之主旨，非在三權之各自分立，而係在互相制衡之下，合成一個主權之作用，其基礎，則在具有參政權的國民，以主權者的資格而存在。三權相互關係，以不承認其中之一個權力，對於其他的權力，得以絕對的支配制約爲其特色。國民雖分別委託三權管理國政，然尙有不屬於三權，爲國民直接判斷、監督與運用，而保留的若干事項。至何種事項，爲國民所保留？憲法有直接規定的明文時，固不待論，縱令未具明文，一切國家作用中，如屬於三權中之任何一種，反不合於承認三權分立本旨的事項時，我以爲解釋上，均應認爲不屬於三權中之任何一權，而爲國民所保留的事項。這由司法權限界的方面說，則爲統治行爲。以通常情形而論，國民透過選擧，而爲間接的判斷，其效果，只爲間接與政治的，而非直接與法律的。因此之故，統治行爲，理論上縱使違法無效，但如爲該行爲之行政權或立法權，主張其適法有效時，即應認其爲適法有效。因如憲法的用意，不是如此，則應有適切的國民直接參政的規定，或應設特別的機關，既未爲規定和設置，自然不能不於次屆選擧上，求諸國民的公平審判』(註五)。入江氏上述的說法，似可視爲肯定統治行爲的觀念，及不爲違憲審查權對象的理論基礎。

但所謂統治行爲，究指那些行爲而言，學說和法例亦不一致，大致言之，可分爲下列四類：㈠議會行爲，指關於議會的組織和議事運用的行爲。㈡關於政府和議會關係的行爲，如衆議院的解散，內閣總理的提名，內閣的不信任等是。㈢關於政治基本組織的行爲，如內閣總理和各部部長的任免是。㈣外交行爲，如條約的締結，國家的承認等是。

我國憲法第一百七十一條規定：『法律與憲法牴觸者無效』。『法律與憲法有無牴觸發生疑義時，由司法院解釋之』。第七十八條規定：『司法院解釋憲法，並有統一解釋法律及命令之權』。其規定和日本雖有不同，但亦賦與司法機關以違憲立法審查權，然則在我國法律的適用上，是否亦應容統治行爲的觀念，就某類行爲，不適用上開法條的規定，是一個可研究的問題，我們認爲應該採取肯定說，蓋誠如日本學者田中二郎氏所云：『……雖係在憲法或法律上，定有法的制約之行爲，如其行爲，爲憲法上最上級機關所爲之行爲，且爲具有高度政治性之行爲，此時不宜因其有法律的側面之故，由法院以之爲法律價值判斷之對象，寧應注意其政治的側面，以其爲政治批判之對象，較爲合理。且與專爲適於法律之判斷作用，而構成之司法裁判制度之趣旨，亦屬相合。故此種意義的統治行爲，縱令違憲或違法，亦不應爲司法審查的對象。由這一觀點言之，承認統治行爲的觀念，頗有實益』（註六）。且承認統治行爲，不爲違憲審查的對象，可以防止因行爲之無效或撤銷，而發生的混亂；及對於外交問題，所生的困擾。在國際局勢複雜，國家環境艱難的現在，這一點，尤其值得我們注意。

三、私法關係與基本人權

本件原告某甲，爲某黨黨員，被告私立女子商業學校，知道她思想有問題，乃以不在校內爲政治活動爲條件，聘她爲裁縫教師。但原告入校以後，仍然購買和某黨主義有關的書籍，散發給學生，女子商業學校，乃以她在校內爲政治活動爲理由，將她解雇。原告認爲被告的解雇行爲，違反了憲法第十四條的平等原理，並且侵害了第十九條所規定的思想良心自由，乃請求法院確認解雇無效，判令被告給付薪俸。第一審釧路地方法院帶廣分庭，將原告之訴駁回。第二審扎幌高等法院，也認定原告的行爲，是政治活動，本件解雇，並未侵害原告（上訴人）的思想自由，將其上訴駁回。但原告認爲：以不爲政治活動爲條件的雇傭契約，不但侵害了思想自由、信教自由，及其他表現的自由，而且違反了民法上的公序良俗，乃以此爲理由，向最高法院提起上訴，最高法院仍予駁回，其理由如下：

『憲法所保障的基本人權，並非絕對的，可以基於自己的自由意思，在特別公法關係，或私法關係上，受某種限制，本院已著有判例。這個見解，對於以在一定範圍內，不爲政治活動爲條件，而雇用他人的場合，亦可適用。上訴人既然以自己的自由意思，承諾以不在校內爲政治活動爲條件，受被上訴人的雇傭，這個特約自屬有效。不能說它違反了憲法或民法上的公序良俗，而應該無效。』

這個判例，結論固甚正當，但理由甚爲簡單，理論也不十分清楚，不算是一個好判例，但它所針對的問題——私法關係和基本人權的問題，却是二十世紀——尤其二次大戰後，學者所注意的大問題。舊日見解，認爲各人在自然狀態上乃至自然性質上，具有的自由，爲各人的基本權利，國家權力不能加以侵害，憲法上規定人民權利的目的，即在於防止國家權力的侵害，所以憲法上所保障的自由權，是國民對國家所享有的公權，是關於國家和人民關係的規定，而和私人相互間的關係（私法關係）無關，故人權保障和私人相互間的法律關係，不生牽涉。然而人權的侵害，在私人相互關係上，亦有發生的可能，故一方面有制定禁止私人侵害人權的立法，（如禁止人身買賣的立法）以加强人權保障的必要，另一方面，又發生私法關係，是否直接適用憲法關於人權規定的問題，這個問題，在生存權、工作權等，尤其容易發生，因爲對於這兩種權利的侵害，多在私人相互間的法律上，由私人爲之，而這兩種權利，是二十世紀憲法所注重的新權利，國家在一方面，有確保此等權利的義務；在另一方面，又應該排除私人的侵害，以達到保障生存權工作權的目的。

一九一九年的德國威瑪憲法，有鑑於此，乃於第一百十八條規定：『所有德意志人民，在一般法律限制的範圍內，均得以言語、文書、出版、圖畫，及其他方法，自由發表其意見，任何勞動及僱傭關係，均不得妨礙其權利。對其權利的行使，任何人均不得加以阻礙』。第一百五十九條規定：『任何人或任何職業，均保障其以勞動條件及交易條件之維持爲目的，而結社之自由。限制或妨害這種自由的約定及處置，概予禁止』。西德憲法亦承此傳統，於第九條第三項規定：『以保護並改善勞動與經濟條件爲目的之結社權，對任何人及任何職業，均應保障之。以限制或阻礙此權利爲目的的協定，概屬無效。爲此而採取的措施，均屬違法』。觀於『任何勞動及雇傭關係，均不得妨礙其權利。對其權利的行使。任何人均不得加以阻礙』；『以限制或阻礙此權利爲目的的協定，概屬無效』的規定，可見威瑪憲法和西德憲法，已就其保護人民權利的規定，明白宣示適用於私人間法律關係（私法關係）。

然各國憲法，於此多未設明文，一般學說和判例，似仍認爲憲法關於人權保障的規定，以不適用於私法關係爲原則（註七），其理由除置重於人權保障的歷史原因外，似在下列二點：㈠由於公法和私法的區別。憲法是公法，是規定國家和人民關係的法，和規定私人相互關係的私法不同，故憲法關於保障人權關係的規定，不適用於私法關係。㈡如認為憲法此類規定，可適用於私法關係，對於當事人的一方，即認為因契約或協定，而人權受侵害者，保護固甚為周到，惟有時對於另一方當事人的人權，不免有所侵害，權衡取捨，頗為困難。

然而某些學者，仍採肯定的說法，認為憲法有關保障人權的規定，對於私法關係，亦有適用，惟在採肯定說之中，見解仍有不同，有採直接適用說者，有採國家權力類似說者，亦有採間接適用說者，分別略述於下：

㈠**直接適用說**　採取這種說法者，較為少數，其中有思想較為保守的學者，亦有思想較新的學者。思想保守的學者，認為基本人權的保障，係由自然法而來，故不但適用於國家和人民的關係，亦適用於私人相互間的關係。思想較新的學者，則認為憲法保障人權的規定，原僅適用於國家和人民的關係，但由於現代社會生活的變遷，亦應直接適用於私人相互間的關係。因為在現代社會上，人權侵害問題，在各人相互關係上，反較由於政府者為多，當局應防止侵害人權，以保護各人生活的安全。但有關立法，殊不周密，故應將憲法上保障人權的基本原理，直接適用於私法關係。其詳細理由如下：

由於團體生活的發達，公司勞動團體、職業團體、學校，及其他地域團體，相繼而起。『人們不但在國家或自治團體內生活，也屬於種種的團體生活。法律上，也有強制關係人加入團體的規定。在這種團體生活關係之中，人們往往由於團體的規律，自由受限制，或負擔義務，其情形，和國民由於國家的法律規定，權利自由受限制，或負擔義務者，實相類似。再私法關係，本係以當事人對等之法地位，為前提條件而成立者，但由於在社會實際生活上，經濟的、社會的、政治的地位之不同，而發生支配關係。在這些關係上，如果法律只是技術的，把它當作對等關係處理，則法的判斷，將和社會的實情不合，而有失公正，故在私人相互關係上，亦應予人權以法律的保護，它的法律上根據，保障的制度，及保障的法律理論，均應予以確立。從前因為憲法是國家的基本法，是國法，憲法所規律的範圍，是國家和人民的關係，所以人權的侵害，倘非政府當局的行為，即非憲法規律的對象，然而憲法，不但是國家制度的基本法，我們國民社會共同生活的基本原理，也和它有密接的關連，而包括於其中。不但政府當局，有尊重人權的義務，不許濫加侵害，在我們個人相互生活關係上，也有尊重人權的義務，而禁止其侵害，故無論憲法是直接適用於私法關係，或間接適用，在法的基本原理上，人權當為公法私法所規律的一切社會生活上，應受尊重和保護者（註八）。

㈡**國家權力類似說**　他們認為如果私人團體所握有的權力，所發揮的功能，本質上和國家相類似者，即應直接適用憲法的規定，也就是說，人權規定，應直接適用於某種私法關係，這在美國，是有力的學說。其情形又可分為三種：⑴受國家財政的援助，其管理和政策，亦受國家高度的管制者。⑵國家借予應為公共目的，而開放的財產，使其經營而達到同一的目的，並予以高度的管制者。⑶國家賦予特權，並受國家的高度管制，和國家之間，具有密切的關係者。

國家權力類似說，固然言之成理，但若干學者認爲：在現代社會經濟結構之下，國家咸賦與私人團體，以若干公的權力，亦恆受國家的援助，『本質上和國家權力相類似』云云，很難確定標準，如解釋過寬，將和直接適用說，同其結果。如解釋過嚴，則憲法關於人權保障的規定，將不能適用於私人相互關係。至於受國家高度的管制，爲現代大企業恆有的現象，亦不足據爲判斷的標準。

㈢間接適用說　主張此說者甚多。他們認爲憲法關於保障人權的規定，原則上不適用於私人相互關係，只在例外的情形下，間接適用而已。因爲各人在自然狀態，乃至自然性質上，具有的自由，爲各人的基本權利，非國家權力所可以侵害，憲法上規定上規定保障人民權利的目的，即在於防止國家權力的侵害，憲法上保障的自由權，爲國民對國家所享有的公權，是關於國家和人民關係的規定，而和私人相互間的關係無關，故人權的保障，和私法關係，不生直接牽涉。現代學者贊成此項見解者甚多，如註解日本國憲法云：『本章所揭之國民權利，對於私人相互之間，具有何種意義？一般言上，憲法上之權利，具有國家對人民權利之性質，在私人相互之間，並非當然妥當，故私人相互之間，締結限制信教自由，言論集會自由、職業選擇自出之契約，爲可能的』。宮澤俊義教授，於所著日本國憲法註解亦云：『基本人權，原係對國家之關係上，保障一般國民之權利，故在私人相互間之關係，憲法之保障，並非當然適用，其結果，在私人相互間，縱令締結限制自由之契約，亦不能卽視爲侵害憲法所保障之基本人權』。

但是他們亦同時承認：『憲法對於種種權利，係作爲基本人權而承認者，不得侵害這些權利，係維持國家公共秩序所必要，如無任何合理的理由，不當的侵害權利或自由時，則不得不認爲——發生違反公序良俗的問題』。又他們復認爲勤勞權生存權等權利，和其他權利不同，如註解日本國憲法，於第三章概說云：『本章所揭之權利中，其自身，有具有私人間之性質者，（如對於使用人之關係上，所成立之勤勞者權利），應予注意』。復於註釋日本國憲法第二十五條，關於生存之規定時謂：『妨礙生存權實現之個人間契約、團體內規約，亦應解爲無效。』宮澤俊義教授對於此點，有較詳細的說明，其說法和前著略有不同，足供研究本問題的參考，爰爲迻譯於下：

『對於人權的制約，在私人相互間，也可以發生，故禁止私人侵害人權的立法，可說是人權宣言的加强。例如在人權宣言上，排除公權力對於人身自由的侵害，同時又允許人身買賣制度，則人身自由，仍難獲得完全的保障，故有以立法禁止人身買賣制度的必要。他如住居的不可侵、通訊的秘密，不但不能以公權力侵害，私人的侵入住所，妨害通訊秘密，亦有以立法禁止的必要。又由確立罪刑法定主義的旨趣言，禁止私刑爲當然之理，刑法上處罰竊盜和詐欺的規定，也是對於人權宣言上保障財產權的加强。

『所以人權宣言上人權的保障，不但在國家和私人的法律關係上，排除公權力對於人權的侵害而已，在私人相互間的法律關係上，也要排除私人對於人權的侵害，始臻完全。像勞動三權那樣，對於它的侵害，多於私人相互間的法律關係上，由私人發生，國家一方面保障這些權利，另一方面，不能不排除私人對它的侵害。

像這樣的，人權宣言上人權的保障，不應認爲只存在於國家和私人的法律關係上，在私人相互的法律關係上，也當然含有排除侵害人權的旨趣，在私人相互法律關係所生對於人權的限制之中，由人權宣言的旨趣觀之，也有要求國家加以干涉者。

那麼，在那種情形之下，要求國家干涉呢？決定的標準，非常困難。因爲它多半以兩種人權衝突的形式出現，排除對於一方面人權的制約，同時發生制約另一方面人權的結果。不能够只由主張人權被害人方面判斷，對於另一方面的主張，國家概予以排除。其結果，必定要由具體的法律關係之性質，被制約的內容和程度，綜合觀察，以判定所被侵害的人權，有無合理的理由。一般地說：如果和人權宣言的目標——尊重人性的原理相矛盾，則對於人權的限制，縱令是私人間的關係，亦缺乏合理的理由。又由憲法的旨趣，係立脚於社會國家理念之上言，有危及勤勞者生活根底之虞的制約，亦缺乏合理的理由，而應力予排除。

故如⑴違反國家對於奴隸制度和人身自由的禁止，⑵如以部落出身爲理由，予以不利益的私人行爲，亦爲立法所排除。⑶像美國那種一定土地，不賣與一定人種的約束，亦應予以排除。排除的方式，如處罰某種行爲或不行爲，或以某種行爲爲無效是。民法以『違反公共秩序善良風俗的行爲』爲無效，在日本國憲法之下，右述的行爲，似應認爲違反民法上公共秩序的行爲。

這些行爲，縱令得被害人同意而成立，亦應爲同一的解釋，如以某人不行使選擧權爲條件，而雇傭之。其契約應屬無效。但如其合意的旨趣，具有合理理由的契約，則縱令制約當事人的人權，亦不能視爲無效。例如化粧品公司雇用宣傳部職員時，約定對於該公司的出品，不能爲不良的批評，不能認爲是對於言論自由的限制，而認爲無效。要之，如果由契約關係本來底目的看來，並非不合理的，又不否定憲法保障人權的精神，該契約，應屬於私的自治範圍之內，不能視爲違反公共秩序』（註九）。

間接適用說的理論，略如上述，學者主張這一說者很多，日本最高法院上述的判決，即係根據此說而來，故頗得學者的讚許。我們亦認爲判決結論是正當的，但它所依據的說法，——『憲法關於保障人權的規定，原則上不適用於私人相互關係，只在例外的情形下，間採適用而已』，不甚合於現代社會的情形，論理上亦頗感迂迴曲折，故比較贊同直接適用說的理論，憲法關於保障人權的規定，以依據憲法精神，直接適用於私人相互關係爲原則，不適用爲例外，因爲『憲法爲根本法，其規定咸具有原則規範之性質，爲整個國家法制之最高規範、法律、命令、條約、乃至私人之行爲，均不能違反此最高規範，人權之保障，爲憲法規定之主要部分，私人間之協定與契約，自亦不得違反，以維護憲法規定之效力……縱令憲法及法律，未設明文，憲法關於保障人權之規定，對於私人相互間之關係，原則上亦屬適用，不能以私人之協定或契約，濫行限制憲法上所保障之人權也』（註十）。

四、死刑與殘虐的刑罰

日本國憲法第三十六條規定：『絕對禁止公務員施用拷問或殘虐之刑罰』。日本刑法第一百九十九條規定：『殺人者，處死刑，無期或三年以上的懲役』第二百條規定：『殺自己或配偶之直系尊親屬者。處死刑或無期懲役』。某人因事殺死母親及妹妹，被處死刑，但他認爲這是違憲的判決，訴請最高法院撤銷原判決，因爲死刑是最殘虐的刑罰，依照憲法第三十九條規定，刑法第一百九十九條和第二百條的規定，當然應該廢止，不應據而爲死刑的宣告。最高法院審理的結果，駁回上訴，其理由如下：

『生命是尊貴的，一個人的生命，比全地球更重。死刑，確實是所有刑罰中，最冷嚴的刑罰，也是出於不得已的刑罰』。『所以死刑制度，要由國家刑事政策方面和人道方面，加以深刻的批判和考慮』。『而且死刑制度和它的運用……常因時代和環境而變遷，而流轉，而進化』。『那麼，新憲法對於死刑本身的存否，究竟是採取那種態度呢？……憲法第十三條規定：『任何國民的人格，均被尊重。關於國民生命、自由，及追求幸福的權利，除違反公共福祉者外，在立法及其他國政上，必須予以最大的尊重』。由這一條規定觀之，在違反公共福祉的基本原則時，縱令國民的生命權，立法上亦可予以限制或剝奪，不難預想而知。又憲法第三十一條明白規定，國民個人的生命，雖然尊貴，仍可依照法律所定的手續，科以剝奪生命的刑罰。故日本憲法的解釋上，應認為也和別的文化國家一樣，承認死刑這個刑罰的存在。換句話說：由於死刑的威嚇力，而收一般預防的效果，由於死刑的執行，而除去特殊的社會罪惡，以達防衞社會的目的。且在個體的人道觀之上，以全體的人道觀為優先，故由於社會公共福祉的必要，應承認死刑存續的必要性。』

『而且憲法第三十六條，雖然禁止殘虐刑，但死刑本身，一般說來，不能即認為相當於同條所稱之殘虐的刑罰。死刑如果和其他刑罰一樣，它的執行方法，在當時的時代和環境上，由於人道的觀點，一般人認為具有殘虐性時，自然應認為殘虐的刑罰，將來如果制定法律，用炮烙、磔刑、梟首，用熱湯煮死等殘虐的方法，來執行死刑，這個法律，自然應該認為違反憲法第三十六條。』（註十一）。

對於最高法院的上述判決，日本學者議論紛紛，大體看來，以表示贊成者居多，如宮澤俊義、清宮四郎、橋本公亘等是，也有略表遲疑者，如鵜飼信成，水木惣太郎是，但刑法學者木村龜二氏，反對最力，他曾一再著文批評，其見解有很多值得注意的地方，在判例研究上，尤具價值，爰為摘譯於下：

『最高法院，對於死刑本身，亦認為是「冷嚴的刑罰」，冷嚴一語，在普通字典上，不易看到，不知道他的確定意義如何，我想當是冷酷而嚴肅之意。冷酷的刑罰，也就是具有殘虐性的刑罰。最高法院，既然認爲死刑是冷嚴的刑罰，也就是承認死刑是殘虐性的刑罰。

『那麼，最高法院對於作爲冷嚴刑罰的死刑，看法怎樣呢，應該說是進化的見解。故說：『死刑制度和它的運用，常因時代和環境，而變遷而流轉，而進化』……而且進一步說：『故如國家的文化高度發達，以正義和秩序爲基礎的和平社會實現，到了不必爲著公共福祉的必要，以死刑的威嚇，以防止犯罪的時代，國民感情上，將視死刑爲殘虐的刑罰，而予以否認。』

『這種進化的見解，是特別值得注意，且應加以相當批判的。在社會科學的領域，進化論有時是進步的。因爲進化是萬物的本質，在舊日制度不可不改的時候，進化的見解，是進步的，革新的。然而採取進化論形式的保守思想，也要注意。事物如果進化，等到將來再改，現在還未到時機的說法，就屬於這一型的進化論。最高法院的死刑進化論，就是如此，是具有進化論外形的保守思想。他認爲死刑到將來文化發達，和平社會實現的時候，自然可作爲殘虐的刑罰而被廢止，那時候國會將不制定規定死刑的刑法，法院亦不爲死刑的宣告。

何以現在還沒有到那種時代呢？最高法院的見解是：「國民感情」並不否定死刑，也就是國民感情，還未到不能忍受死刑的程度。但是，誰來測定國民感情呢？誰來調査確認國民全體的感情呢？國民感情一語，在很多時候，爲保守思想所依據的最後城堡，是大家都知道的事實。歷史法學，在所謂國民感情之上，建立它保守的法律思想。國社黨的法學，建立於同一基礎之上。德國國社黨刑法之肯定死刑，濫用死刑，意大利法西斯刑法之禮讚死刑，也是用國民感情的名義、故我對於最高法院，以國民感情爲判決基礎之說，不能不感覺危懼。

『判決又說到死刑的威嚇力，對於舊日所說的一般預防要素，頗爲强調。但死刑的威嚇力，即其一般預防效果的價値，在現在已沒有科學的意義，當已爲一般人所承認？再以現在日本的情勢而論，殺伐的犯罪很多，固然是不能否認的事實，但它的原因，係由於戰爭，經濟的窮迫，通貨膨脹等犯罪之社會的原因，如果把這些原因除去或改善，殺伐的犯罪，亦將消滅，第一次世界大戰後，各國的經驗，可以證明。我希望最高法院，對於這些地方，站在科學的觀點，再加考慮。

『此外，我們還要注意者，是最高法院關於死刑化趨勢的看法。他說「將來如果制定法律，用炮烙、磔刑、梟首，用熱湯煮死等殘虐的方法，來執行死刑，這個法律，自然應該認爲違反憲法第三十六條」。我由這些話上，感到最高法院社會哲學的奇怪性。日本國會，將來眞的會制定：炮烙、傑刑、梟首，用熱湯煮死等，爲死刑執行方法的法律嗎？這些刑罰，現在在考古博物館上，也未必見到。它是舊日封建的——甚至比封建更古的刑罰。在以民主主義爲原理的新憲法時代，將來怎樣，固然不得而知，但制定前民主主義的右述刑法，實在不能想像。假如由於時代錯誤，國會竟制定這種法律，則這個時代，將完全復歸於野蠻狀態，作爲法治國家原理的違憲審查制度，亦將歸於烏有。也沒有以死刑爲違憲的人……新憲法的民主主義，是超過這種想法，以建設文化國家的，死刑的進化，不會再走過去『炮烙、磔刑、梟首，用熱湯煮死』等方向，當是走向消滅死刑的方向。國民眞正的希望，不像進化論的保守主義那樣，聽其自然，而是要死刑的消滅，在建設新的文化國家時實現。我們認爲：判決中所表現的最高法院社會哲學，是和民主主義，文化國家觀念，相距很遠的保守主義，是封建思想，不得不要求痛加反省』。

以上所述，係木村博士在死刑再考一文上，對於最高法院判例的批評。木村在另一篇文章上，又由另一角度，批評上述判例，茲爲摘譯如下：

『新憲法第三十一條規定：「非依法律所規定的手續，不得剝奪任何人的生命或自由，或科以其他刑罰。」剝奪生命的刑罰，是死刑。故新憲法在第三十一條表明，如果依照法定的手續，死刑爲憲法所認許，至少在第三十一條的外觀上，確實如此。但在另一方面，第三十六條有絕對禁止殘虐刑的規定，死刑爲殘虐刑，乃導致憲法上絕對禁止死刑的結論。於是在新憲法的運用上，死刑問題，乃成爲重要的課題。

最高法院，解釋憲法第十三條後段時，認爲以死刑剝奪國民生命，亦合於公共福祉……但所謂公共福祉，是包含最後一人生命之全體的利益，任何個人乃至最後一人——縱令他是殺人犯人，亦不忽視其利益，纔是公共福祉。故不應該有一個國民生存，而防礙公共福祉的情形。以新憲法第三十一條，尊重個人的原則爲根據，而承認死刑，對於新憲法第三十一條的意義，是否正確理解？我對於最高法院的見解，非常難於理解』。

『由政治思想的觀點說，死刑，只有在承認國家絕對優位的立場，纔能肯定。在死刑上，表示個人並無價值，國家爲絕對的。最近德國國社黨的權威主義，和意大利的全體主義，即由於這種國家觀，而禮讚且濫用死刑。反之，在承認個人人格具有最高價值，國家只是完成個人人格的手段者，則否定死刑。自由主義和民主主義的思想，則屬如此，故他們常否定死刑。威瑪時代的德國民主社會黨綱領，一再强調廢止死刑，爲民主主義思想之當然結論。這種情形，對於以民主主義爲根本原理之新憲法，與死刑的關係，給予重要的啓示』。

『憲法第十三條，立於尊重個人的原則之上，如果處以死刑，自然不是尊重個人。尊重個人原則之當然結論，爲死刑的否定。又第十三條規定，「國民的生命權利，除違反公共福祉者外，應受最大的尊重。所謂公共福祉，不只是國民多數的利益，而是他們的共同利益」，故不能以這個規定，爲承認死刑的根據，已如前述』。

『憲法第三十六條，禁止殘虐刑的規定，係由英美權利章典的思想而來，已如前途。英美權利章典所禁止者，不但是殘虐的刑罰，而是「殘虐且異常的刑罰」。故在美國，雖然殘虐，但爲普通所承認的刑罰，仍不認爲違反憲法，以普通方法執行死刑，並不禁止，以電椅處死和槍斃，均不認爲殘虐異常的刑罰。然而這種解釋，並不適用於日本憲法。日本憲法不問是異常的，或通常的，只要是殘虐的刑罰概予禁止。死刑，是人類奪取人類生命的刑罰，是最高法院所謂窮極的刑罰，冷酷而且嚴肅的「冷嚴之刑罰」。死刑是殘虐刑，如果死刑並不殘虐，則世上沒有殘虐刑了。由這種意義言，死刑是違反新憲法第三十六條的』。

『由新憲法第三十六條的外表言，似只要法律規定，死刑亦在所不禁。但由戰爭的放棄、個人的尊重、殘虐刑的禁止等憲法的精神言，第三十一條，應受實質的限制。縱令法律予以規定，死刑亦屬違反憲法。我認爲最高法院的判決，是不妥當的。』（註十二）。

專由憲法條文的文理解釋說：日本最高法院，根據日本國憲法第三十一條：『非依法律所規定的手續，不得剝奪任何人的生命或自由，或科以其他刑罰』；及第十三條：『任何國民之人格均被尊重，關於國民生命、自由，及追求幸福的權利，除違反公共福祉者外，在立法及其他國政上，必須予以最大的尊重』的規定，認爲對犯罪人科以死刑，爲憲法之所許，固屬言之成理，所以有許多學者贊成它的判決。蓋由日本國憲法第三十一條的反面解釋，如依法律規定的手續；自可剝奪任何人的生命，由第十三條反面解釋，在違反公共福祉的時候，國民的生命，亦可不予尊重。

木村博士的見解，則由日本國憲法整個精神出發，他的說法，固然有失於過偏的地方，如謂：『所謂公共福祉，是包含最後一人生命之全體的利益……任何個人乃至最後一人，縱令他是殺人犯人，亦不忽視其利益，纔是公共福祉』。又謂『由政治思想的觀點說，死刑，只有在承認國家絕對優位的立場，纔能肯定。在死刑上，表示個人並無價值，國家爲絕對的』等理論，皆可商榷，因爲公共福祉一語，似不應作如此過於硬性的解釋；由現代法制的觀點說，死刑和絕對主義的國家觀，似亦無必然的連帶關係。

但木村博士許多看法，確實很銳敏而值得注意。如謂：『死刑，是人類奪取人類生命的刑罰，是最高法院所謂冷酷而且嚴肅的「冷嚴之刑罰」，死刑是殘虐刑，如果死刑並不殘虐，則世上沒有殘虐刑了』，即其一例。但木村見解之尤值注意者，㈠為不拘泥於憲法的表面文字，而注意整個憲法的精神，故謂『由憲法第三十六條的外表言，似只要法律規定，死刑亦在所不禁。但由戰爭的放棄，個人的尊重，殘虐刑的禁止等憲法的精神言，第三十一條，應受實質的限制』，這種由基本處解釋憲法的方法，是值得我們注意的。㈡為不專由憲法本身來看憲法，而由時代思潮各方面，來為憲法作適當的解釋。如他攻擊日本最高法院的判決，為採取進化論形式的保守思想。對於日本最高法院，以國民感情為判決基礎之說，甚表危懼。認為死刑的威嚇力，現在已沒有科學的意義等，均能不囿於一孔之見，從各方面觀察，使憲法獲得適當的解釋。㈢此外，他以忠於學術的態度，不避嫌怨，對於日本最高法院的判例，為切直的批評，也值得我們的效法。

註釋

（註 一）參看謝冠生氏著法理學精義——載東方雜誌民國六十一年十二月號。
（註 二）見拙著中華民國憲法釋論第二十版第八十一頁以下。
（註 三）見金子宏氏著——統治行為——載行政法講座第二卷。
（註 四）同註三。
（註 五）見山田準次郎氏著——論統治行為——載公法研究第十三號。及同期雜誌所載之入江俊郎氏著：

統治行爲。

（註 六）見所著行政法總論第六十七頁以下。

（註 七）參看森順次氏著：私人間之法律關係與基本人權之保障——載憲法講座第二卷。

（註 八）見憲法判例百選新版第十一頁所載田中精一氏文。

（註 九）見所著憲法第二四四頁以下。

（註 十）見拙著中華民國憲法逐條釋義第一册第七十頁。

（註十一）引自憲法判例百選新版第一〇四頁。

（註十二）見木村龜二氏著：新憲法與刑事法第一百三十頁以下。

中華民國六十一年十二月九日作

——載憲政思潮季刊第二十期

滄海叢刊書目

國學類

中國學術思想史論叢(一)～(八)	錢　穆著
現代中國學術論衡	錢　穆著
兩漢經學今古文平議	錢　穆著
宋代理學三書隨劄	錢　穆著
先秦諸子繫年	錢　穆著
朱子學提綱	錢　穆著
莊子篹箋	錢　穆著
論語新解	錢　穆著

哲學類

文化哲學講錄(一)～(五)	鄔昆如著
哲學十大問題	鄔昆如著
哲學的智慧與歷史的聰明	何秀煌著
文化、哲學與方法	何秀煌著
哲學與思想	王曉波著
內心悅樂之源泉	吳經熊著
知識、理性與生命	孫寶琛著
語言哲學	劉福增著
哲學演講錄	吳　怡著
後設倫理學之基本問題	黃慧英著
日本近代哲學思想史	江日新譯
比較哲學與文化(一)(二)	吳　森著
從西方哲學到禪佛教——哲學與宗教一集	傅偉勳著
批判的繼承與創造的發展——哲學與宗教二集	傅偉勳著
「文化中國」與中國文化——哲學與宗教三集	傅偉勳著
從創造的詮釋學到大乘佛學——哲學與宗教四集	傅偉勳著
中國哲學與懷德海	東海大學哲學研究所主編
人生十論	錢　穆著
湖上閒思錄	錢　穆著
晚學盲言(上)(下)	錢　穆著
愛的哲學	蘇昌美著
是與非	張身華譯
邁向未來的哲學思考	項退結著

現代藝術哲學	孫　旗　譯
現代美學及其他	趙天儀　著
中國現代化的哲學省思	成中英　著
不以規矩不能成方圓	劉君燦　著
恕道與大同	張起鈞　著
現代存在思想家	項退結　著
中國思想通俗講話	錢　穆　著
中國哲學史話	吳怡、張起鈞　著
中國百位哲學家	黎建球　著
中國人的路	項退結　著
中國哲學之路	項退結　著
中國人性論	臺大哲學系主編
中國管理哲學	曾仕強　著
孔子學說探微	林義正　著
心學的現代詮釋	姜允明　著
中庸誠的哲學	吳　怡　著
中庸形上思想	高柏園　著
儒學的常與變	蔡仁厚　著
智慧的老子	張起鈞　著
老子的哲學	王邦雄　著
逍遙的莊子	吳　怡　著
莊子新注（內篇）	陳冠學　著
莊子的生命哲學	葉海煙　著
墨家的哲學方法	鐘友聯　著
韓非子析論	謝雲飛　著
韓非子的哲學	王邦雄　著
法家哲學	姚蒸民　著
中國法家哲學	王讚源　著
二程學管見	張永儁　著
王陽明——中國十六世紀的唯心主義哲學家	張君勱原著、江日新中譯
王船山人性史哲學之研究	林安梧　著
西洋百位哲學家	鄔昆如　著
西洋哲學十二講	鄔昆如　著
希臘哲學趣談	鄔昆如　著
近代哲學趣談	鄔昆如　著
現代哲學述評㈠	傅佩榮編譯

當代西方哲學與方法論	臺大哲學系主編
人性尊嚴的存在背景	項退結編著
理解的命運	殷　鼎　著
馬克斯・謝勒三論	阿弗德・休慈原著、江日新　譯
懷海德哲學	楊士毅　著
洛克悟性哲學	蔡信安　著
伽利略・波柏・科學說明	林正弘　著
宗教類	
天人之際	李杏邨　著
佛學研究	周中一　著
佛學思想新論	楊惠南　著
現代佛學原理	鄭金德　著
絕對與圓融——佛教思想論集	霍韜晦　著
佛學研究指南	關世謙　譯
當代學人談佛教	楊惠南編著
從傳統到現代——佛教倫理與現代社會	傅偉勳主編
簡明佛學概論	于凌波　著
圓滿生命的實現（布施波羅密）	陳柏達　著
薝蔔林・外集	陳慧劍　著
維摩詰經今譯	陳慧劍譯註
龍樹與中觀哲學	楊惠南　著
公案禪語	吳　怡　著
禪學講話	芝峯法師　譯
禪骨詩心集	巴壺天　著
中國禪宗史	關世謙　著
魏晉南北朝時期的道教	湯一介　著
社會科學類	
憲法論叢	鄭彥棻　著
憲法論衡	荊知仁　著
國家論	薩孟武　譯
中國歷代政治得失	錢　穆　著
先秦政治思想史	梁啟超原著、賈馥茗標點
當代中國與民主	周陽山　著
釣魚政治學	鄭赤琰　著
政治與文化	吳俊才　著
中國現代軍事史	劉　馥著、梅寅生　譯
世界局勢與中國文化	錢　穆　著

中華文化十二講	錢　穆　著
民族與文化	錢　穆　著
楚文化研究	文崇一　著
中國古文化	文崇一　著
社會、文化和知識分子	葉啟政　著
儒學傳統與文化創新	黄俊傑　著
歷史轉捩點上的反思	韋政通　著
中國人的價值觀	文崇一　著
紅樓夢與中國舊家庭	薩孟武　著
社會學與中國研究	蔡文輝　著
比較社會學	蔡文輝　著
我國社會的變遷與發展	朱岑樓主編
三十年來我國人文社會科學之回顧與展望	賴澤涵　編
社會學的滋味	蕭新煌　著
臺灣的社區權力結構	文崇一　著
臺灣居民的休閒生活	文崇一　著
臺灣的工業化與社會變遷	文崇一　著
臺灣社會的變遷與秩序(政治篇)(社會文化篇)	文崇一　著
臺灣的社會發展	席汝楫　著
透視大陸	政治大學新聞研究所主編
海峽兩岸社會之比較	蔡文輝　著
印度文化十八篇	糜文開　著
美國的公民教育	陳光輝　譯
美國社會與美國華僑	蔡文輝　著
文化與教育	錢　穆　著
開放社會的教育	葉學志　著
經營力的時代	青野豐作著、白龍芽　譯
大眾傳播的挑戰	石永貴　著
傳播研究補白	彭家發　著
「時代」的經驗	汪琪、彭家發　著
書法心理學	高尚仁　著

史地類

古史地理論叢	錢　穆　著
歷史與文化論叢	錢　穆　著
中國史學發微	錢　穆　著
中國歷史研究法	錢　穆　著
中國歷史精神	錢　穆　著

國史新論	錢　穆 著
秦漢史	錢　穆 著
秦漢史論稿	邢義田 著
與西方史家論中國史學	杜維運 著
中西古代史學比較	杜維運 著
中國人的故事	夏雨人 著
明朝酒文化	王春瑜 著
共產國際與中國革命	郭恒鈺 著
抗日戰史論集	劉鳳翰 著
盧溝橋事變	李雲漢 著
老臺灣	陳冠學 著
臺灣史與臺灣人	王曉波 著
變調的馬賽曲	蔡百銓 譯
黃帝	錢　穆 著
孔子傳	錢　穆 著
唐玄奘三藏傳史彙編	釋光中 編
一顆永不殞落的巨星	釋光中 著
當代佛門人物	陳慧劍編著
弘一大師傳	陳慧劍 著
杜魚庵學佛荒史	陳慧劍 著
蘇曼殊大師新傳	劉心皇 著
近代中國人物漫譚・續集	王覺源 著
魯迅這個人	劉心皇 著
三十年代作家論・續集	姜　穆 著
沈從文傳	凌　宇 著
當代臺灣作家論	何　欣 著
師友風義	鄭彥棻 著
見賢集	鄭彥棻 著
懷聖集	鄭彥棻 著
我是依然苦鬥人	毛振翔 著
八十憶雙親、師友雜憶（合刊）	錢　穆 著
新亞遺鐸	錢　穆 著
困勉強狷八十年	陶百川 著
我的創造・倡建與服務	陳立夫 著
我生之旅	方　治 著
語文類	
中國文字學	潘重規 著

中國聲韻學	潘重規、陳紹棠 著
訓詁通論	吳孟復 著
翻譯新語	黃文範 著
詩經研讀指導	裴普賢 著
陶淵明評論	李辰冬 著
鍾嶸詩歌美學	羅立乾 著
杜甫作品繫年	李辰冬 著
杜詩品評	楊慧傑 著
詩中的李白	楊慧傑 著
司空圖新論	王潤華 著
詩情與幽境——唐代文人的園林生活	侯迺慧 著
唐宋詩詞選——詩選之部	巴壺天 編
唐宋詩詞選——詞選之部	巴壺天 編
四說論叢	羅 盤 著
紅樓夢與中華文化	周汝昌 著
中國文學論叢	錢 穆 著
品詩吟詩	邱燮友 著
談詩錄	方祖燊 著
情趣詩話	楊光治 著
歌鼓湘靈——楚詩詞藝術欣賞	李元洛 著
中國文學鑑賞舉隅	黃慶萱、許家鶯 著
中國文學縱橫論	黃維樑 著
蘇忍尼辛選集	劉安雲 譯
1984	GEORGE ORWELL原著、劉紹銘 譯
文學原理	趙滋蕃 著
文學欣賞的靈魂	劉述先 著
小說創作論	羅 盤 著
借鏡與類比	何冠驥 著
鏡花水月	陳國球 著
文學因緣	鄭樹森 著
中西文學關係研究	王潤華 著
從比較神話到文學	古添洪、陳慧樺主編
神話卽文學	陳炳良等譯
現代散文新風貌	楊昌年 著
現代散文欣賞	鄭明娳 著
世界短篇文學名著欣賞	蕭傳文 著
細讀現代小說	張素貞 著

現代詩學	蕭　蕭　著
詩美學	李元洛　著
詩學析論	張春榮　著
橫看成嶺側成峯	文曉村　著
大陸文藝論衡	周玉山　著
大陸當代文學掃瞄	葉穉英　著
走出傷痕——大陸新時期小說探論	張子樟　著
兒童文學	葉詠琍　著
兒童成長與文學	葉詠琍　著
增訂江皋集	吳俊升　著
野草詞總集	韋瀚章　著
李韶歌詞集	李　韶　著
石頭的研究	戴　天　著
留不住的航渡	葉維廉　著
三十年詩	葉維廉　著
讀書與生活	琦　君　著
城市筆記	也　斯　著
歐羅巴的蘆笛	葉維廉　著
一個中國的海	葉維廉　著
尋索：藝術與人生	葉維廉　著
山外有山	李英豪　著
葫蘆・再見	鄭明娳　著
一縷新綠	柴　扉　著
吳煦斌小說集	吳煦斌　著
日本歷史之旅	李希聖　著
鼓瑟集	幼　柏　著
耕心散文集	耕　心　著
女兵自傳	謝冰瑩　著
抗戰日記	謝冰瑩　著
給青年朋友的信(上)(下)	謝冰瑩　著
冰瑩書柬	謝冰瑩　著
我在日本	謝冰瑩　著
人生小語(一)~(四)	何秀煌　著
記憶裏有一個小窗	何秀煌　著
文學之旅	蕭傳文　著
文學邊緣	周玉山　著
種子落地	葉海煙　著

向未來交卷	葉海煙 著
不拿耳朶當眼睛	王讚源 著
古厝懷思	張文貫 著
關心茶——中國哲學的心	吳怡 著
放眼天下	陳新雄 著
生活健康	卜鍾元 著
美術類	
樂圃長春	黃友棣 著
樂苑春回	黃友棣 著
樂風泱泱	黃友棣 著
談音論樂	林聲翕 著
戲劇編寫法	方寸 著
戲劇藝術之發展及其原理	趙如琳譯著
與當代藝術家的對話	葉維廉 著
藝術的興味	吳道文 著
根源之美	莊申 著
中國扇史	莊申 著
立體造型基本設計	張長傑 著
工藝材料	李鈞棫 著
裝飾工藝	張長傑 著
人體工學與安全	劉其偉 著
現代工藝概論	張長傑 著
色彩基礎	何耀宗 著
都市計畫概論	王紀鯤 著
建築基本畫	陳榮美、楊麗黛 著
建築鋼屋架結構設計	王萬雄 著
室內環境設計	李琬琬 著
雕塑技法	何恆雄 著
生命的倒影	侯淑姿 著
文物之美——與專業攝影技術	林傑人 著